Marcel Weber / Paul Hoyningen-Huene (Hg.)

Ethische Probleme in den Biowissenschaften

• • • • PHILOSOPHISCHE IMPULSE • • • •

Herausgegeben von

Felix Mühlhölzer
und Wolfgang Spohn

Band 1

SYNCHRON
Wissenschaftsverlag der Autoren

Ethische Probleme in den Biowissenschaften

Herausgegeben von

MARCEL WEBER und
PAUL HOYNINGEN-HUENE

SYNCHRON
Wissenschaftsverlag der Autoren

Die Deutsche Bibliothek - CIP-Einheitsaufnahme

Ethische Probleme in den Biowissenschaften /
hrsg. von Marcel Weber und Paul Hoyningen-Huene. -
Heidelberg : Synchron, Wiss.-Verl. der Autoren, 2001
(Philosophische Impulse ; Bd. 1)
ISBN 3-935025-13-0

Umschlaggestaltung: Reinhard Baumann, München
Titelbild: R. Baumann, *Konferenz* (1987/2001)

Druck und Weiterverarbeitung: WB-Druck, Rieden/Allgäu

Printed in Germany

ISBN 3-935025-13-0

Inhalt

Marcel Weber und Paul Hoyningen-Huene

Einleitung

Die Diskussion über die Chancen, Risiken sowie ethischen Aspekte der angewandten Biowissenschaften hat eine neue Qualität angenommen. Auf der einen Seite sind einige neu aus der biologischen Grundlagenforschung hervorgegangene Technologien - allen voran die Gentechnik - in vielen Bereichen eine kaum mehr wegzudenkende Realität. Dies gilt schon seit längerer Zeit in der biomedizinischen Forschung, die durch den schnellen Zugriff auf das Erbgut verschiedenster Organismen einen unentbehrlichen Werkzeugkasten erhalten hat, um die Funktionsweise von Zellen und Organen, die Embryonalentwicklung sowie die Entstehung von Krankheiten zu studieren. Die Herstellung und der Einsatz genetisch veränderter Bakterien, die vor zwanzig Jahren noch Gegenstand heftiger Bio-Sicherheitsdebatten waren, gehören heute zum Alltag in Tausenden von Laboratorien an Universitäten, Forschungsinstituten und in der pharmazeutischen Industrie. Dazu gibt es bereits vielerlei industrielle Anwendungen gentechnischer Methoden bei der Herstellung von pharmakologischen Wirkstoffen, Diagnostika, sowie in der Nahrungsmittelindustrie. Auf der anderen Seite wird intensiv an neuen bio- und gentechnischen Verfahren geforscht, deren potenzielle Anwendungen weit über das heute Mögliche hinausgehen und die tiefgreifende Veränderungen in Medizin, Landwirtschaft und Nahrungsmittelproduktion herbeiführen könnten. Beispiele solcher möglicherweise zukunftsweisender Technologien sind etwa die Gentherapie oder die Xenotransplantation, d. h. die Verpflanzung von Tierorganen in Menschen.

Es kann heute also nicht mehr darum gehen, Grundsatzdiskussionen über Sinn oder Unsinn von Bio- und Gentechnologie als Ganzes zu führen - solche Überlegungen sind schon längst durch die Realität überholt worden. Gefragt ist stattdessen eine differenzierte, inhaltliche Auseinandersetzung mit den verschiedenen technisch bereits möglichen Verfahren sowie mit den noch in naher oder ferner Zukunft liegenden Anwendungen unter Berücksichtigung ihres Nutzens, ihrer Risiken sowie anderen möglicherweise relevanten ethischen Aspekten. Mit anderen Worten, die Ethik von Bio- und Gentechnologie muss von Fall zu Fall beurteilt werden. Während manche Anwendungen der neuen Technologie kaum mehr neuartige ethische Fragen aufwerfen und heute dementsprechend weitgehend unkontrovers sind - z. B. die Herstellung pharmazeutischer Wirkstoffe mittels genetisch veränderter Bakterien - stehen wir in anderen Fällen noch vor ungelösten ethischen Fragen. Zur letzteren Gruppe gehören zweifellos die Gentherapie und die Gendiagnostik.

Wie die UNESCO/ICSU World Conference on Science (WCS), die 1999 in Budapest stattfand, gezeigt hat, besteht ein weitgehender internationaler Konsens darüber, dass ethischen Gesichtspunkten in Forschung und Entwicklung zukünftig vermehrt Beachtung geschenkt werden soll.[1] Beispielsweise wurde auf der WCS beschlossen, Ethik zu einem integrierten Bestandteil der Ausbildung von Naturwissenschaftlern zu machen. Es bedarf wohl kaum der Erwähnung, dass die angewandten Biowissenschaften eines der Hauptziele dieser internationalen Bestrebungen sind.

Ein weiterer immer deutlicher zu Tage tretender Aspekt ist die enorme Komplexität der Probleme, welche die neuen Technologien aufgeworfen haben. Zum Beispiel hat kürzlich eine gemeinsame Erklärung des US-Präsidenten Clinton und des britischen Premierministers Blair einen Kursrückgang bei den Aktien gewisser Biotechnologie-Firmen ausgelöst. Der Inhalt dieser Erklärung mag harmlos erscheinen; sie besagte lediglich, dass Universitäten freien Zugriff auf Genomdaten (d. h. die Ergebnisse der verschiedenen laufenden Projekte, die eine Aufschlüsselung der gesamten Erbinformation verschiedener Organismen einschließlich des Menschen anstreben) haben sollen, selbst wenn diese Daten durch kommerzielle Unternehmen erzeugt wurden.[2] Aber diese Erklärung der Regierungen von zwei technologisch führenden Nationen stach in ein Wespennest, nämlich das Spannungsfeld zwischen dem Schutz geistigen Eigentums und der Gewährleistung des freien Informationsaustauschs zwischen Wissenschaftlern, der für die Forschung von großer Bedeutung ist. Das Beispiel zeigt, dass viele Fragen bezüglich des Umgangs mit den neuen Technologien noch ungeklärt sind.

Ein anderes Beispiel für die weitreichenden ethischen Implikationen der Gentechnik: Während die Entwicklung genetisch veränderter Nutzpflanzen in Europa weitgehend auf öffentliche Ablehnung stößt, sind Entwicklungsländer an der »grünen Gentechnik« weiterhin sehr interessiert. Viele versprechen sich davon eine Verbesserung der landwirtschaftlichen Produktivität und hoffen außerdem, durch den Aufbau einer eigenen Biotechnologie-Industrie technologisch und wirtschaftlich zu den Industrieländern aufschließen zu können. Sollen solche Länder von den Industrieländern in diesen Bestrebungen unterstützt werden, obwohl weite Teile der Bevölkerung in den letzteren gegen die Anwendung gentechnischer Methoden in der Nahrungsmittelproduktion sind?

---

1 Siehe die auf der WCS verabschiedeten Dokumente, die »Declaration on Science and the Use of Scientific Knowledge« sowie die »Science Agenda: Framework for Action« (Paris: UNESCO 1999). Hintergrundinformationen zu dieser Konferenz finden sich in Hoyningen-Huene, Weber und Oberheim (1998, 1999).

2 Nature 404: 324-325 (2000).

Auch hier zeigt sich, wie viele heikle Themen die neuen Technologien gleichzeitig berühren können.

Diese Komplexität der Probleme bedeutet, dass niemand wirklich in der Lage ist, sie vollständig zu überblicken und alle relevanten Gesichtspunkte umfassend zu beurteilen - kein Naturwissenschaftler, kein Ökonom, Jurist, Philosoph oder Soziologe. Fachleute verschiedener Disziplinen müssen zusammenarbeiten, um einer interessierten Öffentlichkeit vernünftige Lösungsvorschläge unterbreiten zu können.

Diese Erkenntnis war der Ausgangspunkt zu einer im Wintersemester 1998/1999 an der Zentralen Einrichtung für Wissenschaftstheorie und Wissenschaftsethik der Universität Hannover durchgeführten interdisziplinären und internationalen Vortragsreihe. Wir haben Philosophen, Soziologen, Biologen, Mediziner und einen Politiker eingeladen, aus ihrer Sicht ein bestimmtes Problem aus dem Bereich der Bio- und Gentechnologie zu beleuchten. Die meisten Vorträge wurden durch einen Kommentar begleitet. Der vorliegende Band ist aus dieser Vortragsreihe hervorgegangen. Es ist uns bewusst, dass nur ein kleiner Ausschnitt aus dem ganzen angesprochenen Bereich behandelt werden konnte und dass die Auswahl gewisse Zufälligkeiten aufweist. Wir hoffen aber, eine Momentaufnahme des vielerorts intensiv geführten interdisziplinären Diskurses über die Bio- und Gentechnologie vermitteln zu können.

Die Beiträge lassen sich grob in zwei Gruppen gliedern: Eine Gruppe hat sich einen bestimmten Bereich aus dem riesigen Spektrum von Themen aus den angewandten Biowissenschaften herausgegriffen und dieses Thema unter ethischen Gesichtspunkten erörtert. Der Biologe und anglikanische Priester MICHAEL J. REISS diskutiert die provokative Frage, ob wir Menschen gentechnisch verändern sollen. Darunter versteht er sowohl die Veränderung von menschlichen Körperzellen, wie sie in der somatischen Gentherapie vorgenommen wird, als auch das wesentlich kontroversere Thema der genetischen Veränderung menschlicher Keimzellen (Keimbahn-Gentherapie). Letztere ist zwar in vielen Ländern (z. B. in Deutschland oder der Schweiz) verboten, aber für Reiss ist das letzte Wort in dieser Angelegenheit noch nicht gesprochen (Kommentar durch den Philosophen ERIC OBERHEIM).

Die Philosophin EVE-MARIE ENGELS befasst sich mit der Xenotransplantation, also der Verpflanzung von Tierorganen in Menschen, die dem Dauermangel an geeigneten Spenderorganen für Transplantationen Abhilfe schaffen könnte. An dieser Technik wird weltweit intensiv geforscht, und verschiedene Regierungen haben ethische Gutachten in Auftrag gegeben (Engels hat selbst ein solches im Auftrag des Schweizerischen Wissenschaftsrats verfasst). Sie schätzt die Risiken dieser Technologie für zu hoch ein. Der Herz-, Thorax- und Gefäßchirurg AXEL HAVERICH hält dagegen, dass die Risiken der Xenotransplantation noch nicht abschließend beurteilt werden können und plädiert in seinem Kommentar angesichts des seiner Meinung nach enormen Potenzials dieser Technologie für eine Weiterführung der Forschung, an der er selbst aktiv mitwirkt.

Die Biologin SABINE KAFERT beschäftigt sich in ihrem Beitrag mit der Präimplantationsdiagnostik, d. h. dem genetischen Testen von *in vitro* gezeugten menschlichen Embryonen vor ihrer Einpflanzung. Sie weist auf Widersprüche in der relevanten deutschen Gesetzgebung hin, die einem menschlichen Embryo unter gewissen Umständen einen Schutz zugesteht, den sie ihm unter anderen Umständen verweigert. Generell ruft sie aber zu einer gewissen Skepsis gegenüber den Verheißungen der neuen Fortpflanzungsmedizin auf.

Die Philosophen PETER SANDØE und NILS HOLTUG wenden sich der Herstellung und Nutzung transgener Tiere zu landwirtschaftlichen sowie anderen Zwecken zu. Sie fordern in diesem Zusammenhang sinnvolle Güterabwägungen, wobei ihrer Meinung nach sowohl die Wohlfahrt von Tieren als auch die menschliche Wohlfahrt in Anschlag gebracht werden müssen.

Der Philosoph ALAN HOLLAND klopft schließlich die Sprache von Genetikern, mit der diese ihre wissenschaftlichen Theorien darstellen, auf versteckte ethische und metaphysische Vorurteile ab. Er ist der Ansicht, dass gewisse von Genetikern häufig benutzte Metaphern wie z. B. »genetische Information« oder »genetischer Defekt« eine normative Last tragen und dazu dienen, genetische Eingriffe an Menschen oder anderen Lebewesen zu legitimieren oder zumindest zu verharmlosen (Kommentar durch den Philosophen MARCEL WEBER).

Die zweite Gruppe von Beiträgen beschäftigt sich weniger mit spezifischen bio- und gentechnischen Methoden als mit verschiedenen historischen, gesellschaftlichen und politischen Aspekten der angewandten Biowissenschaften. Der Soziologe PETER WEINGART argumentiert, dass die moderne Humangenetik, z. B. das Human Genome Project (Projekt der vollständigen Entschlüsselung des menschlichen Erbguts), zwar eine gewisse historische Kontinuität und eine daraus resultierende strukturelle Identität der Ziele mit den historischen Eugenik-Bewegungen aufweist, dass deren ethische Probleme sich aber nicht aus vergleichbaren politischen Bedingungen ergeben. Weingart ist skeptisch in Bezug auf die Realisierbarkeit von ethisch motivierten Forschungsmoratorien sowie der Eignung von Ethikkommissionen zur Regulierung der Forschung in der Reproduktionsmedizin. Der Humangenetiker JÖRG SCHMIDTKE wendet sich in seinem Kommentar gegen Weingarts These einer strukturellen Identität der Ziele zwischen Eugenik und moderner Humangenetik.

Die beiden folgenden Beiträge befassen sich mit der Einstellung der Öffentlichkeit in verschiedenen europäischen Ländern zur Gentechnik. Die Soziologen ORTWIN RENN und JÜRGEN HAMPEL widerlegen unter anderem das weitverbreitete Vorurteil, nach dem in Deutschland gegenüber der Gentechnik und anderen angewandten Biowissenschaften eine im Vergleich mit anderen Ländern besonders negative Einstellung vorherrscht. Soziologische Untersuchungen zeigen auch, dass Laien durchaus zwischen verschiedenen Anwendungen der Gentechnik zu differenzieren wissen: Während die meisten medizinischen Anwendungen kaum umstritten sind, stoßen landwirtschaftliche und lebensmitteltechnologische Anwendungen auf starke öffentliche Ablehnung. Die Autoren weisen außerdem auf die Komplexität der Ursachen hin, die diesen Bewertungen zu Grunde liegen. Der Soziologe MARTIN W. BAUER diskutiert unter anderem die Ergebnisse einer großangelegten Untersuchung zur Darstellung der Biotechnologie in der Presse verschiedener Länder. Bemerkenswert ist vor allem die zunehmende »Ethisierung« der Berichterstattung; d. h. Bio- und Gentechnologie werden in zunehmendem Maß unter ethischen bzw. moralischen Gesichtspunkten betrachtet. Bauer erwägt verschiedene mögliche soziologische Erklärungen dieses Phänomens (Kommentar durch den Philosophen HELMUT HEIT).

Der Genetiker und Wissenschaftshistoriker BENNO MÜLLER-HILL betrachtet die Rolle von deutschen Wissenschaftlern bei den während der Zeit des Nationalsozialismus begangenen Verbrechen und das nach dem Kriegsende in West- und Ostdeutschland herrschende Stillschweigen darüber. Diese Vorgänge dürfen nach Müller-Hill niemals vergessen werden, wenn es um die Bewertung der modernen Humangenetik geht, die in Deutschland personell und institutionell aus der nationalsozialistischen Eugenik hervorgegangen ist. Auch die heutige Genetik, z. B. in Gestalt des Human Genome Project, besitzt zumindest das Potenzial, einem wissenschaftlichen Rassismus Vorschub zu leisten, und die Erinnerung an die Vergangenheit kann uns dabei helfen, solche Entwicklungen zu verhindern (Kommentar durch die Medizinhistorikerin BRIGITTE LOHFF).

Der niedersächsische Umweltminister WOLFGANG JÜTTNER betrachtet schließlich die verschiedenen Anwendungen der Gentechnik als eine Herausforderung für die Politik, durch breit geführte Debatten den öffentlichen Konsens zu suchen. Er tritt für einen pragmatischen Umgang mit den neuen Technologien ein, die dort einzusetzen sind, wo sie tatsächlich einen gesellschaftlichen Nutzen bringen und nicht bloß einfach, weil sie neu und faszinierend sind. Außerdem plädiert er für mehr Transparenz von Seiten der Industrie sowie für klare ethische Leitlinien besonders in den Bereichen, wo es Tendenzen zum »Menschen nach Maß« hin gibt, also z. B. der Gentherapie.

Literaturverzeichnis

Hoyningen-Huene, P., M. Weber und E. Oberheim: Editorial. Towards a New Social Contract for Science. In: Nature & Resources 34 (1998), 3.

—: Science for the Twenty-First Century: A New Commitment. Background Document for the ICSU/UNESCO World Conference on Science, Paris 1999.

Michael J. Reiss

Sollen wir Menschen gentechnisch verändern?

Gentechnische Veränderungen aller Art sind kontrovers. Manche sehen darin einen Eingriff in Dinge, die wir besser sich selbst überlassen sollten. Andere hoffen dagegen, dass die Gentechnik uns dabei helfen wird, mehr Nahrung, bessere Medizin und andere Güter bereit zu stellen. In diesem Beitrag werde ich mich auf die Frage beschränken, ob wir Gentechnik am Menschen selbst betreiben sollen. Es handelt sich hier um eine Möglichkeit, die viele Leute alarmiert, besonders wegen der Erinnerung an die verschiedenen Missbräuche der Eugenik in verschiedenen westlichen Ländern in diesem Jahrhundert.

Ich werde als Erstes einige Prinzipien der Gentechnik zusammenfassen, wie sie bei verschiedenen Arten von Organismen Anwendung finden. Dann wende ich mich der Gentechnik am Menschen zu, wobei ich sowohl den gegenwärtigen Stand als auch mögliche zukünftige Entwicklungen berücksichtigen werde. Im Mittelpunkt steht dabei die Frage, ob es ethisch akzeptabel ist, Menschen gentechnisch zu verändern. Ich beschränke mich dabei auf Fälle, bei denen die gentechnischen Eingriffe am Menschen selbst vorgenommen werden. Das heißt unter anderem, dass Themen wie z. B. Xenotransplantation - bei der Tiere wie etwa Schweine gentechnisch verändert werden, um Organe herzustellen, die in Menschen transplantiert werden können - hier nicht behandelt werden. Auch die Probleme, die mit der Herstellung von Produkten wie z. B. menschlichen Wachstumshormonen oder Impfstoffen (d. h. die Herstellung menschlicher Proteine mit Hilfe von Mikroorganismen, Tieren oder Pflanzen) verbunden sind, bleiben hier ausgeklammert. Auch vom Klonen von Menschen ist hier nicht die Rede - ein Thema, dem man einen eigenen Vortrag widmen müsste.

Prinzipien der Gentechnik

Wie heute allgemein bekannt ist, enthält jeder Organismus einen Satz von Genen. Diese Gene können als Anweisungen betrachtet werden: Sie enthalten die Information, die dem Organismus sagt, welche Moleküle er herstellen muss um zu überleben, zu wachsen und sich zu vermehren. Gentechnik beinhaltet typischerweise die Übertragung von Genen von einem Organismus in einen anderen. Das Ergebnis einer erfolgreichen gentechnischen Veränderung besteht darin, dass ein Molekül, das normalerweise vom ersten Organismus stammt, nun vom zweiten Organismus produziert wird.

Nehmen wir an, wir wollen erreichen, dass eine Art ein Protein produziert, das aus einer anderen Art stammt. Zum Beispiel, wir wollen, dass ein Bakterium menschliches Insulin produziert, das wir dann Menschen verabreichen können, deren Körper selbst nicht in der Lage ist, Insulin zu produzieren. Die grundlegende Prozedur der Gentechnik umfasst nun folgende Schritte:

(1) Identifikation des Gens, das die Information für das gewünschte Protein enthält und (2) die Übertragung dieses Gens von der Art, in der es natürlicherweise vorkommt, in den Organismus, den wir zur Herstellung des Proteins verwenden wollen.

Schritt (1) ist schwieriger, als man denken könnte. Selbst ein einfaches Bakterium verfügt über Hunderte von verschiedenen Genen, während Tiere und Pflanzen Zehntausende davon oder mehr enthalten. Menschen haben eine geschätzte Zahl von 80 000 bis 100 000 Genen. Es gibt heute eine ganze Reihe von Verfahren zur Identifikation von Genen für ein gewünschtes Protein. Für Schritt (2) gibt es zwei Typen von Verfahren, um ein Gen in einen Organismus zu übertragen. Beim einen Verfahren wird ein sogenannter Vektor verwendet, z. B. ein Virus, das das Gen überträgt. Das zweite Verfahren kommt ohne Vektor aus (Reiss 1998).

Ein grundlegendes Prinzip der Gentechnik ist, dass genetische Veränderungen sowohl an Keimbahnzellen als auch an normalen (somatischen) Körperzellen vorgenommen werden können. Die Keimbahnzellen befinden sich bei weiblichen Säugetieren in den Eierstöcken und bei männlichen Tieren in den Hoden; aus ihnen entstehen Eier und Spermien. Alle anderen Zellen sind somatisch.

Die Bedeutung dieser Unterscheidung liegt darin, dass genetische Veränderungen an somatischen Zellen nicht an zukünftige Generationen weitervererbt werden. Veränderungen an Keimbahnzellen werden dagegen an die Nachkommen und damit an zukünftige Generationen weitervererbt. Aus diesem Grund haben Keimbahn-Veränderungen weitergehende ethische Implikationen als somatische Veränderungen.

Zystische Fibrose

Zystische Fibrose ist eine in vielen Ländern einschließlich den europäischen verbreitete Erbkrankheit. Die von dieser Krankheit Betroffenen leiden unter Atemnot und häufigen Lungeninfektionen. Dazu ist ihre Verdauung mangelhaft und sie weisen ein erhöhtes Risiko für Diabetes auf. Es ist schon seit längerer Zeit bekannt, dass zystische Fibrose ein Beispiel für ein autosomal-rezessives Merkmal ist. »Autosomal« bedeutet, dass das verantwortliche Gen sich weder auf dem X- noch auf dem Y-Chromosom befindet, sondern auf einem der nicht-geschlechtsgekoppelten Chromosomen. (Menschen haben 44 autosomale und 2 Geschlechtschromosomen, wobei Frauen zwei X-Chromosomen und Männer ein X- und ein Y-Chromosom haben). »Rezessiv« bedeutet, dass eine von der Krankheit betroffene Person immer zwei defekte Kopien des verantwortlichen Gens besitzt. In den allermeisten Fällen erben Betroffene je ein defektes Gen vom Vater und von der Mutter. Menschen, die eine normale und eine defekte Version des Gens besitzen, nennt man »heterozygot« (ein allgemeiner Fachausdruck für Organismen, die zwei verschiedene Ausführungen eines Gens besitzen). Weil die defekte Kopie des Gens rezessiv ist, sind Heterozygoten vollständig normal und zeigen keine der Symptome der zystischen Fibrose. Wenn solche Menschen jedoch mit einer anderen heterozygoten Person zusammen Kinder haben, so besteht für jedes Kind eine Wahrscheinlichkeit von 25 %, dass es zystische Fibrose haben wird.

Die verschiedenen Symptome der zystischen Fibrose können allesamt auf eine einzige Wirkung des defekten Gens zurückgeführt werden - die Produktion eines abnormal dicken und klebrigen Schleims. In den Lungen verstopft dieser Schleim die feinen Alveolen und kleinere Bronchiolen. Das führt zu Atemnot und häufigen Infektionen der Lunge. In der Bauchspeicheldrüse verstopft der klebrige Schleim den Ausgang für verschiedene Verdauungsenzyme, die für den Dünndarm bestimmt sind. Weil diese Enzyme somit den Dünndarm nicht erreichen können, leiden zystische Fibrose-Patienten zusätzlich unter Verdauungsproblemen. Hinzu kommt noch, dass die Enzyme, die den Darm nicht erreichen können, sich in der Bauchspeicheldrüse anhäufen und schließlich anfangen, diese selbst anzugreifen. Die Bauchspeicheldrüse wird gewissermaßen durch sich selbst verdaut. Da die Bauchspeicheldrüse für die Herstellung des Hormons Insulin verantwortlich ist, das den Blutzuckerspiegel reguliert, entwickeln zystische Fibrose-Patienten häufig Diabetes, die eine Konsequenz des Fehlens von Insulin ist.

1989 gelang es endlich, das defekte Gen, das für zystische Fibrose verantwortlich ist, auf dem 7. Chromosom zu isolieren (Stern und Alton 1998). Das Gen codiert für ein Protein, das die Durchlässigkeit von Zellmembranen für Chlorid-Ionen kontrolliert. Der genetische Defekt führt dazu, dass diese Durchlässigkeit zu gering ist. Normalerweise wird der Durchtritt von Chlorid-Ionen von Wasser begleitet, das den abgesonderten Schleim flüssig macht. Fehlt dieses Wasser, so wird der Schleim zu zähflüssig. Es ist dieser einfache Umstand, der wahrscheinlich alle die mit zystischer Fibrose verbundenen Probleme verursacht.

Die Isolation des Gens für zystische Fibrose hat die Möglichkeit für »genetisches Screening« geschaffen. Ein einfacher Test an Speichelproben, der ungefähr so viel kostet wie eine Zeitung, erlaubt die Feststellung von Trägern der zystischen Fibrose (d. h. Personen, die eine defekte und eine normale Kopie des Gens haben), jedoch nur mit einer Genauigkeit von 90 %. Stellen Sie sich vor, Sie hätten einen nahen Verwandten mit zystischer Fibrose, während Sie gesund sind. Dann besteht die Möglichkeit, dass Sie ein Überträger sind. Jetzt könnten Sie sich entscheiden, sich diesem Test zu unterziehen, z. B. wenn Sie eine Familie gründen wollen.

Jetzt nehmen sie an, dass sowohl Sie als auch Ihre Partnerin oder Ihr Partner Überträger von zystischer Fibrose sind, und dass Sie zusammen ein Kind erwarten. Die Wahrscheinlichkeit, dass das Kind zystische Fibrose haben wird beträgt 25 %. Sie können nun mit Hilfe pränataler Diagnose mit einem genetischen Test feststellen, ob das Kind die Krankheit hat oder nicht. Mittels Amniozentese oder Chorionzotten-Biopsie kann eine winzige Probe des sich entwickelnden Fötus entnommen werden. (Beide Methoden sind mit einem Risiko von 0,5–2 % verbunden, dass es zu einer Fehlgeburt kommt.) Anhand dieser Probe können die Gene des Fötus im Labor analysiert werden. In drei Viertel der Fälle wird es gute Neuigkeiten geben: das Kind ist gesund. In einem Viertel der Fälle wird es sich herausstellen, dass das Kind zystische Fibrose hat.

Gegenwärtig hat ein Elternpaar in dieser Situation zwei Optionen: das Kind trotzdem zur Welt bringen oder den Schwangerschaftsabbruch. Viele entscheiden sich für die Abtreibung, eine Entscheidung von großer persönlicher und moralischer Tragweite, besonders im Licht der Tatsache, dass viele von zystischer Fibrose Betroffene heute über 30 Jahre alt werden. Gentherapie und herkömmliche Methoden haben neue Behandlungswege eröffnet.

Die durch zystische Fibrose verursachten Verdauungsprobleme sind relativ gut medikamentös therapierbar. Dagegen enden die Lungenschäden immer noch tödlich, nur wenige Patienten erleben das vierzigste Lebensjahr. Mit somatischer Gentherapie ist die Hoffnung verknüpft, dass auch die Lungenschäden verhindert oder stark verlangsamt werden können. Diese Behandlungsmethode umfasst die folgenden Schritte:

1. Man nehme eine normale Kopie des CF- (zystische Fibrose) Gens.
2. Dieses Gen wird in das Erbgut eines geeigneten Bakteriums eingefügt.
3. Das Bakterium wird in Kultur vermehrt.
4. Die durch die Bakterien vermehrten Gene werden isoliert.
5. Die Gene werden in einen Vektor eingefügt, z. B. ein harmloses Virus.
6. Die Viren werden den Lungenepithelzellen zugeführt.
7. Die CF-Gene fügen sich in die Erbsubstanz der Lungenzellen ein.
8. Die eingefügten CF-Gene beginnen, das fehlende Protein herzustellen.

9. Die Proteinmoleküle werden zur Zellmembran transportiert.
10. Das CF-Protein beginnt seine Funktion in der Zellmembran auszuüben, nämlich die Regulation des Durchtritts von Chlorid-Ionen durch die Membran. Der Schleim wird flüssiger.

Es gibt bereits erste Hinweise darauf, dass somatische Gentherapie bei zystischer Fibrose eine wirksame Behandlungsmethode sein könnte, obwohl die Wirksamkeit möglicherweise hinter den oft allzu optimistischen Erwartungen zurückbleiben wird. Ein ermutigendes Ergebnis ist, dass anscheinend nur etwa 10 % der Lungenepithelzellen das durch den genetischen Defekt fehlende Protein herstellen müssen, damit die Lunge normal funktionieren kann (Watson 1993).

Bevor wir das Thema der zystischen Fibrose verlassen, ist festzuhalten, dass erhebliche Fortschritte bei der Behandlung dieser Krankheit gemacht wurden, die nichts mit der Gentechnik zu tun haben. Die durchschnittliche Lebenserwartung für Menschen mit zystischer Fibrose betrug um 1960 nur ein Jahr. 1970 waren es fünf Jahre, 1980 zehn Jahre, 1990 zwanzig Jahre und 1995 rund 25 Jahre. Diese Erfolge wurden teilweise durch den aggressiven Einsatz von Antibiotika erzielt, die die Lungeninfektionen bekämpfen, und teilweise durch intensive, tägliche Physiotherapie, die sehr zeitaufwendig ist und schmerzhaft sein kann.

Auch weiterhin sind bei der Behandlung Fortschritte zu verzeichnen. 1993 veröffentlichte die Firma Genentech die Ergebnisse einer klinischen Studie mit dem neuen Wirkstoff Pulmozyme. Dieser reduziert die Lungeninfektionen und die Atemnot (Edgington 1993). 1995 veröffentlichte eine Forschergruppe aus Cleveland (USA) die Ergebnisse einer vierjährigen klinischen Erprobung eines Wirkstoffs namens Ibuprofen. Sie zeigten, dass dieser die Lungenschädigungen bei Kindern, die mit der Therapie vor dem zehnten Lebensjahr beginnen, um bis zu 90 % verlangsamt (Anon. 1995).

Solche Erfolge mit konventionellen Behandlungsmethoden stellen das Potenzial der Gentherapie natürlich nicht in Frage. Sie erinnern uns aber daran, dass Gentherapie nicht die einzige Möglichkeit zur Behandlung von Erbkrankheiten wie der zystischen Fibrose darstellt. Dennoch gibt es eine reelle Chance, dass Gentherapie eine wichtige Rolle bei der Behandlung der zystischen Fibrose spielen wird, die vielen Zehntausenden von Menschen zu einer erheblich gesteigerten Lebensqualität verhelfen kann.

Somatische Gentherapie bei anderen Erbkrankheiten

Ich habe mich bisher auf die zystische Fibrose konzentriert, weil diese Krankheit sehr verbreitet ist und weil die Gentechnologie bei ihr ein besonders hohes Potenzial hat, Menschen zu helfen. Die ersten erfolgreichen Versuche eines gentechnischen Eingriffs am Menschen wurden aber schon 1990 durchgeführt, drei Jahre bevor die ersten Versuche mit zystischer Fibrose begannen.

Diese Versuche wurden an Patienten mit einer sehr seltenen Krankheit vorgenommen, der schweren Immunschwäche SCID (severe combined immune deficiency). Bei SCID wird das Immunsystem der Betroffenen vollständig lahmgelegt. Die Folge ist eine extrem hohe Anfälligkeit für Infektionen. SCID kann verschiedene Ursachen haben. Die häufigste Ursache ist wahrscheinlich eine angeborene Defizienz eines einzigen Enzyms, der Adenosindeaminase (ADA).

Der erste Mensch, der gentherapeutisch auf SCID behandelt wurde, war ein vier Jahre altes Mädchen mit dem Namen Ashanti De Silva. Ihr Körper konnte keine Adenosindeaminase produzieren. 1990 wurden dem Mädchen weiße Blutkörperchen entnommen. In diese Blutzellen wurden funktionierende Kopien des ADA-Gens mittels eines Virus als Vektor eingeführt (Fox 1994). Die danach eintretende Verbesserung ihres Zustandes war bemerkenswert. Fünf Jahre später ging sie zur Schule und konnte auch sonst ein fast normales Leben führen. Sie benötigt aber immer noch regelmäßig (alle paar Monate) Transfusionen mit gentechnisch veränderten Blutzellen, da ihre Blutzellen eine Lebensdauer von weniger als einem Jahr aufweisen.

Bis heute wurden weltweit mehrere Hundert Versuche mit somatischer Gentherapie bewilligt, die meisten davon in den USA. Zusätzlich zu Patienten mit zystischer Fibrose und SCID wurden Versuche im Hinblick auf einige andere Krankheiten durchgeführt, z. B. familiäre Hypercholesterinämie, Duchenne-Muskeldystrophie, Hämophilie, β-Thalassämie und verschiedene Krebsarten. In manchen Fällen waren diese Versuche sehr vielversprechend, auch wenn der Fortschritt langsamer war als erhofft (Meager und Griffiths 1994, Wheaterall 1997), was wiederholt zu spektakulären Kursrückgängen bei den Aktien von Biotechnologie-Firmen geführt hat (denen aber meist spektakuläre Höhenflüge vorausgegangen waren). Der Tod des 18 Jahre alten Jesse Gelsinger im September 1999 infolge eines Gentherapie-Versuchs hat außerdem Zweifel an der Sicherheit solcher Versuche hervorgerufen.

Die Reichweite der somatischen Gentherapie

Bei den anfänglichen Erfolgen ist es verlockend, die somatische Gentherapie für die Lösung aller Probleme zu halten. Es ist aber wichtig, sich über das tatsächliche Potenzial der Gentherapie im Klaren zu sein. Erstens ist zu beachten, dass einige Krankheiten, die durch defekte Gene verursacht werden, bereits auf konventionelle Weise behandelt werden können. Zum Beispiel werden in den meisten westlichen Ländern Neugeborene auf die Erbkrankheit Phenylketonurie getestet, wahrscheinlich ohne Wissen der Eltern. Der Grund dafür ist, dass die schädlichen Folgen dieser Krankheit abgewendet werden können, wenn kurz nach der Geburt die nötigen Maßnahmen getroffen werden (Emery und Mueller 1992, Kitcher 1996).

Phenylketonurie ist eine Krankheit, die unbehandelt zu schwerer geistiger Behinderung führt. Betroffene leiden dazu häufig unter Konvulsionen und wurden früher in geschlossene Anstalten eingewiesen. Seit den fünfziger Jahren ist aber bekannt, dass Kinder mit diesem genetischen Defekt völlig normal und gesund aufwachsen, wenn sie eine Diät erhalten, die arm an der Aminosäure Phenylalanin ist.

Phenylketonurie illustriert ein wichtiges Prinzip der Entwicklung des menschlichen Organismus: Sowohl Gene als auch die Umwelt spielen eine wichtige Rolle. Phenylketonurie ist eine Erbkrankheit, weil sie von einem defekten Gen verursacht wird. Aber der Schweregrad, mit dem die Krankheit sich manifestiert, hängt von der Umwelt ab. Bei einer normalen Ernährung (d. h. einer normalen Umwelt) sind Träger des defekten Gens schwer betroffen; bei einer speziellen Diät (d. h. anderen Umweltbedingungen) sind die Betroffenen gesund. Die Beschreibung von Phenylketonurie als »Erbkrankheit« ist höchstens eine praktische Abkürzung. Abkürzungen sind nur so lange nützlich wie man nicht vergisst, wofür sie stehen (Reiss und Straughan 1996).

Der zweite Grund, warum wir Gentherapie nicht als Lösung aller medizinischen Probleme sehen sollten, hat ebenfalls mit dem Zusammenwirken von Genen und Umwelt zu tun. Die häufigen Ankündigungen in der Presse, dass Gene für Brustkrebs, Dickdarmkrebs, die Alzheimer'sche Krankheit, Schizophrenie usw. identifiziert wurden, verheißen die Möglichkeit, diese Krankheiten bald heilen zu können.

Die Realität sieht aber oft anders aus. Zwar kann die Kenntnis von Krankheitsursachen ein wichtiger Schritt zur erfolgreichen Bekämpfung der betreffenden Krankheit sein, aber diese zwei Dinge sind klar auseinander zu halten. Vielleicht sprechen Sie kein Japanisch oder können nicht Geige spielen, und wahrscheinlich wissen Sie in diesen Fällen auch, warum das so ist. Aber dieses Wissen verhilft Ihnen nicht zu diesen Fähigkeiten. Aus ähnlichen Gründen können wir trotz dem Wissen darüber, welche von den unzähligen menschlichen Genen eine bestimmte Krankheit verursachen, noch sehr weit davon entfernt sein, diese Krankheit behandeln, heilen oder ihr vorbeugen zu können. Der einzige unmittelbare Nutzen der Identifikation solcher Gene ist die Möglichkeit, die entsprechende Krankheit genetisch diagnostizieren zu können.

Zweitens sind Krankheiten wie zystische Fibrose, Phenylketonurie und Sichelzellanämie die Ausnahme, nicht die Regel. Diese Krankheiten werden durch Defekte in einzelnen Genen verursacht. Insgesamt sind aber weniger als

2 % aller Krankheiten die Folge von angeborenen Defekten in einzelnen Genen. Die überwiegende Mehrheit menschlicher Krankheiten entstehen nicht auf diese Weise. Die meisten Krankheiten haben eine starke Umweltkomponente, so dass die genetischen Defekte eine Person lediglich zu dieser Krankheit disponieren. Dazu kommt, dass die genetische Komponente das Resultat vieler Gene sein kann, was zur Folge hat, dass es nicht ausreicht, wenn man ein oder zwei Gendefekte behebt (Strohman 1994, siehe auch Horgan 1993).

Ein letzter Punkt: Wir beginnen erst langsam zu verstehen, wie weit der menschliche Körper und der Geist genetische Behinderungen überwinden können. Gewisse genetische Mutationen erhöhen sicherlich das Risiko, an gewissen Krebsarten oder Herzkrankheiten zu erkranken. Es könnte auch Mutationen geben, die das Risiko für Schizophrenie oder Depressionen erhöhen. Aber das ist etwas anderes als »ein Gen für Brustkrebs« oder »ein Gen für Schizophrenie«. Im Fall des Brustkrebs gibt es erste Hinweise darauf, dass eine Mutation im Gen BRCA1 zwar die Wahrscheinlichkeit beträchtlich erhöht, dass eine Frau Brustkrebs entwickelt, dass aber mindestens 15 % der Frauen, die diese Mutation aufweisen, nie an Brustkrebs erkranken. Dazu scheinen viele Frauen, in deren Familien Brustkrebs aufgetreten ist, keine Mutation in diesem Gen zu haben (Brown 1994, Steen 1996). Im Fall des »Dickdarmgens« ist eine Mutation in diesem Gen nur für 10 % aller Fälle von Dickdarmkrebs verantwortlich. Gleichzeitig hat jemand mit einer mutierten Form dieses Gens eine Chance von 30 %, nie an Dickdarmkrebs zu erkranken (Miller 1993).

Bis jetzt habe ich mich auf »echte« menschliche Krankheiten beschränkt. Aber was ist von Gen-»Therapie« zu halten, die auf Merkmale wie Intelligenz, Schönheit, Kriminalität oder sexuelle Präferenz abzielt? Wird das eines Tages praktikabel werden? Trotz der häufigen Presseberichte über »Gene für Homosexualität« oder »Gene für Kriminalität« sollten wir im Lichte der vorausgehenden Diskussion über die Komplexität der Krankheitsentstehung vor solchen simplifizierenden Vorstellungen gewarnt sein. Wahr ist, dass menschliches Verhalten häufig eine genetische Komponente hat, wie etwa Zwillingsstudien oder Studien zu Kindern, die nicht bei ihren leiblichen Eltern aufwachsen, gezeigt haben. Versuche, Gene für Homosexualität, Intelligenz, Schönheit oder Kriminalität zu finden, sind aber bestenfalls erste Schritte zum Verständnis der komplexen und vielfältigen menschlichen Verhaltensmuster. Im schlechtesten Fall handelt es sich hier um fehlgeleitete Versuche, gewisse Mitglieder unserer Gesellschaft zu stigmatisieren. Es gehört wesentlich zum Menschsein, dass wir im Gegensatz zu den meisten anderen Organismen, mit denen wir diesen Planeten teilen, die Möglichkeit haben, unsere biologische Ausstattung hinter uns zu lassen. Wir sind viel mehr als unsere Gene.[1]

[1] Vgl. hierzu im Detail Rose, Lewontin und Kamin (1984) sowie Lewontin (1993).

Die ethische Signifikanz der somatischen Gentherapie

Welche neuartigen ethischen Probleme werden durch die somatische Gentherapie aufgeworfen? Die Kurzantwort lautet, soweit wir über wirkliche menschliche Krankheiten sprechen: wahrscheinlich keine. Dies war auch die Schlussfolgerung der Clothier-Kommission von 1992, die in Großbritannien ins Leben gerufen wurde, um die Ethik der Gentherapie zu untersuchen (Clothier Committee 1992). Natürlich ist somatische Gentherapie immer noch eine relativ neue Technik, und sie befindet sich hauptsächlich noch im Stadium der Forschung und nicht in der klinischen Phase. Dennoch gibt es einen weitgehenden Konsens darüber, wie medizinische Forschung und innovative Versuche im Lichte ethischer Erwägungen geregelt werden müssen (Kennedy 1988, Beauchamp und Childress 1994). Es ist kaum zu bezweifeln, dass ethische Leitlinien bei der somatischen Gentherapie strenger angewendet wurden als bei herkömmlichen Behandlungsmethoden.

Verschiedene Länder haben inzwischen Versuche mit somatischer Gentherapie zugelassen. Weil die meisten solcher Versuche die Verabreichung von DNS beinhalten, die die von der eigenen DNS des Patienten verursachten Funktionsstörungen beheben soll, wird darin in der Regel kein entscheidender Unterschied zu Techniken wie Bluttransfusion oder Organtransplantation gesehen. Es mag Individuen geben, die Transfusionen oder Transplantation ablehnen, aber nur wenige befürworten ein Totalverbot.

Es ist klar, dass die somatische Gentherapie das Potenzial hat, die Anzahl schwieriger ethischer Entscheidungen zu reduzieren. Zum Beispiel ist zur Zeit eine Abtreibung die einzige Alternative, die einer Frau angeboten werden kann, deren Fötus zystische Fibrose oder Muskeldystrophie hat. Somatische Gentherapie könnte hier einen positiveren Ausweg schaffen.

Trotzdem mag es Fälle geben, bei denen die somatische Gentherapie neue ethische Probleme hervorruft. Nehmen wir z. B. an, dass es trotz der oben diskutierten Komplexität menschlichen Verhaltens möglich ist, somatische Gentherapie gegen aggressives Verhalten oder Homosexualität einzusetzen. Was dann? Die einfachste Reaktion darauf ist, entsetzt die Hände über dem Kopf zusammenzuschlagen und zu bekräftigen, dass solche »Behandlungen« verboten werden müssen. Ein Problem mit dieser Reaktion ergibt sich aber aus der Tatsache, dass die meisten Länder jetzt schon erhebliche Mittel einsetzen, um zu verhindern, dass z. B. Gewaltverbrecher rückfällig werden. Die konventionellen Mittel sind hier Ausbildungsprogramme oder vom Staat bezahlte Psychotherapie. Im anderen erwähnten Fall gibt es tatsächlich immer noch Psychiater und Therapeuten, die Menschen behandeln, die ihre sexuelle Orientierung ändern wollen.

Diese beiden Beispiele - aggressives Verhalten und Homosexualität - bringen zwei verwandte Probleme ans Licht. Das erste hat mit der sozialen Konstruktion von Krankheit zu tun. Es ist einfach, anzunehmen, dass Krankheiten fixierte, objektive Sachverhalte sind. Einer anderen Auffassung zu Folge sind Krankheiten aber Relationen zwischen einer Person und der Gesellschaft. Ist es eine Krankheit, 130 cm groß zu sein? Die Antwort auf diese Frage sagt mehr über die Gesellschaft aus als über Individuen, die diese Körpergröße haben. Manche Befunde sind dagegen relativ unproblematisch in ihrer Definition als Krankheit. Nehmen wir als Beispiel die Lesch-Nyhan Krankheit, die durch schwere geistige Behinderung, unkontrollierte spastische Bewegungen und Selbstverstümmelung gekennzeichnet ist. Die Krankheit ist unheilbar, die Betroffenen sterben früh und dies nach einem Leben, das die meisten als unerträglich bezeichnen würden. Befunde wie diese haben sogar zu Gerichtsfällen geführt (»wrongful life« oder »wrongful birth«), bei denen Leidende oder deren rechtliche Vertreter Eltern oder Ärzte mit dem Argument verklagt haben, dass es für sie besser gewesen wäre, nie zur Welt gekommen zu sein. Dem stehen unzählige Kampagnen von Behindertenaktivisten gegenüber, die gezeigt haben, dass viele Krankheiten und Behinderungen ebenso die Gesellschaft wiederspiegeln, in der diese Personen leben, wie sie das Produkt der Gene sowie der Umwelt dieser Personen sind.

Das zweite Problem hat mit dem Einverständnis der Betroffenen zu tun. Das Einverständnis einer Person, die eines Verbrechens überführt wurde, zu psychotherapeutischer Behandlung oder zu einer andern auf Verhaltensänderung abzielenden Behandlung ist eine Sache, auch wenn diese Behandlungen natürlich missbraucht werden könnten (Holmes und Lindley 1991). Eine ganz andere Sache wäre es, wenn Eltern für ein ungeborenes oder ein neugeborenes Kind beschließen würden, dieses einer Behandlung unterziehen zu lassen, die es weniger aggressiv macht.

Die Clothier-Kommission hat die Anwendungen somatischer Gentherapie auf folgende Weise zu beschränken versucht:

> Beim gegenwärtigen Wissensstand ist jeder Versuch, menschliche Merkmale, die nicht mit einer Krankheit assoziiert sind, durch Genmodifikation zu verändern, als inakzeptabel zu betrachten.[2]

Die durchaus ähnlichen Argumente der Vertreter verschiedener Weltreligionen bei einer 1992 durchgeführten Konferenz über »Genetik, Religion und Ethik« in Houston, Texas werden durch die folgende Aussage von George Pazin, Mitglied der Orthodoxen Kirche und Professor an der University of Pittsburgh School of Medicine, repräsentativ wiedergegeben:

2 The Clothier Committee (1992: 22).

Ich bin sehr dafür, Gottes Schöpfung mit Hilfe der genetischen Werkzeuge, die wir entdeckt haben zu reparieren, aber mir graut vor dem Gedanken, dass wir versuchen könnten, die Schöpfung zu verbessern.[3]

Zum gegenwärtigen Zeitpunkt mag es schwierig sein, präziser als die beiden letzten Zitate zu werden. Beachtenswert ist, dass mehrere Länder Abtreibungen offiziell nur aufgrund medizinischer Indikationen zulassen, aber in der Praxis Abtreibungen auf Wunsch tolerieren. Analog könnte es schwierig werden, die Anwendung somatischer Gentherapie für kosmetische Zwecke zu verhindern, sollten gentherapeutische Methoden eines Tages weit verbreitet sein. Auch die plastische Chirurgie kann sowohl für lebensrettende als auch für triviale Zwecke verwendet werden.

Die ethische Signifikanz der Keimbahn-Gentherapie

Die Idee, genetische Eingriffe an der menschlichen Keimbahn vorzunehmen (so, dass zukünftige Generationen von der Veränderung betroffen sind, nicht aber das Individuum, an dem der Eingriff vorgenommen wird), wird durch verschiedene religiöse[4] sowie säkulare[5] Autoren und Organisationen abgelehnt. Die hauptsächlichen Argumente gegen die Keimbahn-Gentherapie sind die folgenden:

1. Sie ist zu riskant.
2. Sie ist unnötig.
3. Sie ist moralisch falsch.

Dagegen haben andere, darunter eine Anzahl renommierter Moralphilosophen und einige Theologen, argumentiert, dass die Zeit kommen wird, zu der Keimbahn-Gentherapie zulässig oder sogar wünschbar wird.[6] Manche glauben, dass diese Zeit rasch näher rückt.

---

[3] Nelson (1994: 151).

[4] Im Jahre 1983 unterzeichneten 58 wissenschaftliche und religiöse Persönlichkeiten eine Erklärung, die ein Verbot jeglicher Forschung über Keimbahn-Gentherapie forderte (*Nature*, 309 (1984), 301-302). Siehe auch: World Council of Churches (1989).

[5] Siehe z. B. Suzuki und Knudtson (1988), British Medical Association (1992) sowie den »1994 Report of the Group of Advisors on the Ethical Implications of Biotechnology«, der durch Jacques Delors, Präsident der Europäischen Kommission, in Auftrag gegeben wurde. Eine Anzahl feministischer Autorinnen ist extrem misstrauisch gegenüber gentechnischen Veränderungen am Menschen, weil sie vermuten, dass Frauen als Versuchskaninchen zur Herstellung vollkommener Kinder herhalten müssen. Siehe Spallone (1992) und Rowland (1993).

[6] Siehe besonders Glover (1984), Harris (1992), Warnock (1992), Peters (1997), Harris (1998). Siehe auch Deane-Drummond (1997).

Ist Keimbahn-Gentherapie zu riskant? Im Moment ist allgemein anerkannt, dass menschliche Keimbahn-Gentherapie zu riskant ist. Wissenschaftler können zur Zeit noch nicht exakt kontrollieren, an welcher Stelle die zugeführten Gene eingebaut werden. Dadurch besteht die Gefahr, dass ein eingeführtes Gen ein bereits vorhandenes Gen beschädigt, was zu Komplikationen einschließlich Krebs führen könnte. Nichtsdestotrotz, obwohl menschliche Keimbahn-Gentherapie gegenwärtig zu riskant sein mag, ist es kaum vorstellbar, dass das immer so bleiben wird. Viel wahrscheinlicher ist es, dass Wissenschaftler Methoden entwickeln werden, mit deren Hilfe Gene gezielt eingeführt werden können, so dass die Schwierigkeiten, mit denen die Technologie gegenwärtig noch behaftet ist, behoben werden können. Die Entwicklung solcher Methoden wird nicht unbedingt viele Experimente an menschlichen Embryonen erfordern, möglicherweise sogar überhaupt keine. Ein großer Teil der erforderlichen Erkenntnisse, vielleicht alle, könnten durch genetische Experimente mit Tieren gewonnen werden.

Dazu sollten wir uns bewusst machen, dass, obwohl die Keimbahn-Gentherapie typischerweise für irreversibel gehalten wird, sie normalerweise reversibel sein wird. Es gibt keinen Grund zur Annahme, dass eine genetische Veränderung, die schief gelaufen ist, nachher alle Nachkommen einer Person bis in alle Ewigkeit betreffen wird. Dieselben Techniken, die die gezielte Keimbahn-Gentherapie ermöglicht haben, sollten es auch erlauben, sie rückgängig zu machen.

Ist Keimbahn-Therapie unnötig? Ob etwas »nötig« oder »unnötig ist«, kann schwierig zu demonstrieren sein. Dabei müssen Werturteile gefällt werden, so dass es echte Kontroversen geben kann, ob etwas notwendig ist. Ist das Auto notwendig? Elefanten? Oder die Wiedervereinigung Deutschlands? Es ist wahrscheinlich, dass die meisten Verbesserungen, die mit Keimbahn-Therapie erzielt werden können, auch durch somatische Gentherapie oder konventionelle Medizin erzielt werden können. Die zystische Fibrose ist ein Beispiel dafür. Es könnte sich aber herausstellen, dass solche Krankheiten mittels Keimbahn-Therapie besser behandelt werden können. Es ist möglich, dass Keimbahn-Therapie Vorteile bringt, die mit anderen Techniken nicht erzielt werden können. Ohne Zweifel wird die Menschheit auch ohne Keimbahn-Therapie durchkommen, und man kann sich fragen, ob sie viel zur Summe der menschlichen Glückseligkeit beitragen würde. Nichtsdestotrotz, man könnte an einen Punkt kommen, an dem überzeugend dargelegt werden kann, dass Keimbahn-Therapie für manche Individuen notwendig ist.

Ist Keimbahn-Therapie moralisch falsch? Wenn wir davon ausgehen, dass die Keimbahn-Therapie eines Tages sowohl relativ sicher sein als auch für notwendig erachtet werden wird, in dem Sinn, dass sie Vorteile bringt, die andere Techniken nicht aufweisen, ist sie dann moralisch gut oder schlecht?

Es wird manchmal argumentiert, dass Keimbahn-Therapie die genetische Variation zwischen Menschen verringern wird, und dass die Evolution auf genetische Variation angewiesen ist. An diesem Einwand ist einiges faul. Erstens, empirisch gesehen ist es schwierig, sich vorzustellen, dass die Keimbahn-Therapie die nützliche genetische Variation zwischen Menschen signifikant verringern wird. Zweitens, es ist denkbar, dass die Keimbahn-Therapie die genetische Variation sogar vergrößern wird - indem manche Eltern gewisse Gene für ihre Kinder auswählen und andere Eltern andere Gene. Drittens, das Argument, dass die Evolution genetische Variation braucht, ist angesichts einer Person, die hauptsächlich wegen einer genetischen Mutation leidet, schwer zu verteidigen. Das Argument stützt sich auf mögliche, sehr weit entfernte Vorteile, die groß genug sein sollen, um unmittelbare und eindeutige Nachteile für Individuen zu überwiegen.

Weiter haben einige die Befürchtung geäußert, dass Diktatoren die Keimbahn-Therapie missbrauchen könnten, um bestimmte Menschtypen zu züchten. Das Hauptproblem mit diesem Einwand ist vielleicht, dass er der Gentechnik zu viel zutraut. Wie ich im Zusammenhang mit der somatischen Gentherapie gezeigt habe, wird das Ausmaß, in dem Menschen durch ihre Gene kontrolliert werden, leicht überschätzt. Diktatoren hatten wesentlich effektivere Methoden, um Menschen zu kontrollieren, und werden dies auch in Zukunft haben.

Ein wahrscheinlicheres Problem wird darin bestehen, dass die Keimbahn-Therapie zugelassen wird, bevor die Leute sich ausreichend an die Idee gewöhnt haben. Das Tempo der technologischen Entwicklung ist heute so hoch, dass viele sich angesichts der neuen Möglichkeiten verunsichert fühlen. Es sei daran erinnert, dass viele Leute sich mit Praktiken wie Organtransplantation oder In-vitro-Befruchtung angefreundet haben, obwohl diese Prozeduren nach ihrer anfänglichen Entwicklung zu ausgedehnten ethischen Debatten Anlass gaben (die natürlich noch nicht abgeschlossen sind - in Japan gelten Transplantate als ebenso problematisch wie In-vitro-Befruchtung für viele Römisch-Katholiken). Auf eine ähnliche Weise könnte Keimbahn-Therapie mit der Zeit akzeptierbar werden. Der Theologe Ian Barbour hat argumentiert, dass es wichtig ist, vor der Zulassung von Keimbahn-Therapie genügend Zeit zu belassen, sowohl um die Sicherheit der Prozedur zu garantieren als auch damit sich die Leute an die Idee gewöhnen können (Barbour 1992: 197).

Häufig geäußerte Bedenken bezüglich der Keimbahn-Therapie bestehen über das Ausmaß, in dem zukünftige Generationen davon betroffen sein werden. Auch hier ist es möglich, dass diese Bedenken übertrieben sind. Wie ich bereits ausgeführt habe, kann die Bedeutung unserer genetischen Ausstattung leicht überschätzt werden. Dazu kommt der Hinweis, dass Menschen bereits heute durch verschiedene Dinge - von Erziehungsmustern über Familienplanung bis hin zu Büchern und Umweltverschmutzung - einen sehr großen Einfluss auf zukünftige Generationen haben und immer haben werden. Die Philosophen Robert Nozick (1974), Jonathan Glover (1984) und John Harris (1992, 1994) sind sehr enthusiastisch was die Keimbahn-Therapie betrifft. Tatsächlich hat Nozick um 1974 die Idee eines »genetischen Supermarkts« eingeführt, in dem Eltern, nicht etwa der Staat, die genetische Ausstattung ihrer Kindern auswählen können. Harris hat sogar argumentiert, dass wir die Pflicht haben, Keimbahn-Therapie anzuwenden:

> Wir dürfen uns nicht positiv so verhalten, dass für die, die nach uns kommen, Schaden entsteht, aber wir dürfen es auch nicht verpassen, Gefahren für zukünftige Menschen aus dem Weg zu räumen. Wenn man es so betrachtet, befindet sich die Gentechnik in einem klaren Dilemma. Auf der einen Seite dürfen wir keine Veränderungen an der genetischen Struktur einer Person vornehmen, die sich für deren Nachkommen nachteilig auswirken. Auf der anderen Seite dürfen wir auch nicht versagen, wenn es darum geht, genetische Schäden zu entfernen, die, wenn sie sich selbst überlassen werden, zukünftigen Menschen Schaden zufügen.[7]

Es verbleiben die Bedenken aus einer langen Reihe von Erfahrungen mit Dammbrüchen, dass der Weg zur Hölle mit guten Vorsätzen gepflastert ist. Trotz der bereits erwähnten Schwierigkeiten, gentechnische Veränderungen, die eine Korrektur von Schäden zum Ziel haben (z. B. zystische Fibrose, Hämophilie oder Krebs), von solchen zu unterscheiden, die Merkmale verbessern wollen (z. B. Intelligenz, Kreativität, athletische Leistungsfähigkeit oder musikalisches Talent), wird die beste Strategie darin bestehen, Keimbahn-Therapie zu Zwecken der Verbesserung von Merkmalen zu verbieten, zumindest bis viele Jahre informierter Debatten darüber geführt worden sind.

Die Idee, dass es nützlich ist, Gentechnik zur Behandlung von Krankheiten und Gentechnik zur Verbesserung von Merkmalen zu unterscheiden, ist von manchen Theologen aufgegriffen worden, die argumentiert haben, dass Gentechnik zur Behandlung von Krankheiten als Teil menschlicher Erlösung betrachtet werden kann. Gleichzeitig lohnt es sich, die Worte von J. Robert Nelson, senior research fellow am Institute of Religion, Texas Medical Centre und adjunct professor of medical ethics am Baylor College of Medicine, zu beachten:

> Die Aussicht, in der Keimbahn gewisse Formen menschlichen Leidens zu überwinden oder sogar zu eliminieren ist, wie alle anderen Eschatologien, gleichzeitig ansprechend und furchterregend.[8]

7 Harris (1992: 178).

8 Nelson (1994: 164).

John Habgood, der ehemalige Erzbischof von York der Anglikanischen Kirche, hat vor der Anwendung der Gentechnik zur Verbesserung von Menschen gewarnt. In einem im Jahre 1995 gehaltenen Vortrag kam er zum folgenden Schluss:

> Also, sechs Regeln in einem Satz: Erstens, Menschen sind mehr als ihre Gene. Gene sind nur ein Satz von Anweisungen. Wir sind mehr als ein Satz von Anweisungen. Zweite Regel: Beachte den Wert der Vielfältigkeit der menschlichen Natur. Dritte Regel: Strebe nach Gerechtigkeit im Umgang zwischen Menschen und nach Fairness in der Nutzung von Ressourcen. Vierte Regel: Respektiere Privatsphäre und Autonomie. Fünfte Regel: Akzeptiere die Vorschrift, dass menschliche Krankheiten wenn möglich geheilt werden sollen, und sechste Regel: Sei sehr misstrauisch in Bezug auf die Verbesserung der menschlichen Natur, und noch misstrauischer gegenüber denen, die zu wissen vorgeben, welche Verbesserungen vorgenommen werden müssen.[9]

Es sind nicht nur religiöse Führer, die vor den Gefahren des Versuchs gewarnt haben, die menschliche Natur oder menschliche Fähigkeiten zu verbessern. Jonathan Glover zitiert den Philosophen John Mackie, der gegen Glovers Optimismus bezüglich der Keimbahn-Therapie Folgendes ins Feld geführt hat: »Wenn die Viktorianer die Gentechnik zur Verfügung gehabt hätten, dann hätten sie versucht, uns frommer und patriotischer zu machen.« (Glover 1984: 149)

Ein verwandtes Problem besteht darin, dass die Verstärkung von Merkmalen wie Intelligenz, Gedächtnis oder Altruismus - sollte dies jemals durch somatische oder Keimbahn-Gentherapie möglich sein - unvorhergesehene Konsequenzen haben könnte. Von der Fruchtfliege *Drosophila* existiert ein genetisch veränderter Stamm, der zehn mal schneller lernt als ein normaler Stamm (Aldhous 1995). Auf den ersten Blick mag die Anwendung dieser Technologie auf Menschen großartig erscheinen. Stellen Sie sich vor, zehnmal schneller lernen zu können; und welche Vorteile dies mit sich bringen würde. Es könnte aber auch Kosten geben. Ein verbessertes Lernvermögen bedeutet auch ein verbessertes Erinnerungsvermögen, und wenn Sie ein stark verbessertes Gedächtnis haben, werden Sie viel weniger vergessen. Aber alle von uns haben unangenehme Erfahrungen gemacht, die wir nur zu gerne vergessen. Dazu gibt es anekdotische Evidenz, dass Menschen mit einem totalen Gedächtnis oder einem vollkommenen fotografischen Gedächtnis das Leben damit schwierig finden. Sie haben z. B. manchmal Schwierigkeiten, zu wissen, in welchem Tag, Monat oder Jahr sie sich gerade befinden. Wer ein totales Gedächtnis hat, wird sich an Ereignisse vor einem Jahr ebenso lebhaft erinnern

---

[9] Aus dem Text der Heslington-Vorlesung, die Habgood am 1. Februar 1995 an der Universität York gehalten hat.

wie an solche vor fünf Minuten. Das kann zu Verwirrung führen und soziale Beziehungen erschweren.

Schließlich könnte Gentechnik am Menschen Eltern in die Lage bringen, dass sie entscheiden müssen, welche Merkmale sie in ihren Kindern verstärkt haben möchten. Es könnte z. B. unmöglich sein, gleichzeitig die mathematischen Fähigkeiten, das zeichnerische Talent, das Einfühlungsvermögen und das musikalische Talent zu verstärken. Man könnte argumentieren, dass die gentechnische Verstärkung menschlicher Merkmale die Autonomie der genetisch veränderten Kinder beeinträchtigen würde. Auf der mehr praktischen Seite können wir uns leicht Auseinandersetzungen zwischen genetisch veränderten Kindern und ihren Eltern vorstellen: »Wir haben nicht für dein musikalisches Talent bezahlt, damit du dauernd nur Baseball spielst«, oder »Wir haben nicht dafür bezahlt, dass du ein hervorragender Baseballspieler wirst, damit du deine gesamte Zeit in einer Rockband verbringst«, usw.

Trotz allem, stellen Sie sich vor, dass es wirklich eines Tages möglich sein sollte, auf sichere Weise den IQ jedes Menschen um 20 bis 40 Punkte durch Keimbahn-Modifikation zu erhöhen. Stellen Sie sich weiter vor, dass dies vor allem Menschen zu Gute kommen würde, die sonst einen IQ von unter 100 hätten (d. h. dass dadurch die Varianz im IQ verkleinert statt vergrößert wird), und dass dies auf diese Weise wesentlich effektiver und billiger erreicht werden könnte als durch andere Methoden (z. B. somatische Gentherapie, psycho-chirurgische Eingriffe oder zusätzliche Ausbildung). Meine eigene Überzeugung ist, dass es in diesem Fall schwierig wäre, diese Prozedur für illegal zu erklären. Es ist wahrscheinlich, dass wir dann die Frage diskutieren würden, ob gentechnische Modifikation obligatorisch (wie Bildung im Allgemeinen) oder freiwillig (wie Schulbildung in Gegensatz zu Bildung zu Hause) sein sollte.

Ethische Entscheidungen treffen

Es mag erstaunen, erst in diesem Stadium meiner Ausführungen zur Frage zu kommen, wie wir moralische Entscheidungen treffen sollen, aber dahinter steckt eine Logik. Während der traditionelle Ansatz zur Entscheidungsfindung im westlichen Denken von allgemeinen Prinzipien zu einzelnen Fällen fortschreitet, wurde seit Carol Gilligans klassischem Werk »In a Different Voice« (Gilligan 1982) der Wert des Argumentierens von einzelnen Fällen zu allgemeinen Prinzipien erkannt.

Ein Grund für einen solchen Ansatz liegt darin, dass man, ohne allzu stark zu übertreiben, sagen kann, dass die westliche Moralphilosophie gegenwärtig sowie während der letzten hundert Jahre in einer intellektuellen Krise steckt. (Siehe z. B. Williams 1985 und Maclean 1993). Die deutlichste Manifestation dieser Krise liegt in der Tatsache, dass es immer noch kein allgemein anerkanntes System gibt, in dessen Rahmen ethische Entscheidungen getroffen werden können. Ganz im Gegenteil: Es existiert eine ganze Anzahl konkurrierender und einander wechselseitig ausschließender derartiger Systeme. Am bekanntesten sind vielleicht die konsequentialistischen und die non-konsequentialistischen. Konsequentialisten glauben, dass es genügt, die Konsequenzen einer Handlung zu betrachten, um zu entscheiden, ob die Handlung gut oder schlecht ist, während Non-Konsequentialisten dies für inadäquat halten.[10] (Die Frage ist nicht, ob wir die Konsequenzen berücksichtigen müssen, wenn wir ethische Entscheidungen treffen, sondern ob dies ausreicht.)

Meine eigene Auffassung ist die, dass non-konsequentialistische Einwände gegen gentechnische Veränderungen am Menschen schwierig aufrecht zu erhalten sind, und zwar unabhängig davon, ob der Konsequentialismus als ethisches System ausreichend ist. Nehmen wir z. B. an, Person A argumentiere, dass es intrinsisch falsch sei (d. h. falsch unabhängig von den Konsequenzen), Modifikationen an der menschlichen Keimbahn vorzunehmen. Das bedeutet, dass selbst wenn gezeigt werden könnte, dass das Leiden einer Person B, die Vergrößerung der Autonomie von Person C oder die Herstellung von Gerechtigkeit zwischen Personen D, E, ... Z nur durch Keimbahn-Modifikation erreicht werden kann, Person A behaupten würde, dass eine solche Vorgehensweise moralisch falsch sei. Wenn es wirklich der Fall ist, dass Debatten über die gentechnische Veränderung von Menschen ausschließlich in einem konsequentialistischen Rahmen geführt werden können, vereinfachen sich die ethischen Probleme beträchtlich. Die Entscheidung darüber, ob Gentechnik gut oder schlecht ist, reduziert sich dann zu einer Reihe von detaillierten, vertieften Studien einzelner Fälle. Ethiker können dabei immer noch eine Rolle spielen, aber die wichtigere Rolle spielen dann Naturwissenschaftler, die über Risiken und Sicherheit Bescheid wissen, sowie Soziologen, Psychologen, Planer und Politiker, die über die Reaktionen der Leute sowie über öffentliche Meinungen informiert sind. Zur Erinnerung: Für den Konsequentialisten gibt es nichts moralisch Absolutes. Was gut ist, wird einfach durch die gesamten Konsequenzen einer Reihe von Handlungen bestimmt (typischerweise die Differenz zwischen Nutzen und Schaden).

---

10 Formaler gesprochen: »Gegner des Konsequentialismus sehen die Relation zwischen Werten und Akteuren als nicht-instrumentell an: Akteure sind verpflichtet oder zumindest frei, ihre Handlungen einen zugewiesenen Wert exemplifizieren zu lassen, selbst wenn dies insgesamt zu einer verminderten Realisierung des Wertes führt« (Petit 1991).

Die Stimme der Theologie

Manche Leser dieses Aufsatzes mögen enttäuscht sein, dass theologische Überlegungen erst so spät zur Sprache kommen. Andere werden sich fragen, was denn die Theologie überhaupt zur Debatte über die Gentechnik beitragen kann, da die großen Weltreligionen nichts Explizites zu diesem Thema zu sagen haben. Obwohl der letzte Punkt eine gewisse Gültigkeit hat, haben die Weltreligionen eine Menge zu solchen Themen wie die Schöpfung, die Nutzung der Natur oder menschliche Verantwortung zu sagen, also Themen, die eindeutig etwas mit der Gentechnik zu tun haben. Außerdem muss darauf hingewiesen werden, dass selbst in den Europäischen Ländern, in denen nur eine Minderheit der Bevölkerung regelmäßig Gottesdienste besucht, eine signifikante Zahl von Menschen gegen die Gentechnik einwenden, dass sie Gottes Wille zuwider handle.[11] Somit sind theologische Überlegungen zur Gentechnik angebracht, weil die Leute solche Bedenken haben.

Die Gentechnik wird in zunehmenden Maß aus einer theologischen Perspektive betrachtet, allerdings wurde das meiste bisher von christlichen Autoren geschrieben.[12] Die häufigste Reaktion religiöser Autoren zur Gentechnik ist die der Vorsicht und des Zögerns. Manche Menschen stutzen bei dem Gedanken der Übertragung von Genen zwischen Menschen und anderen Arten und befürchten, dass dies die Einzigartigkeit des Menschseins in Frage stellt. Zum Beispiel führt die Vorstellung, dass der Mensch Imago Dei geschaffen wurde, bei gläubigen Christen zu einem Unbehagen gegenüber einer Technologie, die scheinbar die Trennungslinie zwischen dem Menschen und dem Rest der Schöpfung bedroht (1. Korinther 15.39: »Nicht alles Fleisch ist von gleicher Art; sondern anders ist das der Menschen, anders das Fleisch vom Vieh, anders das Fleisch der Vögel, anders das der Fische«).

Manche religiöse Autoren sind gegenüber der Gentechnik recht positiv eingestellt. Zum Beispiel schreibt Phil Challis:

---

[11] Eine im Jahre 1992 in den USA durchgeführte Studie zeigte, dass die Wahrscheinlichkeit, dass eine Person die Gentechnik als moralisch verwerflich einstuft, um so größer ist, je wichtiger für diese Person Religion ist (Hoban und Kendall 1992). Dieselbe Umfrage zeigte, dass, während der häufigste Grund für die Opposition gegen Biotechnologie Bedenken waren, dass diese das »natürliche Gleichgewicht« bedrohe, eine signifikante Anzahl angab, Biotechnologie sei »unnatürlich«, »gegen Gottes Willen« oder »gegen meine religiösen Überzeugungen«. Es ist schwierig, den Einfluss religiöser Überzeugungen auf solche Einstellungen zu quantifizieren, aber ähnliche Studien in Neuseeland, Japan und Europa zeigen auch, dass religiöse Überzeugungen zu den häufigsten Gründen zählen, die Biotechnologie abzulehnen (Couchman und Fink-Jensen 1990, Dixon 1991, Macer 1992, European Commission Directorate General XII 1997).

[12] Cole-Tuner 1993, Nelson 1994, Eerdmans 1994, Dyson 1994, Reiss und Straughan 1996, Deane-Drummond 1997, Peters 1997.

Wir sind Mitschöpfer Gottes, »wunderbar gemacht« (Ps 139:14). Durch unsere endliche Freiheit ruft er uns auf, verantwortlich zu handeln, wenn wir den Prozess des genetischen Manipulierens domestizierter Organismen fortsetzen. Eine Theologie, die die Fleischwerdung statt der Körper-Geist Dichotomie betont, die anstatt der Unveränderlichkeit zum Wesen Gottes wird, die Beziehungen in einem Netz anstatt Beherrschung von außerhalb des Systems betont - eine solche Christliche Theologie kann einen kritischen Rahmen festlegen, in dem das Potenzial der Gentechnik, Gutes zu tun, annehmbar wird.[13]

Ronald Cole-Turner (1993) hat die Implikationen einer Unterscheidung zwischen Menschen als Mitschöpfer Gottes - eine Vorstellung, die seines Erachtens gewisse Schwierigkeiten aufweist - und Menschen als Mitwirkende der Erlösung durch die Gentechnik untersucht. Hier ist »Erlösung« im Sinne von »Wiederherstellung« gemeint. Die Idee ist die, dass die Gentechnik benutzt werden kann, um durch Mutationen verursachte genetische Schäden zu beheben. Auf diese Weise kann die Gentechnik dabei helfen, einen vollständigeren und reicheren Zustand der Schöpfung wiederherzustellen und dadurch laut Cole-Turner eine wichtige Rolle spielen, ohne sich göttliches Handeln anzumaßen.

Den Konsens suchen

Wir leben in zunehmend diversifizierten Gesellschaften. In keinem westlichen Land gibt es noch einen einzigen von allen geteilten Bestand an moralischen Werten. Sogar innerhalb der verschiedenen Religionen gibt es Meinungsverschiedenheiten in ethischen Fragen, und viele Leute akzeptieren überhaupt keine religiösen Lehren mehr. Trotzdem ist es von großem Wert, die verschiedenen Traditionen - religiöse und andere - ernst zu nehmen, die zu ethischen Schlussfolgerungen gelangt sind. Menschen leben nicht in Isolation; sie wachsen mit bestimmten moralischen Traditionen auf. Selbst wenn wir schließlich im Erwachsenenalter in einem gewissen Ausmaß von den Werten abweichen, die wir von unseren Familien und unserer Umgebung aufgenommen haben, leitet niemand seine moralischen Überzeugungen von ersten Prinzipien ab - ex nihilo, gewissermaßen. Im konkreten Fall der Biotechnologie beginnt sich bereits eine Tradition ethischen Denkens zu akkumulieren (Reiss 1997). Viele Länder verfügen über offizielle Komitees oder andere Körperschaften, die die ethischen Fragen im Zusammenhang mit manchen Anwendungen der Biotechnologie untersuchen. Diese Tradition ethischen Denkens zu einem bestimmten Themenbereich ist noch nicht so lange etabliert wie zum Beispiel

[13] Challis (1992: 39-40).

die Traditionen, die sich mit Abtreibung, Euthanasie, Krieg oder Handelsprotektionismus beschäftigen. Trotzdem gibt es diese Tradition in ihren Anfängen, und in vielen Ländern rund um die Welt werden ähnliche Fragen debattiert.

Aufgrund der Schwierigkeiten, sich allein auf die Vernunft oder eine bestimmte ethische Tradition abzustützen, sind wir gezwungen, uns zu überlegen, wie wir Konsense finden können (Reiss 1997, Moreno 1995). Es mag sein, dass Konsense nicht alle Probleme lösen können. Was sollen wir tun, wenn ein Konsens nicht möglich ist? Es kann auch keine Gewissheit geben, dass ein Konsens die richtigen Antworten gibt - es existierte einst ein Konsens darüber, dass Frauen nicht an Wahlen teilzunehmen haben. Trotzdem gibt es gute Gründe prinzipieller und praktischer Natur, den Konsens zu suchen. Ein solcher Konsens sollte auf Vernunft und demokratischem Diskurs basieren und etablierte Praktiken ethischen Denkens berücksichtigen. Gleichzeitig sollte er offen gegenüber Kritik und Widerlegung sowie gegenüber Veränderungen sein. Schließlich sollte Konsens nicht mit Stimmenmehrheit verwechselt werden. Die Interessen von Minderheiten müssen berücksichtigt werden, besonders wenn sie von den Ergebnissen in besonderem Maß betroffen sind, und dasselbe gilt für jene - wie kleine Kinder, geistig Behinderte sowie nichtmenschliche Lebewesen, die nicht am Entscheidungsprozess teilnehmen können.

Aus dem Englischen übersetzt von Marcel Weber

Literaturverzeichnis

Aldhous, P.: Fruit flies achieve total recall. In: New Scientist, 29 April 1995, 18.

[Anon.]: Cystic fibrosis drug. In: New Scientist, 8 April 1995, 11.

Barbour, I. G.: Ethics in an Age of Technology: The Gifford Lectures 1989-1991 Volume 2, London 1992.

Beauchamp, T. L. und J. F. Childress: Principles of Medical Ethics, 4th Edition, Oxford 1994.

British Medical Association: Our Genetic Future, Oxford 1992.

Brown, P.: Breast cancer ›too complex‹ for gene test. In: New Scientist, 10 December 1994, 4-5.

Challis, P.: Genetic Engineering and its Applications: Some Theological and Ethical Reflections, Cambridge 1992, 39-40.

Clothier Committee: Report of the Committee on the Ethics of Gene Therapy, London 1992.

Cole-Turner, R.: The New Genesis: Theology and the Genetic Revolution, Louisville, Kentucky 1993.

Couchman, P. K. und K. Fink-Jensen: Public Attitudes to Genetic Engineering in New Zealand, Christchurch 1990.

Deane-Drummond, C.: Theology and Biotechnology, Washington 1997.

Dixon, B.: Biotech a plus according to European poll. In: Bio/Technology 9 (1991), 16.

Dyson, A.: Genetic engineering in theology and theological ethics. In: A. Dyson & J. Harris (eds.), Ethics and Biotechnology, New York 1994, 259-71.

Edgington, S. M.: Nuclease therapeutics in the clinic. In: Bio/Technology 11 (1993), 580-2.

Emerey, A. E. H. und R. F. Mueller: Elements of Medical Genetics, 8th Edition, Edinburgh 1992.

European Commission Directorate General XII: Science, Research and Development, Biotechnology: European Opinions on Modern Biotechnology - Eurobarometer 46.1, Brüssel 1997.

Fox, J. L.: Gene therapy off to slow start. In: Bio/Technology 12 (1994), 1066.

Gilligan, C.: In a Different Voice: Psychological Theory and Women's Development, Cambridge, Mass. 1982.

Glover, J.: What Sort of People Should There Be? Harmondsworth, Middlesex 1984.

Harris, J.: Biotechnology, friend or foe? Ethics and controls. In: A. Dyson und J. Harris (Hg.), Ethics and Biotechnology, London 1994, 216-229.

—: Clones, Genes and Immortality: Ethics and the Genetic Revolution, Oxford 1998.

—: Wonderwoman and Superman: The Ethics of Human Biotechnology, Oxford 1992.

Hoban, T. J. und P. A. Kendall: Consumer Attitudes about the Use of Biotechnology in Agriculture and Food production, Raleigh, North Carolina 1992.

Holmes, J. und R. Lindley, The Values of Psychotherapy, Oxford 1991.

Horgan, J.: Eugenics revisited. In: Scientific American, June 1993, 92-100.

Kennedy, I.: Treat Me Right. Essays in Medical Law and Ethics, Oxford 1988.

Kitcher, P.: The Lives to Come: The Genetic Revolution and Human Possibilities, London 1996.

Lewontin, R. C.: The Doctrine of DNA: Biology as Ideology, London 1993.

Macer, D. R. J.: Public acceptance of human gene therapy and perceptions of human genetic manipulation. In: Human Gene Therapy 3 (1992), 511-518.

Maclean, A.: The Elimination of Morality: Reflections on Utilitarianism and Bioethics, New York 1993.

Meager, A. und E. Griffiths: Human somatic gene therapy. In: Trends in Biotechnology 12 (1994), 108-113.
Miller, S. K.: ›Colon gene‹ rounds off a brilliant year. New Scientist, 11 December 1993, 4.
Moreno, J. D.: Deciding Together: Bioethics and Moral Consensus, Oxford 1995.
Nelson, J. R.: On the New Frontiers of Genetics and Religion, Grand Rapids, Michigan 1994.
Nozick, R.: Anarchy, State, and Utopia, New York 1974.
Peters, T.: Playing God? Genetic Determinism and Human Freedom, New York 1997.
Petit, P.: Consequentialism, In: Peter Singer (Hg.), A Companion to Ethics, Oxford 1991, 230-240.
Reiss, M. J. und R. Straughan: Improving Nature? The Science and Ethics of Genetic Engineering, Cambridge 1996.
—: Ethical issues. In: Lord Soulsby of Swaffham Prior (Hg.), Genetic Engineering in Food Production, Proceedings of a Conference organized by the Royal Society of Medicine held in London 13-14 February 1997, International Congress and Symposium Series 1997, 165-175.
—: Biotechnology. In: Ruth Chadwick (Hg.), Encyclopedia of Applied Ethics, Volume 1, New York 1998, 319-333.
Rose, S., R. C. Lewontin und L. J. Kamin: Not in Our Genes. Biology, Ideology and Human Nature, London 1984.
Rowland, R.: Living Laboratories: Women and Reproductive Technology, London 1993.
Spallone, P.: Generation Games: Genetic Engineering and the Future for Our Lives, London 1992.
Steen, G. R.: DNA and Destiny: Nature and Nurture in Human Behavior, New York 1996.
Stern, M. und E. W. F. W. Alton: Gene therapy for cystic fibrosis. In: Biologist 45 (1998), 37-40.
Strohman, R.: Epigenesis the missing beat in biotechnology. In: Bio/Technology, 12 February 1994, 156-164.
Suzuki, D. und P. Knudtson: Genethics: The Ethics of Engineering Life, Stoddart, 1988.
Warnock, M.: Ethical challenges in embryo manipulation. In: British Medical Journal 304 (1992), 1045-1049.
Watson, F.: Human gene therapy - progress on all fronts. In: Trends in Biotechnology 11 (1993), 114-117.
Weatherall, D. J.: The Thalassaemias. In: British Medical Journal 314 (1997), 1675-1678.

Williams, B.: Ethics and the Limits of Philosophy, London 1985.
World Council of Churches: Biotechnology: Its Challenges to the Churches and the World, London 1989.

Eric Oberheim

Kommentar zu Michael J. Reiss

Nach Michael Reiss' Ansicht sollte man, falls gute Gründe dafür sprechen und die Risiken gering einzuschätzen sind, die Möglichkeit haben, somatische Gentherapie einzusetzen. Reiss meint, dass in solchen Fällen durch somatische Gentherapie keine neuartigen ethischen Fragestellungen angesprochen werden, d. h. keine, die über die mit Bluttransfusion oder Organtransplantationen verknüpften hinausgehen werden. Was nicht heißen soll, dass es hier keine erheblichen ethischen Probleme gäbe. Reiss diskutiert in der Tat mehrere potenziell miteinander verbundene Fragestellungen: Der normative Charakter des Krankheitsbegriffs, die informierte Einwilligung des Patienten zu medizinischen Eingriffen und verschiedene potenzielle »slippery slopes« (Dammbrüche, schiefe Ebenen). Diese Probleme stellen sich jedoch genauso bei medizinischen Behandlungen nicht-genetischer Art. Bezüglich der Keimbahntherapie schlägt Reiss vor, dass »die beste Strategie darin bestehen [wird], Keimbahn-Therapie zu Zwecken der Verbesserung von Merkmalen zu verbieten, zumindest bis viele Jahre informierter Debatten darüber geführt worden sind«. Mit anderen Worten: Er kann Keimbahntherapie unterstützen, wenn es der Krankheitsvorbeugung dient, nicht jedoch, wenn sein Zweck in der Verbesserung von Merkmalen liegt - zumindest heute noch nicht.

Die vorstehenden Aussagen verstehe ich als Reiss drei zentrale Thesen. Es sind umstrittene Antworten auf emotional geladene Fragen. Ich glaube, dass sie von alleine zu Diskussionen anregen. Ich werde im Folgenden versuchen, andere Punkte, die Reiss neben diesen zentralen Thesen behandelt, zu problematisieren.

Zunächst stellt sich die Frage nach den potentiellen Risiken der Keimbahntherapie. Reiss ist der Ansicht, dass die Risiken der Keimbahntherapie stark überschätzt werden, weil gemäss einer weitverbreiteten Meinung Keimbahntherapie irreversibel sei. Demgegenüber, so Reiss, werden die Techniken, welche die gezielte Keimbahntherapie möglich machen, auch ihre Umkehrung erlauben. Es mag zwar beruhigend wirken, dass es theoretisch möglich ist, die angewandten Techniken wieder rückgängig zu machen, dennoch muss man sich fragen, ob die Rückgängigmachung auch praktisch tatsächlich durchführbar ist.

So könnte es in der Praxis schwierig sein, die Verbreitung eines Gens, welches durch Keimbahntherapie dem menschlichen Genom hinzugefügt wurde, zu verhindern. Dies gilt besonders, wenn ein Mann dieses Gen erhalten hat (Frauen haben demgegenüber nur eine bestimmte Anzahl an Eizellen und können ihre Gene nicht so schnell verbreiten wie Männer). Wenn die Keimbahnzellen eines Individuums durch die Addition eines Gens verändert worden sind und danach entschieden wird, dass die Verbreitung dieses Gens unerwünscht ist, dann könnte es sehr schwierig sein, die Verbreitung dieses Gens innerhalb der Population einzudämmen. Natürlich könnte man versuchen das Individuum von der Fortpflanzung abzuhalten, oder die Nachkommen zu einer Keimbahntherapie zu zwingen. Allerdings, wenn das Individuum neue Kopien des unerwünschten Gens laufend produziert (bei Männern), oder eine bestimmte Anzahl von Kopien dieses Gens mit sich trägt (bei Frauen) ohne zu kooperieren oder eine informierte Zustimmung zu geben, könnten Komplikationen (und neue ethische Fragestellungen) sehr wohl entstehen. Aus diesem Grund könnten praktische Bedenken und Probleme bezüglich der Kontrolle der Risiken der Keimbahntherapie entstehen, die Reiss' Behauptung einer potenziellen Reversibilität der Keimbahntherapie in Frage stellt.

Ein zweiter Punkt, den ich untersuchen möchte, ist Reiss' These, dass die Entwicklung neuer Methoden der Keimbahntherapie bei Menschen kaum oder keine Experimente an menschlichen Embryonen benötigt. Wie soll das gehen? Ich schätze, dass er auf die Anzahl der gemeinsamen Gene von Mensch und anderen Säugetieren hinweisen würde und daraus schließen würde, dass diese Tiere als verlässliche experimentelle Grundlage dienen könnten. Eine Frage ist, ob das Testen an Säugetieren zur Entwicklung verlässlicher Keimbahntherapietechniken an Menschen wirklich funktionieren würde. Mein Eindruck als Laie ist, dass bei der erstmaligen Behandlung von Menschen mit konventionellen Medikamenten, nachdem diese nur an Versuchstieren erfolgreich getestet worden sind, Komplikationen auftreten können. Könnte dies nicht auch bei der Entwicklung verlässlicher humaner Keimbahn-Therapiemethoden ein Problem sein? Eine zusätzliche Frage entsteht bezüglich der Erfolgsquote der DNA-Insertionstechniken. Ist die Erfolgsquote dieser Techniken hoch genug, um die Notwendigkeit mehrfacher Versuche der Geninsertion zu verhindern, und können Experimente an Tieren als Grundlage der Erhöhung der Erfolgsquote bei menschlichen Embryonen dienen? Eine zusätzliche Befürchtung ist, dass selbst wenn Experimente an menschlichen Embryonen sich nicht als technisch notwendig herausstellen sollten, verlässliche Keimbahn-Therapietechniken die Gefahr erhöhen könnten, dass solche Versuche dennoch durchgeführt werden. Anders gesagt, man könnte befürchten, dass verlässliche Techniken für Keimbahntherapie uns auf eine schiefe Ebene stellen würden, die zu Experimenten an menschlichen Embryonen führen würde.

Natürlich könnte es sein, dass es zu spät ist, die schiefen Ebenen zu vermeiden, die die Gentechnik erzeugt hat. Reiss behauptet, dass die ersten erfolgreichen Versuche, Menschen gentechnisch zu verändern, im Jahre 1990 durchgeführt wurden. Er erzählte uns die bemerkenswerte Geschichte von Ashanthi De Silva, die an einer durch ADA-Defizienz verursachten schweren Immunschwäche (SCID) litt. Durch die somatische Gentherapie wurde ihr Immunsystem dermaßen gestärkt, dass sie sogar Windpocken überlebt hat. Reiss' Warnung vor der Tendenz, die Erfolge der Gentechnik zu optimistisch zu bewerten, ist wohlbegründet angesichts der großen Schwankungen der Aktienpreise der Biotechnologiefirmen. Ich kann die momentane Situation dieser Technologie nicht kompetent beurteilen und die folgende Frage beruht auf einem einzigen Artikel, aber ich frage mich, ob Reiss nicht selbst bei der Beurteilung der Erfolge der humanen Gentherapie ein wenig zu optimistisch ist. In einem Artikel in der Zeitschrift *Nature* (»Human Gene Therapy«, in: Nature (Suppl.) 392 (1998), 25–30) berichtet W. French Anderson, einer der beiden Ärzte, die die Patientin behandelt haben, dass ihr zusätzlich zur Gentherapie auch PEG-ADA – eine konventionelle Arznei – verabreicht wurde und weiterhin verabreicht wird. Anderson selbst schreibt: »Es können noch keine definitiven Schlussfolgerungen bezüglich des relativen Einflusses von PEG-ADA und Gentherapie auf den hervorragenden klinischen Verlauf gezogen werden.« (29)

Eine dritte Fragestellung, der bei diesem Thema eine größere Bedeutung beizumessen ist, betrifft das Ausmaß, in dem das menschliche Verhalten eine genetische Grundlage besitzt. Reiss scheint nahe zu legen, dass ein großer Bestandteil des menschlichen Verhaltens mit unseren Genen verbunden ist. Er behauptet, dass »viel menschliches Verhalten eine genetische Komponente hat«. Wie viel wissen wir eigentlich über das Ausmaß und die Art des menschlichen Verhaltens, das genetisch prädisponiert sein könnte?

Ein damit verbundenes viertes Thema, das ich gerne diskutiert haben möchte, ist die sogenannte soziale Konstruktion von Krankheiten. Reiss behauptet, dass gezeigt worden sei, »dass viele Krankheiten und Behinderungen ebenso die Gesellschaft wiederspiegeln, in der diese Personen leben, wie sie das Produkt der Gene sowie der Umwelt dieser Personen sind«. Meine allgemeine Besorgnis ist, dass dies nahe legen könnte, dass die Tatsache, dass jemand unter einer Krankheit leidet, genauso gut die Folge einer gesellschaftlichen Entscheidung wie seiner Physiologie sein könnte.

Wie Reiss unterstreicht, gibt es sowohl eher unproblematische Fälle bei der Entscheidung, ob etwas eine Krankheit ist, wie es auch eher problematische Fälle gibt. Um die letzteren Fälle zu erläutern, bittet er uns die folgende Frage zu stellen: »Ist es eine Krankheit, 130 cm groß zu sein?« Das ist ein guter Punkt und es gibt tatsächlich zurzeit eine große Debatte über die soziale Konstruktion von Krankheiten, insbesondere in den Vereinigten Staaten. Wie auch immer, diejenigen, die die Idee der sozialen Konstruktion von Krankheiten opponieren, heben hervor, dass in den meisten Fällen objektive Kriterien zur Feststellung einer Krankheit vorhanden sind. Zum Beispiel meinen manche, dass Krankheiten durch ihre Ursache objektiv definiert werden können. Man könnte z. B. sagen, dass Krankheit ein Zustand ist, der eine physiologische Funktion behindert, die zum Überleben des Organismus notwendig ist. So hoffen sie Krankheiten durch eine funktionale Beschreibung, die gesellschaftliche Normen nicht beinhaltet, zu definieren. Die Hoffnung ist, dass welche Normen auch immer gebraucht werden, diese aus der Biologie und nicht von der Gesellschaft stammen.

Natürlich wird eine solche Beschreibung viele Schwierigkeiten überwinden müssen. Zum Beispiel muss die Unterscheidung zwischen Behinderungen, die durch Unfälle verursacht worden sind, von solchen, die durch Krankheiten herbeigeführt worden sind, gemacht werden können. Die Definition muss auch mit psychischen Krankheiten umgehen können, was besonders problematisch zu sein scheint, da es sich als extrem schwierig herausstellen könnte, die »normale« Funktion der menschlichen Psyche zu spezifizieren. Die vielleicht schwierigste Herausforderung, mit der eine solche Beschreibung konfrontiert werden wird, ist eine fundamentalere. Die historische Variabilität von gesellschaftlichen Werten verleiht der Vermutung Gewicht, dass es nahezu unmöglich sein wird, Gewissheit darüber zu haben, dass in manchen Fällen gesellschaftliche Normen in der Klassifikation der Bedingungen einer Krankheit nicht verwendet werden.

Auf jeden Fall scheint es wichtig, zu untersuchen, wie weit eine kausale, funktionale Beschreibung von Krankheiten führen kann, wo ihre Grenzen liegen und welche anderen Quellen gebraucht werden könnten, um den Krankheitsbegriff zu definieren, bevor der soziale Konstruktivismus von Krankheiten unkritisch angenommen wird. Dies scheint wichtig, weil ich zögere, Entscheidungen aufgrund von Grenzfällen zu treffen. Aber noch wichtiger erscheint mir dies, weil ich absolut übereinstimme mit Reiss Empfehlung, dass wir vorsichtig sein müssen, dass soziale Normen in der Klassifizierung von Krankheiten nicht missbraucht werden. Meiner Meinung nach zeigt die Tatsache, dass gewisse gesellschaftliche Gruppierungen aufgrund ihrer gemeinsamen Normen Homosexualität als Krankheit betrachten, nicht mehr als dass diese Gruppierungen voreingenommen sind und nicht, dass Homosexualität eine Krankheit ist. Fälle wie Homosexualität müssen von echten Krankheiten unterschieden werden. Die Sichtweise, dass Krankheiten reine soziale Konstruktionen sind, erstickt diese wichtige Unterscheidung in ihrem Keim.

Die Gefahr versteckter normativer Annahmen in unseren Beschreibungen ist auch bei Fällen gegeben, die weniger problematisch scheinen als die Definition von Krankheiten.

Die fünfte und letzte Thematik, die ich gerne behandeln möchte, betrifft Reiss' Beschreibung des Zustands der zeitgenössischen Ethik. Mein Punkt ist, dass seine Beschreibung vielleicht ein wenig normativ aufgeladen ist. Reiss behauptet, dass das Fehlen eines akzeptierten Rahmens innerhalb dessen ethische Entscheidungen gefällt werden können, die Manifestation einer Krise der Ethik ist, die seit über einem Jahrhundert vorherrscht. Dies scheint implizit anzunehmen, dass ein Konsens über meta-ethische Angelegenheiten einer Pluralität meta-ethischer Theorien vorzuziehen sei. Manche Philosophen und Wissenschaftler glauben jedoch, dass die Existenz einer »ganzen Anzahl konkurrierender und einander wechselseitig ausschließender Systeme« als ein Merkmal einer gesunden Debatte aufgefasst werden kann. Sie würden einen nicht hinterfragten Konsens vielmehr als ein Symptom für Dogma und Krise bewerten – und dies gilt für politische, meta-ethische und ethische Angelegenheiten und sogar für wissenschaftliche Fakten. Reiss' Diagnose des Zustandes der Ethik scheint mit einem normativen Ballast beladen zu sein, der von Reiss zumindest im vorliegenden Aufsatz nicht adäquat gerechtfertigt wird.

Was die Einzelheiten von Reiss' Empfehlungen, wie wir ethische Entscheidungen treffen sollen, angeht, so scheinen sie mir nicht ganz vollständig zu sein. Er schlägt vor, dass wir von Einzelfällen zu allgemeinen normativen Prinzipien voranschreiten sollen und nicht umgekehrt. Aber es scheint mir, dass wir mindestens einige Prinzipien großer bis mittlerer Reichweite brauchen, um nur schon die ethisch relevanten Einzelfälle zu identifizieren. Auf ähnliche Weise lässt Reiss' Vorschlag folgende Frage offen. Wie kann die Information, die von einem Einzelfall gelernt worden ist, organisiert und auf ethische Urteile angewandt werden, ohne mindestens einer vorläufigen Skizze einer ethischen Theorie, aufgrund derer die Einzelfälle analysiert werden können?

Auch Reiss' abschließende Bemerkungen über Konsens scheinen keine konkrete Richtung zu besitzen. Einerseits vorzuschlagen, dass wir einen Konsens suchen sollen und andererseits davor zu warnen, dass auch ein falscher Konsens erreicht werden kann, ist durchaus lobenswert. Aber ohne konkrete Vorschläge wie man entscheiden soll, ob ein Konsens ein guter ist, sind seine Bemerkungen nicht sehr praktikabel. Fragen offen zu lassen schadet jedoch nicht. Also werde ich meinen Kommentar mit einer Frage beenden: Falls die Ethik der Keimbahngentechnik nur innerhalb eines konsequentialistischen Rahmens behandelt werden soll, wie Reiss meint, was sind dann die besten konsequentialistischen Argumente gegen den Gebrauch der Keimbahngentherapie zur Verbesserung menschlicher Merkmale?

Eve-Marie Engels

Xenotransplantation aus ethischer Sicht
unter besonderer Berücksichtigung ihrer Risikodimension[1]

1. Einführung

Als *artüberschreitende Transplantation lebender Zellen, Gewebe* und *Organe* stellt uns die Xenotransplantation nicht nur vor ethische Probleme, die den *Menschen* betreffen, sondern auch vor *tierethische* Fragen. In den vielen Berichten, Stellungnahmen und Empfehlungen aus den verschiedenen Ländern, die bisher zur Xenotransplantation erschienen sind, wird auf beide Themenkomplexe als ethisch relevante Problemfelder Bezug genommen.

Bei der ethischen Beurteilung der Xenotransplantation und anderer Technologien kann zwischen *fundamentalen ethischen Fragen* einerseits und durch den jeweiligen *Stand der Technik* bedingten ethischen Problemstellungen andererseits unterschieden werden. Zu den fundamentalen Fragen würden Fragen wie die folgenden gehören: Soll es überhaupt eine Transplantationsmedizin geben oder stellt diese nicht den unzulässigen und weit über den kurativen, therapeutischen Anspruch der Medizin hinausgehenden Versuch dar, die natürlichen Grenzen, denen der Mensch als endliches Lebewesen unterworfen ist, außer Kraft zu setzen? Wenn wir die Transplantationsmedizin als ethisch unproblematisch oder gar gerechtfertigt, wenn nicht sogar als geboten voraussetzen, so ließe sich dennoch an die Xenotransplantation die Frage richten, ob diese *spezielle* Form des technischen Eingriffs in die menschliche und nichtmenschliche Natur nicht ein qualitativ neues Maß erreicht hat, das aus prinzipiellen ethischen, anthropologischen und naturphilosophischen Erwägungen heraus abzulehnen ist. Neben diesen fundamentalen Erwägungen gibt es eine Art der *ethischen Evaluierung*, die in dem Sinne *kontextabhängig* ist, dass sie sich nach dem *Sicherheitsgrad* einer Technologie bemisst. Auf dieser Ebene hängt die ethische Bewer-

---

1 Dieser Beitrag erscheint auch in Dietrich Arndt und Günter Obe (Hg.): Biotechnologische Verfahren und Möglichkeiten in der Medizin. RKI-Schriften, MMV Medizin Verlag München. Frau Dipl.-Biol. Gisela Lotter und Frau Dipl.-Biol. Silke Schicktanz danke ich für ihre kritische Durchsicht des Manuskripts und fruchtbare Diskussion. Über diesen Beitrag hinausgehende und ihn teilweise ergänzende Überlegungen sind veröffentlicht in Engels (2000). Der Band enthält weitere aktuelle Beiträge zu den biologischen, medizinischen, ethischen und rechtlichen Aspekten der Xenotransplantation und der Forschungen an embryonalen Stammzellen.

tung unter anderem vom Ergebnis der Beurteilung der *Risiken* ab, die mit einer neuen Technologie verbunden sind und damit von der Abwägung ihrer Vorteile gegenüber dem durch sie möglicherweise entstehenden Schaden.

Die Xenotransplantation bietet sich als ein gutes Beispiel für die Darstellung der *engen Beziehungen* zwischen der *Bioethik* und der *Wissenschaftstheorie* an, d. h. zwischen der ethischen Bewertung einer neuen Technologie und den methodologischen Standards, die bei ihrer Einschätzung vorauszusetzen sind.

Die mit der Xenotransplantation verbundenen biologischen und medizinischen Probleme haben die scientific community beschäftigt, seitdem sie als eine Alternative zur Auto- und Allotransplantation in Erwägung gezogen wurde. Die Debatten zentrierten sich viele Jahre lang um das Problem der *Kompatibilität* von menschlichem Organismus und »source animal«, vor allem auf das Problem der *hyperakuten Abstoßung* des Xenotransplantates. Im Laufe der letzten Jahre ist jedoch ein weiteres Thema ins Blickfeld der medizinischen und öffentlichen Aufmerksamkeit gerückt, das in den achtziger Jahren selten, wenn überhaupt diskutiert wurde: das mit der Xenotransplantation verbundene *Infektionsrisiko*. Dieses unterscheidet sich nach Auffassung einschlägiger FachwissenschaftlerInnen[2] sowohl in qualitativer als auch in quantitativer Hinsicht von dem mit der Allotransplantation verbundenen Infektionsrisiko. Virologen schließen nicht aus, dass mit der Transplantation des Tierorgans in den Menschen - als »source animal« wird vor allem das Schwein ins Auge gefasst - zugleich Krankheitserreger übertragen werden können, wobei für sie die Infektion durch endogene Retroviren ein besonderes Risiko darstellt, da hierdurch eine Epidemie oder gar Pandemie ausgelöst werden könnte. Während das *Abstoßungsrisiko* also ausschließlich den *individuellen Patienten* betrifft, erstreckt sich das potentielle *Infektionsrisiko* zusätzlich auf *andere Personen*, auf das Betreuungspersonal, Familie und Freunde und unter Umständen auf die Bevölkerung.

Auf Grund der derzeitigen Unkontrollierbarkeit beider Risiken forderte der Europarat am 29. Januar 1999 ein Moratorium für klinische Versuche am Menschen. Anfang März 1999 beschloss der Schweizerische Nationalrat ein Verbot der Verpflanzung von Zellen, Geweben und Organen vom Tier auf den Menschen, ein Beschluss, der in drei bis fünf Jahren von einem umfassenden Transplantationsgesetz abgelöst werden soll.[3] Diese Beispiele mögen genügen, um zu

---

2 Im Folgenden werde ich der Einfachheit halber die maskuline Form für beide Geschlechter verwenden.

3 Von diesem Verbot gibt es zwei Ausnahmen: Die Übertragung von Tierorganen in den Menschen kann im Rahmen klinischer Versuche bewilligt werden, wobei sie jedoch nur im Rahmen konkreter *Heilversuche* zulässig ist, nicht jedoch als wissenschaftliches Experiment und auch nicht als Standardbehandlung. Außerhalb von medizinischen Einzelversuchen sollen keine ganzen Organe, sondern bloß Gewebe und Zellen verpflanzt werden dürfen. Hierfür gibt es jedoch nur eine Bewilligung, wenn ein Infektionsrisiko für die Bevölkerung ausgeschlossen werden kann

zeigen, dass die in diesen Forderungen zum Ausdruck kommenden Bedenken gegenüber der Xenotransplantation eine allgemeine Besorgnis widerspiegeln, die es ernst zu nehmen gilt. Im folgenden werde ich von den zahlreichen ethischen Fragen, die an die Xenotransplantation zu richten sind, nur einige herausgreifen und kurz diskutieren. Ein Schwerpunkt wird dabei auf den mit dem »risk assessment« verbundenen Problemkomplex liegen, ein anderer auf den tierethischen Fragestellungen.[4]

In der *anwendungsbezogenen*, auf die *Praxis* ausgerichteten Ethik, zu der meine Überlegungen einen Beitrag leisten sollen, sind *Güterabwägungen* bei der Beurteilung neuer Technologien unverzichtbar. Darunter sind nicht einfach ökonomische Kosten-Nutzen-Analysen zu verstehen, sondern Abwägungen über *Vor-* und *Nachteile* der Xenotransplantation im darüber hinausgehenden Sinne, in die *alle* von einer Entscheidung Betroffenen mit einbezogen werden, also *Menschen* und *Tiere*. Somit haben auch *tierethische* Aspekte ihren Stellenwert *im Rahmen* einer *umfassenderen Güterabwägung* in diesem Sinne. Güter als Gegenstand von Güterabwägungen sind auch *Werte*, die wir für wichtig oder gar für unveräußerlich halten. Zu berücksichtigen sind daher auch die Konsequenzen der Einführung neuer Technologien für den Bereich des *Sozialen*, für unser *Menschen-* und *Naturbild*, für unser *Selbstverständnis* als *Individuum* und als *Spezies* sowie andere Aspekte.

Der allgemeine ethische Rahmen, den ich hier voraussetze, ist der einer *Verantwortungsethik*. Obwohl die Verantwortungsethik traditionellerweise der *Gesinnungsethik* gegenübergestellt wird,[5] betrachte ich beide nicht als Gegensatz. Vielmehr sind die *Konsequenzen* wissenschaftlich-technischen Handelns unter dem Aspekt ihrer *Vereinbarkeit* mit den grundlegenden ethischen Prinzipien des Respekts vor der *Menschenwürde* und anderen ethischen Prinzipien zu betrachten. Diese sind die *Prinzipien der biomedizinischen Ethik*, wozu der Respekt vor Autonomie und Selbstbestimmung, die Prinzipien der Nichtschädigung (primum non nocere), der Fürsorge oder des Wohltuns und der Gerechtigkeit oder Fairness gehören (Beauchamp und Childress 1994) sowie die der *Sozialethik*. Darüber hinaus sind *tierethische* Aspekte mit einzubeziehen.

Im Sinne dieser Güterabwägung gilt es im Auge zu behalten, dass die Xenotransplantation entwickelt werden soll, weil eine Knappheit an menschlichen Spenderorganen besteht und ihre Rolle darin gesehen wird, das *Problem* des *Organmangels* zu lösen, um *Leben zu retten* bzw. die *Lebensqualität* von Patienten (z. B. bei Dialysepatienten) zu *verbessern*. Die Xenotransplantation ist also nicht für sich zu bewerten, sondern sie muss im Rahmen einer bereits exis-

---

und der therapeutische Nutzen nachweisbar ist.

4 Zu weiteren Problemen habe ich ausführlicher Stellung bezogen in Engels (1998, 1999a, 1999b).

5 Zur Unterscheidung zwischen Verantwortungsethik und Gesinnungsethik siehe Weber (1971).

tierenden und seit Jahrzehnten erfolgreich praktizierten Praxis der Transplantationsmedizin beurteilt werden, mit deren Hilfe Menschenleben gerettet bzw. die Lebensqualität verbessert werden kann. Sie wird daher auch daran zu messen sein, ob und inwieweit sie die Bedingungen erfüllen kann, eine *angemessene Alternative* zur Allotransplantation darzustellen. Dies bedeutet nicht, dass die Realisierbarkeit der Xenotransplantation schon ein Kriterium ihrer ethischen Wünschbarkeit oder Zulässigkeit ist; denn nicht alles, was technisch machbar ist, ist auch schon im ethischen Sinne erlaubt. Doch fallen Zweifel an der Realisierbarkeit der Xenotransplantation in ethischer Hinsicht ins Gewicht und wiegen in einer ethischen Güterabwägung um so mehr, je größer die mit der Xenotransplantation verbundenen Risiken und Nachteile für Mensch und Tier sind.

2. Ethische Fragen, die den Menschen betreffen

2.1 Methodologische Überlegungen zur Risikoeinschätzung. Wie im ersten Abschnitt erwähnt, stützt sich eines der kritischen Argumente gegen die Xenotransplantation auf die mit ihr verbundenen *Risiken.* Dabei sind in Abhängigkeit von den potentiell Betroffenen diejenigen Risiken, die nur den *individuellen Patienten* betreffen von solchen Risiken zu unterscheiden, die darüber hinaus auch *andere Personen,* ggf. die gesamte Bevölkerung betreffen. Bevor ich den für die ethische Beurteilung relevanten fachwissenschaftlichen Kenntnisstand zur Xenotransplantation (Virologie, Immunologie usw.) vorstellen werde, seien zunächst einige allgemeine Bemerkungen über den traditionellen Risikobegriff und die Möglichkeiten der Risikobeurteilung gemacht.

Unter einem *Risiko* versteht man heute gewöhnlich einen *möglichen Schaden,* der als unerwünschte Nebenwirkung aus einer in positiver Absicht erfolgten Handlung oder eingesetzten Technik resultiert.[6] Insofern beinhaltet ein Risiko immer die Momente der Unsicherheit und Ungewissheit. Die Möglichkeit eines *rationalen Umgangs* mit Risiken setzt ein »risk assessment« voraus, was ich hier mit »*Risikoeinschätzung*« oder »*Risikobeurteilung*« übersetze. Eine Risikoein-

---

6 Von den vielen Beiträgen zum Thema »Risiko« können hier nur einige wenige genannt werden. Zum Risikobegriff und zur Risikobestimmung siehe Banse und Bechmann (1998), Beck (1986), Birnbacher (1996), Bonß (1995), Fritzsche (1986), Gethmann und Kloepfer (1993), Kleihauer (1998), Luhmann (1991), Rescher (1983), Rowe (1983). Ein Überblick über die Literatur zur Risikoforschung verdeutlicht, dass eine klare Abgrenzung zwischen den Begriffen »Risiko« und »Gefahr« nicht möglich ist, obwohl häufiger auf diesen Unterschied verwiesen wird und definitorische Abgrenzungen versucht werden. Da im Kontext dieses Artikels das oben angegebene Verständnis von »Risiko« maßgeblich ist, werde ich hier eine Bestimmung der Gemeinsamkeiten und Unterschiede von »Risiko« und »Gefahr« verzichten.

schätzung besteht aus *zwei unterschiedlichen* und *unverzichtbaren Komponenten*. Obgleich beide in einer Risikoeinschätzung miteinander verbunden sind bzw. miteinander verbunden sein sollten, ist es wichtig, eine klare Unterscheidung zwischen ihnen zu treffen. Denn in Fällen, in denen sich eine Risikoeinschätzung als schwierig oder gar unmöglich erweist, gilt es herauszufinden, *welche* der beiden Komponenten uns vor Probleme stellt. Die *erste Komponente* ist eine *wissenschaftlich-deskriptive* Komponente, welche die *Identifikation* möglicher, als Risiko in Frage kommender *Konsequenzen* von Handlungen und Ereignissen sowie die Abschätzung der *Höhe* des Risikos beinhaltet. Nach der klassischen Formel wird die Höhe eines Risikos als das Produkt aus Schadensausmaß und Eintrittswahrscheinlichkeit des Schadens bestimmt, wobei das Schadensausmaß auch die Art, den Grad, die Dauer und die Zeit des Eintretens eines Schadens beinhaltet.[7] Daneben enthält eine Risikoeinschätzung eine zweite Komponente, die *individuelle* und *soziale Bewertung* des Risikos, welche Ausdruck der *subjektiven Risikowahrnehmung* oder des *Risikoempfindens* ist. In sie gehen unsere Normen und Werte ein, die unseren Vorstellungen von Lebensqualität, Gesundheit und Krankheit und allgemeiner, unseren Menschen- und Naturbildern sowie unseren moralischen Überzeugungen zu Grunde liegen und die Bewertung von Risiken auf einer Skala von untragbar bis akzeptierbar leiten. Diese Normen und Werte können vorreflexiv sein, d. h. zunächst einmal unsere möglicherweise tiefverwurzelten, nichtreflektierten Intuitionen zum Ausdruck bringen, wobei sie sich nach kritischer Reflexion im Lichte ethischer Prinzipien und anthropologischer sowie naturphilosophischer Konzeptionen als konsensfähig oder aber als revisionsbedürftig erweisen können. Was als Risiko wahrgenommen wird und wie hoch ein Risiko empfunden wird, hängt auch entscheidend vom Grad des subjektiven *Sicherheitsbedürfnisses* ab, das individuell und kollektiv variiert und durch den jeweiligen Lebensstandard mitbestimmt ist (Birnbacher 1996). Im Unterschied zur wissenschaftlich-deskriptiven Komponente kann die Risikobewertung daher als der *normative* Bestandteil einer Risikoeinschätzung bezeichnet werden. Allerdings geht auch in die wissenschaftlich-deskriptive Komponente insofern ein bewertendes Moment ein, als die Charakterisierung einer Handlungs- oder Technikfolge als möglichen Schaden oder Risiko bereits eine Wertung impliziert. Der Ausdruck »deskriptiv« bezieht sich also auf die Identifizierung der objektiv beschreibbaren *Konsequenzen* von Handlungen bzw. Techniken sowie auf die *Quantifizierung* der Höhe des Risikos. Die erste Komponente der umfassenden Risikoeinschätzung werde ich als Risiko*abschätzung* bezeichnen, um damit den quantitativen Aspekt hervorzuheben, während die zweite Komponente als Risiko*bewertung* bezeichnet werden soll. Während also der Begriff der *Einschätzung* des Risikos (risk assessment) sowohl den iden-

---

7 Siehe z. B. Schöne-Seifert (1995: 2316).

tifizierenden und quantifizierenden (1. Komponente) als auch den bewertenden Teil der Risikoanalyse (2. Komponente) umfasst, bezieht sich der Begriff der *Abschätzung* auf die Identifizierung und Quantifizierung von Risiken. Der Übersicht halber werde ich diese Überlegungen in Anlehnung an das Schema von Rowe, jedoch unter Anbringung kleinerer Modifikationen, schematisch darstellen (vgl. Rowe 1983: 15):

Risk assessment Risikoeinschätzung, Risikobeurteilung	
Wissenschaftlich-deskriptive Komponente Risikoabschätzung	Normative Komponente Risikobewertung
Identifikation und Quantifizierung eines möglichen Risikos Risiko = Produkt aus Eintrittswahrscheinlichkeit eines Schadens und Schadensausmaß	Individuelle und soziale Bewertung eines Risikos auf einer Skala von untragbar bis akzeptierbar

In der Literatur zur Risikoforschung wird häufig auf die *Lücke* zwischen der objektiven Höhe eines Risikos und dem subjektiven Risikoempfinden verwiesen, die bisweilen weit auseinander klafft, was bedeutet, dass Risiken oft in Abhängigkeit von einer Vielzahl von Faktoren unter- oder überschätzt werden.[8] Die quantitativ ermittelte *Höhe* eines Risikos korreliert also nicht unbedingt mit den *Graden* seiner *Ablehnung* bzw. *Akzeptanz* bei Individuum und Gesellschaft. Da diese Kluft häufig die rationale Diskussion über die angemessene Einschätzung

[8] Zur weitverzweigten empirischen (psychologischen, soziologischen, ökonomischen, juristischen usw.) Risikoforschung siehe die Einführung von Banse und Bechmann (1998) in ihre Bibliographie, weiterhin die Ausführungen in Gethmann (1993), Birnbacher (1996); zur Soziologie des Risikos siehe Luhmann (1991).

von Risiken erschwert, wird ihre Überwindung als eines der wichtigsten Ziele der Diskussion um das risk assessment betrachtet.[9]

Über diesem zweifellos bestehenden Problem sollten jedoch zwei Aspekte nicht aus dem Auge verloren werden:

Erstens sollte es *nicht* dazu verleiten, den Bereich der *subjektiven Risikowahrnehmung* als *irrational* und damit als *irrelevant* für die Risikoeinschätzung abzutun. Das Bedürfnis nach Sicherheit sowie die Angst vor einer möglichen Schädigung sind ernst zu nehmende, legitime Gefühlsqualitäten. Vorstellungen über die Akzeptanz von Risiken hängen von vielen Faktoren ab und sind nicht zuletzt vom Naturell des jeweils Urteilenden mitbestimmt, von der jeweiligen Grundeinstellung, die im Einzelfall eher zum Optimismus oder zur Skepsis und zum Pessimismus neigen mag. Abgesehen von den Extremen einer panischen Furcht vor der Technik einerseits und übertriebener Technikeuphorie andererseits dürfte es eine ganze Bandbreite diskussionswürdiger Einstellungen zur Risikofrage geben. Doch sollte im Interesse *aller* von der Einführung neuer Techniken und von ihren möglichen positiven wie negativen Konsequenzen Betroffenen die Risikobewertung und damit die Entscheidung über Akzeptanz oder Nichtakzeptanz eines Risikos nicht ausschließlich vom *eigenen* subjektiven Empfinden abhängig gemacht werden. Zu einem *verantwortungsbewussten* Umgang mit Technik gehört sowohl die Bereitschaft, die subjektive Wahrnehmung eines Risikos mit den Ergebnissen der quantitativen Analyse über seine voraussichtliche Höhe zu vergleichen, als auch die der Berücksichtigung des Risikoempfindens anderer, das häufig von der eigenen Wahrnehmung eines Risikos abweicht. Über der Fokussierung auf die Risikodimension von Technologien darf zudem nicht vergessen werden, dass neue bzw. prospektive Technologien auch unabhängig von der Höhe des mit ihnen verbundenen Risikos im Sinne ihres Potentials für konkrete gesundheitliche Schädigungen aus *fundamentaleren ethischen* Erwägungen heraus abgelehnt werden können. Dies zeigt sich in den Diskussionen um die ethische Vertretbarkeit der Präimplantationsdiagnose, der Klonierung von Menschen und von Forschungen an menschlichen embryonalen Stammzellen, welche für viele einen Verstoß gegen die Menschenwürde beinhalten würden und daher unabhängig von ihrem möglichen Nutzen oder Schaden für die Gesundheit abgelehnt werden. Auch wenn wir den Begriff des Risikos weiter fassen und die möglichen negativen Konsequenzen neuer Technologien für unser Menschen- und Naturbild in seine Bedeutung mit einschließen, sind derartige Differenzierungen notwendig. Sie können durch die kategoriale und hierarchische Spezifizierung eines Risikos im jeweiligen Argumentationskontext vorgenommen werden. Im Sinne eines *rationalen ethischen Diskurses* sollten daher die jeweiligen Grundlagen der Bewertung neuer Technologien (ethi-

[9] Vgl. z. B. Gethmann und Kloepfer (1993, Vorwort).

sche Prinzipien, Risikoabschätzungen, subjektives Risikoempfinden, ökonomische Aspekte usw.) freigelegt werden.

Zweitens darf nicht vergessen werden, dass das Moment der *Unsicherheit* auch die *erste Komponente* der Risikoeinschätzung, den wissenschaftlich-deskriptiven Teil der Risikoanalyse, betreffen kann. Die Möglichkeit der *Quantifizierung* eines Risikos setzt voraus, dass sowohl in bezug auf die Größe des möglichen Schadens als auch in bezug auf seine Eintrittswahrscheinlichkeit bereits *Erfahrungen* vorliegen, auf die sich die quantitative Bestimmung des Risikos stützen kann. Wir haben es hierbei also mit Wahrscheinlichkeit im *statistischen* Sinne zu tun. Auf der Grundlage vergangener Erfahrungen lässt sich die relative Häufigkeit oder Wahrscheinlichkeit ermitteln, mit der ein bestimmter Ereignistyp auch in der Zukunft eintreten wird. Daher spricht man hier auch von einem *objektiven Wahrscheinlichkeitsbegriff*.[10] Im Unterschied dazu bezeichnet der *subjektive Wahrscheinlichkeitsbegriff* den subjektiven Glaubensgrad eines Individuums oder einer Gruppe bezüglich des Eintretens eines Ereignisses. Die Möglichkeit der Quantifizierung eines Risikos und damit die Anwendung des objektiven Wahrscheinlichkeitsbegriffs ist jedoch nicht gegeben, wenn die potentiellen Risiken neuer Technologien, für die noch keine Erfahrungswerte zur Verfügung stehen, abzuschätzen sind. Da die Bedingungen für die empirische »Füllung« der naturwissenschaftlich-deskriptiven Komponente der Risikoeinschätzung oftmals nicht vorliegen, ist der Risikobegriff erweitert worden und umfasst heute vielfach auch die Bereiche der *Ungewissheit* und der *Nichtkenntnis* einzelner Faktoren oder Wirkungszusammenhänge (Kleihauer 1998). Zur Risikoabschätzung sind wir hier auf *Analogien* und *Extrapolationen* aus ähnlichen und damit vergleichbaren Erfahrungen angewiesen, wobei bei neuen Technologien angesichts fehlender empirischer Daten eine Schwierigkeit darin besteht, die Vergleichbarkeit festzustellen. Das bedeutet zugleich, dass der wissenschaftlich-deskriptive Teil der Risikoeinschätzung, ihre quantitative Komponente, eingeschränkt ist und nun in einem viel größerem Maße das *subjektive* Element der *Vermutung* unter den Bedingungen mangelnden Wissens und der Unsicherheit enthält. Wenn hier nun von der geringeren oder größeren Eintrittswahrscheinlichkeit eines Schadens die Rede ist, so drückt sich darin der *subjektive Glaubensgrad* des betreffenden Individuums oder der Gruppe aus, welche diese Einschätzung vornehmen. Es wäre jedoch ein Fehlschluss anzunehmen, dass damit die Schädlichkeitswahrscheinlichkeit, der Risikocharakter, in Frage gestellt ist und Unsicherheit und Ungewissheit hier einfach auf subjektive Gefühle der Furcht reduzierbar sind. Auch »eine Hypothese über die Schädlichkeit, also ein hinreichend fundierter Anhaltspunkt (Verdacht) für die abstrakte Möglichkeit einer fragli-

[10] Zu den Deutungen des Wahrscheinlichkeitsbegriffs siehe z. B. von Kutschera (1972); zu ihrer Diskussion im Kontext des Risikobegriffs siehe Gethmann (1993) und Kloepfer (1993).

chen Ursache-Wirkung-Beziehung« kann »eine Risikobestimmung tragen« (Kloepfer 1993: 60). Hier würde ich sogar noch einen Schritt weiter gehen und sagen, dass das *fehlende Wissen* über einzelne Faktoren oder Wirkungszusammenhänge ein *objektiver Bestandteil* des *Risikos* ist. Je nach Ausmaß des potentiellen Schadens kann es daher unter Umständen rational sein, ein Risiko nicht einzugehen.

Die hier beschriebene Art der Unsicherheit bei der Abschätzung von Risiken ist nicht mit dem sogenannten »*Restrisiko*« zu verwechseln. Dieser Begriff bezeichnet das Risiko, das »so unwahrscheinlich ist, dass es als hinzunehmen bewertet wird (Kloepfer 1993: 66).« Hierzu gehören »nicht erkennbare Risiken«, »Risiken jenseits der Grenzen menschlichen Erkenntnisvermögens« (ebd., 67), die daher auch nicht abzusehen sind. Obgleich der Begriff des Restrisikos in der Risikoforschung aus verschiedenen Gründen umstritten ist, lässt er sich doch dahingehend spezifizieren, dass von einem Restrisiko immer nur *nach* einer erfolgten Risikoabschätzung, also *nach* der Quantifizierung eines Risikos mit Hilfe der klassischen Formel, gesprochen werden kann. Er setzt voraus, dass bereits hinreichend gesicherte empirische Kenntnisse über die einzelnen Faktoren der Risikoformel (Eintrittswahrscheinlichkeit und Schadensausmaß) vorliegen.

Was folgt aus diesen Ausführungen für die *ethische Bewertung* einer neuen Technologie, deren Risiken nicht auf die übliche Weise gemessen oder quantifiziert werden können? Ich werde auf diese Frage zurückkommen, nachdem ich die Meinungen einiger Virologen über die Risiken der Xenotransplantation beschrieben habe.

2.2 Das Infektionsrisiko in der Sichtweise von Virologen. Es gibt eine Reihe von Krankheitserregern, die durch die Xenotransplantation vom Tier auf den Menschen übertragen werden könnten. Als besonders gefährlich werden endogene Retroviren eingeschätzt, und zwar aus mehreren Gründen:[11]

a) Obgleich jede Tierart in ihrem Genom Retroviren enthält, die normalerweise für den Organismus der betreffenden Spezies nicht gefährlich sind, können diese Viren in Organismen anderer Arten zu ernsthaften Infektionskrankheiten führen.

Das Gegenargument, dass ja der Mensch dieses Risiko während Tausenden von Jahren der Domestikation von Tieren und des Zusammenlebens mit ihnen sehr gut bewältigt habe, überzeugt z. B. Robin Weiss aus mehreren Gründen nicht:

> First, the physical barrier is broken by transplanting living porcine tissues or organs into humans. Second, the immunosuppression required to prevent xenograft rejection may al-

[11] Als Literatur zum Infektionsrisiko siehe u.a. Patience et al. (1997); Weiss (1998).

low zoonotic viruses to adapt to human infection. Third, as discussed above, the genetic modification of pigs may allow preadaptation of animal viruses for human infection.[12]

Für den *individuellen Patienten* möge der Nutzen durch das Xenotransplantat den möglichen Schaden durch eine Infektion aufwiegen. Doch seien auch die Risiken für die *Gesellschaft* zu bedenken:

The transplant surgeon can therefore sleep with a clear conscience that he is helping his patient. We microbiologists, on the other hand, wish to alert society to the more remote but possible risk of setting off a new human epidemic. After all, HIV-1 probably began by cross-species transfer (HIV-2 certainly did).[13]

b) Die Möglichkeit der Kombination der endogenen Retroviren von Schwein und Mensch ist ein zusätzliches Risiko.

c) Nicht alle endogenen Retroviren lassen sich durch die üblichen Testmethoden aufspüren, so dass hierfür neue Testinstrumente und -methoden gefunden werden müssten.

In der Vergangenheit stellte sich heraus, dass Retroviren, die sich mit Hilfe herkömmlicher Testmethoden nicht identifizieren ließen und daher bis dato unbekannt waren, durch empfindlichere und spezifischere Methoden erkannt werden konnten. Daraus erwächst für die Xenotransplantation ein enormer Forschungsbedarf: »The matter of how best to detect unknown viruses of potential concern in xenotransplantation must be regarded as a new field, open-ended and in need of greater research.« (Murphy 1996: 747) Dies würde jedoch bedeuten, dass zunächst einmal eine gezielte Suche nach unbekannten Retroviren stattfinden müsste, was Langzeitforschungen im Bereich der Entwicklung neuer Testmethoden voraussetzen würde. Es lassen sich jedoch nur für solche unbekannten Retroviren geeignete Methoden der Identifizierung entwickeln, die den bekannten Viren hinreichend ähnlich sind, so dass es zumindest Anhaltspunkte dafür gibt, wie derartige Methoden auszusehen haben. Denn wie sollten Testmethoden für etwas vollkommen Unbekanntes entwickelt werden können? Es wäre daher zu fragen, ob auch Retroviren vorstellbar sind, deren Eigenschaften über einen Unbekanntheitsgrad verfügen, der eine gezielte Entwicklung geeigneter Testinstrumente unmöglich macht und die Viren erst durch ihre Exprimierung in Form von Krankheiten identifizierbar werden. Hier zeigt sich, dass die Risikoabschätzung bei der Xenotransplantation nicht nur durch Ungewissheit, sondern darüber hinaus durch ein *Wissensdefizit* geprägt ist, das möglicherweise prinzipiell unaufhebbar ist. Damit haben wir ein Beispiel für das im vorigen Abschnitt angesprochene Problem, dass fehlendes Wissen objektiver Bestandteil eines Risikos sein kann. Dieses Wissensdefizit ist *nicht* von derselben Art wie die Grenzen

---

12 Weiss (1998: 328).

13 Weiss ebd.; vgl. auch Murphy (1996: 747).

menschlichen Erkenntnisvermögens beim Restrisiko, wo von »nicht erkennbaren Risiken« oder von »Risiken jenseits der Grenzen menschlichen Erkenntnisvermögens« gesprochen wurde. Denn im Falle der Xenotransplantation werden das potenzielle Risiko und seine möglichen Gründe sogar benannt, ohne jedoch abschätzbar zu sein.

d) Einige Infektionen können lange Inkubationszeiten haben und sind daher besonders gefährlich, weil sie möglicherweise erst nach ihrer Übertragung auf andere entdeckt werden.

Außerdem wurde bereits nachgewiesen, dass menschliche Zellen *in vitro* mit endogenen Retroviren vom Schwein infizierbar sind. Obwohl in vitro-Bedingungen nicht notwendigerweise in vivo-Bedingungen widerspiegeln, kann ein Infektionsrisiko nicht ausgeschlossen werden, und es gibt daher zumindest ein Verdachtsmoment, dass auch der menschliche Organismus infiziert werden könnte. In neueren Untersuchungen wurde nachgewiesen, dass sich die bisher verwendeten nichtmenschlichen Primaten auf Grund ihrer biologischen Besonderheit nicht dazu eignen, die Frage der Infizierbarkeit des menschlichen Organismus durch endogene Retroviren des Schweins zu klären (Stoye 1998: 667). Wenn also bisher keine Übertragung von PERV auf nichtmenschliche Primaten beobachtet werden konnte, so ist dies kein Indiz für ein geringes Infektionsrisiko beim Menschen, sondern es zeigt die Grenzen des Modells für derartige Tests.

Auch die Hannoversche Forschungsgruppe um Ulrich Martin, Axel Haverich u.a. hat sich zum Infektionsrisiko durch porcine endogene Retroviren geäußert und kommt dabei zu folgendem Ergebnis:

Our results confirm recent reports of the activation of infectious endogenous pig virus and extend them to pig endothelial cells, a constitutive part of all vascularised xenografts. The *high number of PERV gene copies* (about 10-40) in the porcine genome will make the *task of producing PERV-free swine difficult or impossible.* Our data are *strong evidence for a viral risk* but we do not know whether the titre will be high enough to bring about productive infection in vivo. Xenotransplant patients, however, will need *long-term, intensive immunosuppression, increasing considerably* the *risk of viral xenozoonosis.* Another disadvantage is that grafted organs will probably be obtained from pigs that are *transgenic* for human complement-regulators which may *suppress* complement-mediated virolysis, *a natural protection against zoonosis.* If transmission of PERV does occur clinically, two outcomes are possible – either the retrovirus is pathogenic but is restricted to the recipient or the virus (pathogenic or not) could *infect people not participating in the xenotransplantation* process. *Recombination* with human retroviral elements might *enhance the risk.* Further studies, in *suitable* primate models, are thus necessary to assess the risk of PERV infection in vivo after xenotransplantation.[14]

---

[14] Martin, Kiessig, Blusch et al. (1998: 694); Hervorhebungen von E.-M. E., Verweise auf Fußnoten im Zitat nicht angeführt.

Auch die Untersuchung von zehn Diabetikern, die zwischen 1990 und 1993 mit Inselzellen vom Schwein behandelt wurden und bei denen keine Infektion festgestellt wurde, erlauben es nicht, ein Infektionsrisiko auszuschließen:

> Our data *cannot definitively exclude infection with retroviruses*; nevertheless, the observations are reassuring. The risk that any xenograft recipient will become infected with PERV is likely to be a function of several factors associated with the source animal, xenotransplant technique, and the recipient's characteristics, so *defining the risk will be complex. Nor* can the *results of any individual study* be *generalised* to other types of exposure.[15]

Virologen gehen daher davon aus, dass das Infektionsrisiko bei der Xenotransplantation *real*, wenn auch derzeit *nicht quantifizierbar* ist.[16]

Gemeinsam mit einigen Kollegen forderte der Immunologe Fritz Bach im Januar 1998 ein Moratorium für klinische Versuche der Xenotransplantation von Organen und beschrieb die Situation als »Individual benefit versus collective risk«. Dabei beschrieb er das mit Xenotransplantation verbundene Potential der Infektion der Bevölkerung als

> inverse of immunization. Immunization is intended to protect the population at the risk of having occasional individuals experience adverse reactions to the immunization. Xenotransplantation, on the other hand, offers potential benefit to the individual while putting the population at risk.[17]

Jay Fishman, der zunächst gemeinsam mit Fritz Bach und anderen die Forderung nach einem Moratorium für klinische Versuche unterstützt hatte, nahm wenig später in einem Brief an den Editor der Zeitschrift *Nature Medicine* (4/4, 1998) diese Forderung zurück, räumt aber durchaus ein, dass die Risiken größer als Null seien:

> The risks of xenotransplantation are not zero. Ultimately, these risks can only be measured in clinical trials. I now believe that the potential benefits of xenotransplantation justify a cautious advancement of such studies.[18]

In der Zeit zwischen der Veröffentlichung des Moratoriums und der Zurücknahme seiner Forderung hatte es aber keinerlei zusätzliche empirische Evidenz gegeben, die diesen Meinungswechsel hätte sachlich begründen können. Fishman stellt die Forderung auf, die empirische Grundlage für die quantitative Abschätzung des Infektionsrisikos, die bisher nicht gegeben war, durch klinische Versuche zu schaffen, was ethisch fragwürdig ist. Seine Argumentation ist ein

---

[15] Heneine, Tibell, Switzer (1998: 698); Hervorhebung von E.-M. E.

[16] Zur Diskussion um die Problematik einer Abschätzung des Infektionsrisikos bei der Xenotransplantation siehe die Beiträge im *Lancet* vom August 1998 (Literaturverzeichnis).

[17] Bach et al (1998: 142).

[18] Fishman (1998: 372).

Beispiel für das Schwanken des subjektiven Glaubensgrades bei der Abschätzung eines Risikos, dessen Quantifizierung auf Grund fehlender empirischer Daten nicht möglich ist.

Auch das Argument, dass wir bei allen Technologien immer ein *Restrisiko* eingehen, was konsistenterweise auch für die Xenotransplantation gelten sollte, greift hier nicht. Wie oben ausgeführt, setzt der Begriff des Restrisikos die Quantifizierbarkeit eines Risikos voraus, eine Bedingung, die im Falle der Xenotransplantation nicht gegeben ist. Es würde bedeuten, einen Schritt zu überspringen, wenn das mit der Xenotransplantation potentiell verbundene Infektionsrisiko als Restrisiko klassifiziert würde. Zudem wäre es zynisch, alle nicht quantifizierten oder nichtquantifizierbaren Risiken als »Restrisiken« abzutun, die es hinzunehmen gilt. Hinzu kommt, dass ein hinreichend fundierter Anhaltspunkt für die Möglichkeit der Infektion vorliegt und damit von einem potentiellen Risiko auszugehen ist.

2.3 Vorteile und Risiken der Xenotransplantation. In der Literatur werden zahlreiche Gründe für die Förderungswürdigkeit der Xenotransplantation angeführt. Die erhofften Vorteile und Chancen der Xenotransplantation sind die *Verfügbarkeit von Organen* in *unbegrenzter Anzahl*, womit sich auch das Allokationsproblem, das Problem der gerechten Organverteilung, erübrigen würde und keine Patienten mehr auf den Wartelisten versterben müssten. Auch die von vielen (Angehörigen, Patienten, Pflegepersonal) als belastend empfundene *Hirntodproblematik* würde sich nicht mehr stellen. Patienten brauchten zudem *keine Gewissensbisse* mehr darüber zu haben, dass sie das eigene Leben dem Tod eines anderen Menschen verdanken. Eine bessere *Planbarkeit der Operation* und die *Synchronisation* von Organentnahme und Transplantation wäre möglich. Das Problem des menschenverachtenden *Organhandels*, bei dem Arme in finanziellen Notsituationen ihre Organe verkaufen, würde sich erübrigen oder zumindest reduziert. Bei der Nierentransplantation würde im Vergleich zu einer jahrelang praktizierten Dialyse eine *bessere Lebensqualität* und eine *Kostenersparnis* ermöglicht. Pharmaindustrie und Firmen, die im Bereich der Erzeugung und Zucht transgener Tiere tätig sind, erhoffen sich *ökonomische Vorteile*.

Diesen Chancen und Vorteilen stehen jedoch mindestens ebenso viele Probleme und Nachteile gegenüber, die ich im folgenden kurz benennen werde:

a) Die hyperakute Abstoßung, welche als gemeistert gilt, ist nur eine von *vier Abstoßungsformen*, d. h. drei weitere müssen bewältigt werden (Hammer 1999), bevor sich von einer erfolgreichen Anwendung der Xenotransplantation sprechen ließe. Axel Haverich räumt sogar ein, dass die zelluläre, vaskuläre und die chronische Abstoßung möglicherweise stärker als bei der Allotransplantation auftreten (siehe Haverich in diesem Band). Da Transplantationsmediziner vom Eintreten dieser Abstoßungsformen ausgehen, lässt sich hier auch nicht von einem Abstoßungs*risiko* im eigentlichen Sinne sprechen.

b) Das *Infektionsrisiko* wird voraussichtlich ein lebenslanges »*Monitoring*« von Patienten und Angehörigen notwendig machen. Außerdem wird für den Patienten unter Umständen zumindest für einige Zeit eine teilweise oder vollständige *Quarantäne* erforderlich sein. Durch derartige Maßnahmen würde aber die Lebensqualität von Patienten und Angehörigen erheblich beeinträchtigt.

c) Tierorgane erfüllen in ihrem jeweiligen Organismus *artspezifische Funktionen*, so dass ihre angemessene Funktionsweise im menschlichen Organismus zu bezweifeln ist. Hinzu kommt, dass nicht nur die *anatomische Kompatibilität* zwischen *menschlichem Empfängerorganismus* und *Tierorgan*, sondern auch die reibungslose *Interaktion* zwischen ihnen auf verschiedenen Ebenen (physiologischer, hormoneller, zellulärer, molekularer usw.) gewährleistet sein müsste. Unter- bzw. Überversorgung des Tierorgans mit bestimmten Nährstoffen, die im menschlichen Organismus anders dosiert sind als beim Tier, können die Funktion des Xenotransplantats beeinträchtigen und zu einer verkürzten Überlebensdauer des Tierorgans im Menschen führen. Auch die Regenerationsfähigkeit des Xenotransplantats im menschlichen Organismus ist hierdurch beeinträchtigt.

d) Die Xenotransplantation könnte in der Transplantationsmedizin zu einem *Zweiklassensystem* führen, wenn sie als »bridging« eingesetzt wird.

Es können Situationen entstehen, in denen darüber zu entscheiden ist, welcher der Patienten nun das Xenotransplantat erhält, das gegenüber einem Allotransplantat mit größeren Nachteilen verbunden ist, und welcher das gerade verfügbare, vorteilhaftere Allotransplantat eingepflanzt bekommt. Dies würde aber zu einer *Verschärfung des Allokationsproblems*, des Problems der gerechten Verteilung von Organen, führen und nicht zu seiner Lösung. Außerdem wird befürchtet, dass die Abstoßungsreaktion des menschlichen Organismus auf das dem Xenotransplantat folgende Allotransplantat nach dem Bridging größer sein wird als bei gewöhnlichen Organtransplantationen, was die Nachteile noch vergrößern würde.

e) Mögliche *Identitätsprobleme* von Patienten sind mit zu bedenken. Die Identität einer Person wird erheblich mitbestimmt durch ihr *Selbstbild* und das *Bild*, das sich *andere* von ihr machen. Wie wird sich das Wissen, das eigene Leben einem Tierorgan zu verdanken, auf die Identität des Patienten auswirken? Zwar gehört die Transplantation von Schweineherzklappen seit langem zur klinischen Praxis, doch fällt dies nicht unter die Xenotransplantation, da die Herzklappen bereits chemisch behandelt wurden und kein lebendes Gewebe mehr darstellen. Daher ist es durchaus möglich, dass Patienten auf ein lebendes Tierorgan psychisch anders reagieren als auf eine quasimechanische Vorrichtung. Auch kann die Selbstwahrnehmung und psychische Befindlichkeit eines Patienten entscheidend von der jeweiligen Stellung des Patienten zum Tier abhängen. Sollte die Xenotransplantation jemals realisierbar sein, so sind darüber hinaus Szenarien denkbar, in denen Patienten nicht nur ein einzelnes Tierorgan implantiert bekommen, sondern nach und nach ihre anderen überlebenswichtigen Organe bei Versagen gegen Tierorgane ausgetauscht werden. Da zur Identität der menschlichen Person Psyche *und* Leib gehören, drängt sich die Frage auf, ob solche Mischwesen aus Mensch und Tier eindeutig noch der menschlichen Spezies zuzuordnen wären. Auch die Ablehnung der Xenotransplantation aus religiösen, kulturellen, tierethischen und anderen Gründen ist nicht auszuschließen. Sollte die Xenotransplantation also jemals eingeführt werden, so müsste mit der Behandlung jeweils eine kompetente psychologische Betreuung einhergehen, und die Allotransplantation müsste schon aus Gründen des Respekts vor der Selbstbestimmung des Menschen als eine Option neben der Xenotransplantation verfügbar bleiben. Gerade diese Möglichkeit scheint durch die Xenotransplantation jedoch gefährdet zu sein:

f) Es wird nämlich befürchtet, dass die Einführung der Xenotransplantation einen weiteren *Rückgang* der *Spendebereitschaft* nach sich ziehen wird. Andererseits würde die Beibehaltung der Allotransplantation angesichts der zu erwartenden qualitativen Unterschiede zwischen Allo- und Xenotransplantaten die Allokationsproblematik eher noch verschärfen als lösen.

3. Tierethische Fragen

Da ich an anderer Stelle mehrfach ausführlich auf tierethische Aspekte der Xenotransplantation eingegangen bin (Engels 1998, 1999a, 1999b), werde ich hier nur einige Probleme kurz benennen und die Resultate, zu denen ich gelangt bin, zusammenfassen. In der Diskussion um die Xenotransplantation wurde in Analogie zum menschlichen Spender zunächst der Begriff »donor animal« verwendet, der dann jedoch, z. B. im Bericht des *Nuffield Council on Bioethics*, zugunsten der Bezeichnung »source animal« aufgegeben wurde, da für Tiere nicht die Möglichkeit besteht, über ihre Organspende zu entscheiden. Zur Vermeidung von Beschönigungen ist es daher angemessen, hier von »Nutztieren« zu sprechen. Ich werde im folgenden die englische Bezeichnung »source animals« verwenden, mit dem die tierethische Problematik schon angedeutet wird.

In der Literatur besteht ein Konsens darüber, dass die Verwendung von *Primaten* als »source animals« aus ethischen Gründen abzulehnen ist. Dies wird unter Berufung auf ihre *kognitiven Fähigkeiten* und ihrer *Leidensfähigkeit* sowie ihre *nahe Verwandtschaft* mit dem Menschen begründet. Weitere Argumente, welche die pragmatische Seite betreffen, sind die lange Reproduktionszeit bei Primaten, wodurch sie sich nicht zur massenweisen Zucht eignen, sowie Aufwendigkeit und Kostenintensität ihrer Haltungsbedingungen. Die Verwendung von Primaten in der *Forschung* zur Xenotransplantation wird häufig unter der Bedingung als ethisch akzeptabel betrachtet, dass es keine Alternativen gibt und die Verwendung auf ein Mindestmaß begrenzt wird. Als »source animals« werden dagegen *Schweine* favorisiert.

Diese Argumentation erscheint mir in mehrfacher Hinsicht fragwürdig: Wenn Primaten aus den oben angeführten Gründen nicht als »source animals« in Frage kommen, so sollte damit auch ihre Verwendung für *Forschungszwecke* aus Gründen der Konsistenz ausgeschlossen sein. Denn auch die in der Forschung verwendeten Primaten verfügen über die genannten Eigenschaften, die ihren Gebrauch als »source animals« ausschließen. Hinzu kommt, dass die potentiellen Alternativen zur Xenotransplantation noch gar nicht erforscht sind, so dass das Argument der mangelnden Alternativen, mit welchem häufig die Akzeptabilität der Forschung an Primaten begründet wird, nicht greift. Für die Beantwortung bestimmter Fragestellungen, wie etwa die Klärung der Infizierbarkeit des menschlichen Organismus durch endogene Retroviren vom Schwein, eignet sich das Primatenmodell aus biologischen Gründen ohnehin nicht (Stoye 1998: 667).

Dies bedeutet andererseits nicht, dass die Verwendung von Schweinen in Forschung und Anwendung der Xenotransplantation schon ethisch gerechtfertigt wäre. Es ist inzwischen hinlänglich bekannt, dass auch Schweine hochsensible, intelligente und sozial lebende Tiere sind, und es erscheint mir zweifelhaft, dass die für die Xenotransplantation gezüchteten Tiere unter artgerechten Bedingungen gehalten werden, so dass Leiden oder zumindest Unwohlsein für sie nicht auszuschließen sind. Außerdem ist zu fragen, ob sich die transgene Veränderung der Schweine in einem Rahmen hält, der nicht mit Leiden für die Tiere verbunden ist. Immerhin sind Szenarien denkbar, in denen die Tiere erheblichen transgenen Modifikationen unterworfen werden, um ihre Organe an den menschlichen Empfänger anzupassen und eine angemessene Funktionsweise in dessen Organismus zu gewährleisten.

Eine gängige *Strategie* der *Rechtfertigung* des Tierverbrauchs für die Xenotransplantation ist das Argument, dass wir Schweine auch zu Nahrungszwecken züchten und die Lebensbedingungen von Nutztieren in der Massentierhaltung weitaus schlechter seien als diejenigen von Schweinen, die unter spezifisch pathogenfreien Bedingungen gehalten werden. Verwiesen wird auch auf die routinemäßige Verwendung von Tieren in der Kosmetikindustrie und in anderen Bereichen. Hiermit wird zwar ein weit verbreiteter und für viele selbstverständlicher Umgang mit Tieren beschrieben, doch kann von der in einer Gesellschaft faktisch existierenden *Akzeptanz* des Umgangs mit Tieren nicht auf dessen *ethische Akzeptabilität* geschlossen werden. Daher sind derartige Argumente keine ethisch relevanten Argumente. Die üblichen Haltungsbedingungen von Nutztieren und der Umgang mit ihnen insgesamt (Tiertransporte usw.) sind ein großes Übel, das es abzuschaffen gilt und das nicht als Grundlage für die Rechtfertigung der Xenotransplantation angeführt werden kann, selbst wenn diese mit geringerem Leiden für die Tiere verbunden sein sollte als die Massentierhaltung. Andernfalls ließe sich jeder Missstand rechtfertigen, indem auf etwas noch Schlimmeres hingewiesen würde. Doch auch hinsichtlich der faktisch existierenden Einstellungen zu Tieren macht sich ein öffentlicher Bewusstseinswandel in Richtung größerer Sensibilität für die Leidensfähigkeit von Tieren bemerkbar. Die Zahl der Vegetarier ist in den letzten Jahren gestiegen, und dies nicht nur aus Furcht vor Infektionen durch den Verzehr von Fleisch (Stichwort: »Rinderwahnsinn«). Es gilt also nicht nur, die ethische Akzeptabilität des Tierverbrauchs zu hinterfragen; auch die selbstverständliche Voraussetzung seiner gesellschaftlichen Akzeptanz bedarf der kritischen Überprüfung. Zu recht wird heute in stärkerem Maße als früher die Einstellung zu Tieren und der Umgang mit ihnen, die *Selbstverständlichkeit ihrer Instrumentalisierung* durch den Menschen, kritisch reflektiert.

Es ist zudem Ausdruck eines tiefverwurzelten Anthropozentrismus, Schweinen nicht denselben Schutz zukommen zu lassen, den wir vielen anderen Tieren, unter anderem den Primaten, gewähren.

Aber rechtfertigt die Xenotransplantation nicht doch die Verwendung von Tieren, so ließe sich fragen, stehen hier doch *vitale menschliche Interessen* auf dem Spiel! Diese Frage ist nur im Rahmen einer umfassenden Güterabwägung zu beantworten. Daher werde ich abschließend auf die Frage zurückkommen, ob die übergeordnete Zielsetzung der Xenotransplantation, welche darin besteht, den Organmangel zwecks Lebensverlängerung und Verbesserung der Lebensqualität zu beheben, erfüllbar ist. Weiterhin ist zu fragen, ob die Xenotransplantation im Einklang mit den zu Beginn genannten Prinzipien der biomedizinischen Ethik und der Sozialethik steht.

4. Abschließende Schlussfolgerungen

Auf Grund der bereits angeführten Probleme, die derzeit mit der Xenotransplantation verbunden sind und voraussichtlich auch vorläufig nicht lösbar sein werden, habe ich starke Zweifel an der ethischen Vertretbarkeit der Xenotransplantation: Das Infektionsrisiko stellt uns vor die Frage, wie die Prinzipien des Wohltuns oder der Fürsorge und der Nichtschädigung erfüllbar sein sollen. Auch auf Grund der bisher nicht bewältigten Abstoßungsproblematik, die nur für die hyperakute Abstoßung gelöst sein soll, ist davon auszugehen, dass erste klinische Versuche am Menschen nicht den Charakter von Heilbehandlungen haben werden. Für den individuellen Patienten kann eine Xenotransplantation dennoch die letzte Hoffnung bedeuten, wenn kein Allotransplantat verfügbar ist und die Alternative der sichere Tod ist, so dass er bereitwillig in eine Operation einwilligen würde, selbst wenn er dadurch sein Leben nur um wenige Tage oder Wochen verlängern könnte. Doch betrifft das potentielle Infektionsrisiko nicht nur den Patienten selbst, sondern auch seine Angehörigen, das Pflegepersonal, möglicherweise die Bevölkerung. Daher sind nicht nur Vor- und Nachteile einer Xenotransplantation für den individuellen Patienten gegeneinander abzuwägen, sondern es müssen auch die potentiellen Schädigungen anderer in die ethische Beurteilung mit einkalkuliert werden.

Da das Infektionsrisiko bislang nicht ausgeschlossen werden konnte, würde die klinische Erprobung der Xenotransplantation unter Umständen darauf hinauslaufen, dass eine Behandlungsmethode getestet wird, bei der Krankheitserreger vom Tier auf den Menschen übertragen werden können und die daher sowohl für den Patienten als auch für andere Personen Krankheiten von der Art mit sich bringen kann, um deren Bekämpfung trotz intensiver Forschungen seit langem verzweifelt gerungen wird, wie der Kampf gegen AIDS zeigt. Solange die Frage des Infektionsrisikos ungeklärt ist, halte ich es angesichts des nicht ausschließbaren enormen Schadensausmaßes (Epidemie, Pandemie) für angebracht, das *Maximinprinzip* anzuwenden. Es besagt, dass diejenige Handlungsalternative zu wählen ist, die zu dem am wenigsten schlechten Ergebnis führt.[19] Diese Handlungsalternative ist in unserem Fall der Verzicht auf Xenotransplantation, wobei ich gleichzeitig dafür plädiere, Überlegungen und Forschungen in eine möglichst große Bandbreite von Alternativen zur Xenotransplantation zu investieren. Hierzu gehören auch Präventivmaßnahmen zur Vermeidung von Krankheiten, die ein Organversagen zur Folge haben. Auch wäre zu fragen, ob die Xenotransplantation angesichts des Infektionsrisikos nicht auch eine *Erweiterung* des Prinzips des informed consent, der freien und aufgeklärten Zustimmung zu einer Behandlungsmethode, erforderlich macht. Dieses Prinzip, in dem sich der Respekt vor der Autonomie des Patienten äußert, bezieht sich traditionellerweise auf das Arzt-Patient-Verhältnis. Da im schlimmsten Fall aber nicht nur der individuelle Patient von den Konsequenzen der Xenotransplantation betroffen ist, sondern auch seine Angehörigen und die gesamte Bevölkerung, müsste die öffentliche Diskussion um die Wünschbarkeit der *Einführung* der Xenotransplantation in die Medizin angeregt werden. Denn der individuelle Patient mag ein *freiwilliges Risiko* eingehen, wenn er sich ausrechnet, dass er auch ohne ein Xenotransplantat sterben würde, so dass es ihm nicht riskanter erscheint, *durch* als *ohne* Xenotransplantation zu sterben. Doch würde der Übergang zu klinischen Versuchen und erst recht die Einführung der Xenotransplan-

[19] Siehe hierzu Hüsing, Engels, Frick (1998: 151); Kloepfer (1993).

tation in die klinische Praxis für die Gesellschaft ein *unfreiwilliges Risiko* bedeuten, solange das Infektionsrisiko nicht geklärt ist und die Gesellschaft nicht gefragt wurde.

Fritz Bach greift den Gedanken von A. S. Daar auf, dass die Patienten vor einer Xenotransplantation nicht nur ihre freie und aufgeklärte Zustimmung zu den mit der Transplantation verbundenen Risiken geben müssten, sondern dass es angesichts der möglichen Übertragbarkeit von Krankheitserregern auf andere auch einen »contract« geben müsse:

> binding the patient and others to carry out future obligations, including the patient's possible quarantine, as well as modification of the guarantees of confidentiality and surrender the right to ›drop out‹ of the study. Whether such a contract could be enforced is an issues that the national committee will need to debate. In theory, xenotransplantation might not be allowed unless the patient and family members and sexual partners agree to some onerous conditions for monitoring.[20]

Damit wäre aber eine erhebliche Einschränkung der Autonomie von Patienten und Angehörigen verbunden.

Angesichts der thematisierten Allokationsproblematik (Zweiklassensystem von Patienten?) ist weiterhin zu fragen, ob die Xenotransplantation mit den Prinzipien der Gerechtigkeit und Fairness im Einklang steht. Diese Frage stellt sich auch auf der Makroebene, wo es um das Problem der gerechten Verteilung von Ressourcen im Gesundheitssystem geht.

Im Rahmen einer umfassenden Güterabwägung drängt sich aus all diesen Gründen die Frage auf, ob es ethisch zu rechtfertigen ist, Tiere für eine Technik zu opfern, die schon unter menschenethischen Aspekten als sehr problematisch zu beurteilen ist.

Wäre die Verwendung von Tieren aber gerechtfertigt, wenn sich zeigen ließe, dass die Xenotransplantation einwandfrei funktioniert? Auch hier würde ich wiederum für eine Güterabwägung plädieren. Es müsste zunächst einmal nachgewiesen werden, dass es keine tierfreundlicheren Alternativen zur Xenotransplantation gibt, bei denen auch die vitalen Interessen des Menschen Berücksichtigung finden. Weiterhin sollten diejenigen zu Beginn angeführten Aspekte in die Waagschale geworfen werden, die in einer Güterabwägung neben den direkten Konsequenzen für Mensch und Tier zu berücksichtigen sind, nämlich die *längerfristigen Folgen* neuer Technologien für unser *Menschen-* und *Naturbild.* Hier möchte ich *starke Bedenken* gegen die zunehmende Tendenz einer *Instrumentalisierung der Natur* anmelden. Gerade die Gedankenlosigkeit im Umgang mit der Natur hat unser Ökosystem in eine Krise geführt. Es wäre an der Zeit, auch in der Transplantationsmedizin nach Alternativen Ausschau zu halten, die tier- und menschenfreundlicher sind.

---

[20] Bach et al. (1998: 144).

Angesichts der bisher ungelösten Probleme der Xenotransplantation, insbesondere des mit ihr verbundenen Infektionsrisikos, plädiere ich für länderübergreifende, internationale Regelungen, um auf diese Weise auch der Gefahr eines »Xenotourismus« vorzubeugen.

Literaturverzeichnis

Bach, F., J. A. Fishman, N. Daniels, J. Proimos, B. Anderson, C. B. Carpenter, L. Forrow, S. C. Robson & H. V. Fineberg: Uncertainty in xenotransplantation: Individual benefit versus collective risk. In: Nature Medicine 4, 2 (1998), 141-144.

Banse, G. und G. Bechmann: Interdisziplinäre Risikoforschung - Topics und Sichtweisen. In dies.: Interdisziplinäre Risikoforschung. Eine Bibliographie. Wiesbaden 1998, 7-70.

Beauchamp, T. L., und J. F. Childress: Principles of Biomedical Ethics, 4th ed., New York, Oxford 1994.

Beck, U.: Risikogesellschaft. Auf dem Weg in eine andere Moderne, Frankfurt a. M. 1986.

Birnbacher, D.: Risiko und Sicherheit - philosophische Aspekte. In: G. Banse (Hg.): Risikoforschung, Disziplinarität und Interdisziplinarität. Von der Illusion der Sicherheit zum Umgang mit Unsicherheit, Berlin 1996, 193-210.

Bonß, W.: Vom Risiko. Unsicherheit und Ungewißheit in der Moderne. Hamburg 1995.

Daar, A. S.: Ethics of Xenotransplantation: Animal Issues, Consent, and Likely Transformation of Transplant Ethics. In: World Journal of Surgery 21 (1997), 975-982.

Engels, E.-M.: Zur Frage der ethischen Vertretbarkeit der Xenotransplantation. In: Der Tierschutzbeauftragte 3 (1998), 225-238.

—: Ethische Problemstellungen der Biowissenschaften und Medizin am Beispiel der Xenotransplantation. In: E.-M. Engels (Hg.): Biologie und Ethik. Stuttgart 1999, 283-328 [1999a].

—: Ethische Überlegungen zur Xenotransplantation. In: Deutsche tierärztliche Wochenschrift 106, 4 (1999) [1999b].

—: Xenotransplantation - Eine neue Freisetzungsproblematik. Wissenschaftstheoretische und ethische Aspekte ihrer Risikobeurteilung. In: E.-M. Engels, G. Badura-Lotter und S. Schicktanz (Hg.): Neue Perspektiven der Transplantationsmedizin im interdisziplinären Dialog, Baden-Baden 2000, 170-195.

Fishman, J.A.: To the editor. In: Nature Medicine 4, 4 (1998), 372.

Fritzsche, A. F.: Wie sicher leben wir? Risikobeurteilung und Bewältigung in unserer Gesellschaft, Köln 1986.

Gethmann, C. F. und M. Kloepfer: Handeln unter Risiko im Umweltstaat. Berlin/Heidelberg/New York 1993.

Gethmann, C. F.: Zur Ethik des Handelns unter Risiko im Umweltstaat. In: C. F. Gethmann und M. Klöpfer (1993), 1-54.

Hammer, C.: Xenotransplantation zwischen medizinischen Möglichkeiten und ethischen Ansprüchen. In: Aus Politik und Zeitgeschichte. Beilage zur Wochenzeitung Das Parlament 6, 99 (1999), 30-38.

Heneine, W., A. Tibell, W. M. Switzer, P. Sandstrom, G. Vazquez Rosales, A. Mathews, O. Korsgren, L. E. Chapman, T. M. Folks und C. G. Groth: No evidence of infection with porcine endogenous retrovirus in recipients of porcine islet-cells xenografts. In: The Lancet 352 (1998), 695-698.

Hüsing, B., E.-M. Engels, T. Frick, K. Menrad und T. Reiß: Technikfolgenabschätzung Xenotransplantation. Schweizerischer Wissenschaftsrat Programm TA, TA 30, Bern 1998.

Kleihauer, S.: Umweltfolgenabschätzung bei der Freisetzung gentechnisch veränderter Pflanzen - Ermittlung und Bewertung der Auswirkungen im internationalen Vergleich. Dissertation, Tübingen 1998.

Kloepfer, M.: Handeln unter Unsicherheit im Umweltstaat. In: Carl Friedrich Gethmann und Michael Klöpfer (1993), 55-98.

Kutschera, F. von: Wissenschaftstheorie I, München 1972.

Luhmann, N.: Soziologie des Risikos, Berlin/New York 1991.

Martin, U., V. Kiessig, J. H. Blusch, A. Haverich, K. von der Helm, T. Herden und G. Steinhoff: Expression of pig endogenous retrovirus by primary porcine endothelial cells and infection of human cells. In: The Lancet 352 (1998), 692-694.

Murphy, F. A.: The Public Health Risk of Animal Organ and Tissue Transplantation into Humans. In: Science 273, 9 (1996), 746-747.

Rescher, N.: Risk. A Philosophical Introduction to the Theory of Risk Evaluation and Management, Lanham/New York/London 1983.

Rowe, W. D.: Ansätze und Methoden der Risikoforschung. In J. Conrad (Hg.): Gesellschaft, Technik und Risikopolitik, Berlin/Heidelberg/New York 1983, 15-43.

Patience, C., Takeuchi, Y. und R. A. Weiss: Infection of human cells by an endogenous retrovirus of pigs. In: Nature Medicine 3, 3 (1997), 282-286.

Schöne-Seiffert, B.: Risk. In: W. T. Reich (Hg.): Encyclopedia of Bioethics. Bd. 4. Rev. Edition (1st ed. 1978), New York 1995, 2316-2321.

Stoye, J.: No clear answers on safety of pigs as tissue donor source. In: The Lancet 352 (1998), 666-667.

Weber, M.: Politik als Beruf [1919]. In: ders. Gesammelte Politische Schriften. 3., erneut vermehrte Aufl., hg. von Johannes Winckelmann. Tübingen 1971, 505-560.

Weiss, R. A.: Transgenic pigs and virus adaptation. In: Nature 391 (1998), 327-328.

Wright, R. A.: An Ethical Framework for Considering the Development of Xenotransplantation in Man. In: D. K. C. Cooper, E. Kemp, J. L. Platt und D. J. G. White (Hg.): Xenotransplantation. The Transplantation of Organs and Tissues between Species, Berlin/Heidelberg/New York 1991, 511-527.

Axel Haverich

Kommentar zu Eve-Marie Engels

Der unmittelbar bevorstehende klinische Einsatz der Xenotransplantation hat zu einer breiten wissenschaftlichen und gesellschaftlichen Diskussion geführt. Neben der medizinischen Problematik der Übertragung tierischer Organe auf den Menschen mit den Risiken besonderer Formen der Organabstoßung und einer möglichen Übertragung tierischer Krankheitserreger auf den Menschen sind es vor allen Dingen ethische Überlegungen, die den Diskurs beherrschen. Im Vordergrund stehen moralische Bedenken in Bezug auf die Identität des Organempfängers nach Übertragung eines tierischen Organs, darüber hinaus werden zunehmend Bedenken aus tierethischer Sicht laut.

Der folgende Aufsatz soll über bisherige Erfahrungen mit der klinischen Xenotransplantation berichten, den heutigen klinischen Bedarf erläutern und potentielle Risiken und Nutzen aufzeigen.

Definition

Eine xenogene Transplantation ist die Übertragung von lebens- und funktionsfähigen Zellen oder Zellverbänden (einschließlich ganzer Organe) zwischen verschiedenen Spezies. Man unterscheidet eine konkordante Xenotransplantation zwischen phylogenetisch nahe verwandten Spezies, z. B. Primat auf Mensch, von diskordanten Xenotransplantation zwischen stammesgeschichtlichen entfernten Arten, z. B. Schwein auf Mensch.

Geschichtlicher Abriss der Xenotransplantation

Bereits im Jahr 1963 erfolgten die ersten klinischen Xenotransplantationen zum Zwecke der Nierenübertragung. Von Primaten wurden von dem Chirurgen Starzl insgesamt 6 Nieren übertragen. Die Funktionsdauer der Transplantate betrug maximal 6 Monate. Im Jahr 1968 erfolgte die erste Herztransplantation von einem Gorilla auf den Menschen, in 1967 die eines Schimpansen. Beide Operationen konnten wegen Versagens des Transplantates nicht erfolgreich beendet werden. Im Bereich der Herztransplantation war das nächste klinische Ereignis die Übertragung eines Schimpansen-Herzens auf einen Säugling, Baby Fe. Die im Jahre 1984 weltweit durch die Presse gegangene Meldung verbreitete viel Unruhe, das klinische Experiment gelang jedoch nicht langfristig.

Daneben gab es immer wieder Versuche, Nierenübertragungen vom Tier auf den Menschen zu realisieren. Retrospektiv muss gesagt werden, dass alle bisherigen klinischen Versuche scheiterten. Dasselbe trifft zu auf die langfristige Funktionsdauer von Haut- und Inselzelltransplantaten. Letztere wurden zur Behandlung des Diabetes eingesetzt, hier erfolgte jeweils die Implantation von Schweinezellen. Auch für Hauttransplantate bei schwer Brandverletzten kamen Gewebe vom Schwein zum Einsatz, die durch die nur kurzfristig notwendige Funktionsdauer klinisch allerdings sehr nutzbringend eingesetzt wurden.

Daneben werden weltweit pro Jahr mehr als 10 000 Herzklappen vom Schwein in den Menschen implantiert, davon jährlich etwa 3000 allein in Deutschland. Diese Implantate sind allerdings chemisch denaturiert, sie gelten als nicht mehr antigen, rufen also keine schweren Abstoßungsvorgänge hervor. Ob es zu Infektionen über diese Klappen vom Schwein auf den Menschen kommen kann, ist derzeit nicht bekannt, wenngleich solche Implantate seit mehr als 30 Jahren verwendet werden. Im weiteren Sinne als Xenotransplantate sind aber auch sogenannte Frischzellkuren zu betrachten. Hier wird Thymusgewebe, am häufigsten vom Schaf auf den Menschen, transplantiert mit dem Ziel, eine allgemeine Verjüngung des menschlichen Organismus hervorzurufen. Nachdem diese Art der Behandlung lange Zeit als naturmedizinisches Verfahren eingestuft worden war, gibt es faktisch keine Statistiken und keine kontrollierten Nachuntersuchungen dieser Transplantatempfänger.

Insgesamt haben die bisherigen klinischen Versuche gezeigt, dass eine langfristige Überlebenszeit von Geweben oder ganzen Organen sowohl vom Schwein als auch vom Primaten auf den Menschen nicht herzustellen war, dies obgleich teilweise eine erhebliche Unterdrückung der Abstoßungsreaktion im Sinne einer medikamentösen Immunsuppression vorgenommen wurde. Andererseits ist nicht berichtet worden, dass es nach Verwendung solcher Transplantate und Implantate zu schwerwiegenden infektiösen Problemen bei den Organempfängern gekommen sei.

Klinischer Bedarf

Die jetzige Wiederbelebung der Diskussion um die Xenotransplantation beruht zum Großteil auf der mangelnden Verfügbarkeit menschlicher Spenderorgane bei der Transplantation. Die Übertragung solcher allogener Organe hat in den letzten 30 Jahren in der westlichen Welt einer Vielzahl von Patienten mit terminalem Organversagen zu einer erheblich verlängerten Überlebenszeit und zu einer deutlichen Verbesserung der Lebensqualität verholfen. Dennoch weisen Statistiken sowohl in Europa als auch in Nordamerika aus, dass für die häufigsten transplantierten Organe, die Niere, die Leber, das Herz und die Lunge nur etwa die Hälfte der Transplantate von Verstorbenen verfügbar ist, die benötigt würden, um den Bedarf der bestehenden Wartelisten zu decken. So stehen im Eurotransplant-Bereich mehr als 12 000 Patienten auf der Warteliste zu einer Nierentransplantation, die Anzahl der Wartenden steigt jährlich, während die Anzahl jährlich transplantierter Organe stagniert. Im Bereich der Bundesrepublik Deutschland beträgt die Anzahl der Nierentransplantation gerade mehr als 2000 pro Jahr, der Bedarf wäre als doppelt so hoch einzuschätzen. Dasselbe gilt für die Herztransplantation, mit nur etwa 550 bis 600 Eingriffen pro Jahr wird die Indikation zur Transplantation nach wie vor sehr eng gefasst, nicht alle Kranken profitieren von einer Transplantation, bereits im Vorfeld werden sie aufgrund von Begleiterkrankungen oder Überschreiten gewisser Altersgrenzen nicht auf Wartelisten aufgenommen. Darüber hinaus versterben unterschiedlich von Zentrum zu Zentrum zwischen 20 und 30 % der Wartenden auf den Listen, weil nicht rechtzeitig ein passendes Organ identifiziert werden kann.

In Hannover verstarben im Jahr 1998 bei einer Gesamttransplantationszahl von 76 Herz und Lungen 38 Patienten auf der Warteliste, also genau die Hälfte der Transplantierten. Diese Situation stellt sich ähnlich in allen westeuropäischen Ländern und Nordamerika dar. Die hohe Absterberate hat die Transplantationsmedizin in den vergangenen Jahren zunehmend veranlasst, ihre Forschung in Richtung Xenotransplantation auszuweiten.

Bei der Nierentransplantation stehen Ersatzverfahren im Sinne der künstlichen Niere, also der Dialyse, zur Verfügung. Bei der Herztransplantation ist dies so nicht der Fall, die bisher verfügbaren künstlichen Herzen haben eine begrenzte Laufzeit, sind nach längerer Implantationsdauer mit einer hohen Komplikationsrate, vor allen Dingen embolischer Natur, behaftet und führen zu einer massiven Einschränkung der Lebensqualität solcher Implantatempfänger, die ja fortwährend von externer Stromzufuhr für ihr künstliches Herz abhängig sind.

Bei der Lebertransplantation gibt es keine Alternative zur Organübertragung, lediglich kurzfristige Überbrückungen (Stunden bis Tage) des akuten Leberversagens mittels sogenannter Bioreaktoren sind berichtet. Auch für die Lungentransplantation gibt es kein mittelfristig verfügbares Konzept, das terminale Lungenversagen über mehr als wenige Wochen zu behandeln, nachdem sowohl die künstliche Beatmung als auch die extrakorporale Membranoxygenierung, also die künstliche Anreicherung des Blutes mit Sauerstoff über eine Herzlungenmaschine mit erheblichen Komplikationen behaftet sind und die Patienten generell intensivpflichtig bleiben.

Aus dieser Situation mangelhafter Alternativen oder stark reduzierter Lebensqualität unter verfügbaren Alternativen (Dialyse) gepaart mit dem Mangel an passenden humanen Spenderorganen wird die Suche nach anderen Formen des biologischen Organersatzes deutlich.

Die Chancen der Xenotransplantation

Die Chancen der Xenotransplantation bestehen also in einer Überwindung des Mangels an Spenderorganen. Sie hätte darüber hinaus den Vorteil, dass im Gegensatz zur jetzigen Situation die Operationen planbar wären, dass ein Handel mit menschlichen Organen, wie er aus anderen Kulturkreisen bekannt ist, unterbunden werden könnte und dass, falls eine vergleichbare Funktionsfähigkeit zu menschlichen Organen hergestellt wäre, eine verbesserte Lebensqualität bei geringeren Kosten im Vergleich zur Dialysebehandlung bei dem Nierenversagen erlaubt wäre.

Risiken der Xenotransplantation

Diesen Vorteilen und Chancen der Xenotransplantation stehen eine Reihe von Risiken gegenüber. Als solche sind zu nennen das erhöhte Risiko einer Organabstoßung bei Überschreiten von Speziesschranken und die mögliche Infektionsübertragung vom Tier auf den Menschen. Darüber hinaus werden bei Verwendung des Schweines die unterschiedliche Lebenserwartung zwischen Spender und Empfänger diskutiert, auch die unterschiedliche Physiologie von Schweine- und menschlichen Organen müsste zunächst noch näher untersucht werden. Bekannt ist weiterhin, dass insbesondere bei der Leber die unterschiedliche Biochemie, hier speziell der Proteinkomposition zwischen Spender und Empfänger möglicherweise erhebliche Probleme aufwerfen könnte.

Schließlich sind ethische Überlegungen mit der Frage der Nutzung von Tieren als Organquelle, der Frage nach dem Erlaubtsein der genetischen Manipulation der Tiere zum Zwecke der Organübertragung aber auch der Akzeptanz auf seiten der Betroffenen und der Gesellschaft zu diskutieren.

Abstoßungsrisiko

Bei der Allotransplantation, also der Übertragung von Organen von Mensch zu Mensch, unterscheidet man im wesentlichen drei verschiedene Abstoßungsvorgänge. Die akute Organabstoßung ist eine zellulär (T-lymphozytär) vermittelte Reaktion, wo nach Einwandern von weißen Blutkörperchen in das Organ dessen zelluläre Destruktion einsetzt. Daneben gibt es die vaskuläre Abstoßung, die vor allem auf präformierte oder neu entstandene Antikörper zurückzuführen ist und daher auch humorale Abstoßung genannt wird. Diese führt weniger zu einer direkten zellulären Schädigung, sondern zu einer Aktivierung der Gefäßinnenhaut (Endothel), was zu einer verminderten Durchblutung des Transplantates führt und zum Zelluntergang aufgrund der Ischämie. Schließlich besteht das Risiko einer chronischen Abstoßungsreaktion, die ebenfalls im wesentlichen humoral bedingt sein dürfte. Diese setzt im Gegensatz zu den beiden erstgenannten Formen der Abstoßung erst im Langzeitverlauf (Monate bis viele Jahre) nach der Transplantation ein, kann dann allerdings zu einem schleichenden Funktionsverlust des Transplantates führen.

Zusätzlich zu den genannten Formen der Organabstoßung, die auch bei der Übertragung von tierischen Organen auf den Menschen vorkommen, galt das Hauptaugenmerk der Transplantationsimmunologen im Bereich der Xenotransplantation bisher der sogenannten hyperakuten Abstoßungsreaktion. Diese Form der Organabstoßung setzt innerhalb von Minuten bis Stunden nach Durchblutung des xenogenen Organs im Empfänger ein und führt in aller Regel zum raschen Absterben des Transplantates. Sie wird hervorgerufen durch im Empfänger präformierte xenogene Antikörper gegen Oberflächenstrukturen des Xeno-Implantates. Bei der Übertragung von Schweineorganen auf den Menschen sind dies sogenannte Alpha-Gal-Antikörper, die gegen Oberflächenantigene gerichtet sind, die sich auf allen Zellen des Schweineorganismus befinden. Es handelt sich dabei um Zuckermoleküle, die als Alpha-Gal bezeichnet werden. Das Vorhandensein dieser präformierten Antikörper führt zu einer raschen Endothelzellaktivierung im Spenderorgan mit dem Auslösen der Blutgerinnung über Komplement-aktivierende Faktoren. Letzterer Punkt ist entscheidend, nachdem die Unterdrückung der Komplementfunktion zu einer vollständigen Unterdrückung dieser hyperakuten Abstoßungsreaktion führen kann. Aus diesem Grunde sind immunologische Bemühungen zur Prophylaxe der hyperakuten Abstoßungsreaktion im wesentlichen auf drei Phänomene gerichtet. Zum einen wird versucht, die Komplementkaskade zu unterdrücken, der andere Weg bedeutet ein Ausschalten der Antikörperreaktion gegen die Alpha-Gal-Antigene, vor allem durch Adsorption der präformierten Antikörper im Empfänger und zwar vor der durchgeführten Transplantation. Drittens, schließlich werden Versuche der Toleranzinduktion unternommen, die verhindern sollen, dass die primär antigenen Strukturen des Spenderorgans vom Empfänger, dem Menschen, als fremd erkannt werden. Hierzu dienen vor allem die Verfahren der zentralen Toleranzinduktion durch Immunisierung mit Zellen derselben Spezies, die den Erfolg haben, dass ein Chimärismus im Transplantatempfänger entsteht. Dies bedeutet, dass langfristig Zellen sowohl des Transplantatspenders als auch des Empfängers im Organismus des Transplantierten vorhanden sind und so eine Abstoßungsreaktion unterdrückt wird.

Bezüglich der zwei letztgenannten Verfahren, der Unterdrückung der antigenen Antikörperreaktion auf Alpha-Gal-Ebene sind bislang keine wesentlichen Fortschritte gemacht worden, ebenso bei der Induktion von Toleranz, zumindest nicht im präklinischen Großtiermodell. Im Gegensatz dazu hat das Einführen des »human decay accelerating factor«, HDAF, in das Genom von Spendertieren dazu geführt, dass die Komplementaktivierung nach xenogener Transplantation ganz erheblich reduziert wurde und die hyperakute Abstoßungsreaktion in aller Regel unterbleibt. Hierzu wird ein Abschnitt des genetischen Kodes aus einem humanen Chromosom in die Eizelle eines Schweines eingebracht, nach anschließender Befruchtung ein Fötus mit diesem menschlichen Merkmal bezüglich der Komplementaktivierung ausgestattet. Nach Vermehrung dieser Schweine stehen heute in mehreren Laboratorien weltweit solche Tiere für die Transplantation zur Verfügung. Die bisherigen Ergebnisse in Hinblick auf langfristige Funktion nach Transplantation im Primaten müssen als außerordentlich günstig betrachtet werden. Es darf jedoch nicht übersehen werden, dass mit diesem Eingriff in das Schweinegenom lediglich das Problem der hyperakuten Abstoßung angegangen werden kann, alle folgenden Formen der Abstoßung, die zelluläre, die vaskuläre und die chronische Abstoßung werden mit großer Wahrscheinlichkeit unverändert, wenn nicht stärker als bei der Allotransplantation auftreten.

Potentielles Infektionsrisiko

Durch besondere Haltung der für eine Organentnahme gezüchteten Schweine ist mit einer weitgehenden Keimfreiheit typischer Krankheitserreger zu rechnen, die Tiere sind auch hierauf gut zu kontrollieren. Dies betrifft im wesentlichen Bakterien und Pilze. Probleme haben sich durch intensive Untersuchungen dieser Tiere bezüglich eines potentiellen viralen Infektionsrisikos ergeben. Alle bekannten Schweine haben in ihr Genom über die Jahrtausende der Entwicklung sogenannte porcine endogene Retroviren aufgenommen (PERV). Wenngleich bislang kein klinischer Fall einer Übertragung dieser PERVs auf den Menschen bekannt wurde, weder nach den zuvor beschriebenen Xenotransplantationen noch bei Personen, die sich intensiv in der Schweinetierhaltung oder -schlachtung beschäftigt haben, kann eine Übertragung auf den Menschen heute nicht vollständig ausgeschlossen werden. Das besondere Risiko der viralen Infektion mittels PERVs bestünde darin, dass ein - wenn auch geringes - Restrisiko besteht, dass diese aus dem Schweinegenom in das humane Genom übertragen werden könnten und damit auch vererbbar wären. Das noch vor kurzer Zeit zusätzlich gesehene Risiko einer Infektion von Transplantierten auf ihre Umgebung kann inzwischen weitgehend ausgeschlossen werden. Wenn überhaupt ein Risiko besteht, dann für solche Patienten, deren Immunsystem krankheitsbedingt oder iatrogen durch die medikamentöse Immunsuppression erheblich gestört ist.

Welche Auswirkungen eine solche Virusübertragung auf den Organempfänger hätte, kann derzeit nicht abgeschätzt werden. Auch ist nicht bekannt, ob es überhaupt zu einer Infektion im Sinne einer Virämie oder einer Übernahme von PERV-Genomsequenzen in das humane Genom kommen könnte. Dies ist Gegenstand einer Reihe von laufenden klinischen Studien, deren Ergebnisse aber noch 1999 erwartet werden. Bisher ist die Übertragung solcher Viren nur in Zellkulturen gelungen, auch eine Übertragung auf Primaten konnte in vivo bisher nicht beobachtet werden.

Ethische Überlegungen

Tierethische Überlegungen werden in zwei Bereichen angestellt, einmal die Frage der Nutzbarmachung des Tieres zum Zwecke der Transplantation generell, zum anderen die Frage der genetischen Modifikation der Spendertiere. Als Transplantationsmediziner, aber auch als Familienvater mit einer Reihe von Haustieren im Haus und Nichtvegetarier ist die persönliche Meinung des Autors, dass die zusätzliche Tötung von etwa 2000 Schweinen zum Zwecke der Organentnahme für die humane Transplantation im Vergleich zu jährlich etwa 45 Mio. getöteten Schweinen zum Zwecke der Fleischgewinnung keine Rolle spielen darf. Solange wir Lederschuhe und -mäntel tragen, routinemäßig tierisches Eiweiß zu uns nehmen und akzeptieren, dass aus tierischem Gewebe Medikamente und Kosmetika hergestellt werden, darf diese Argumentation wohl nicht dazu führen, die Xenotransplantation zu verbieten. Auch die Haltung der für eine Transplantation gezüchteten Tiere dürfte um vieles besser sein als in der Massentierhaltung zu Schlachtzwecken. Darüber hinaus müsste diskutiert werden, warum wir über Jahrzehnte das Insulin von Schweinen gewinnen durften, um vor Verfügbarwerden gentechnisch hergestellten humanen Insulins unseren Diabetikern zu helfen, ohne dass dies riesige Protestaktionen hervorgerufen hätte. Die Züchtung an sich dürfte also, und dies ist auch Ergebnis einer Reihe von Umfragen in der Bevölkerung, zu keinen wesentlichen Widerständen führen.

Anders mag es sich bei der Frage der gentechnischen Manipulation der Spender-Tiere mit einer gewissen Humanisierung über Erbsubstanz darstellen. Hier gibt es einige ernstzunehmende Kritiker, die den utilitaristischen Gesichtspunkt ganz in den Vordergrund stellen und hier eine Überschreitung der menschlichen Kompetenz im Umgang mit anderen Lebewesen darstellen. Dies ist ein akzeptabler Standpunkt, andererseits akzeptieren wir in überwiegender Mehrzahl die gen-technologische Manipulation von Nutzpflanzen, auch die Manipulation der heutigen Nutztiere durch alleinige Züchtung in den vergangenen Jahrhunderten hat im Prinzip zu einer stark durch den Menschen beeinflussten Modifikation dieser Tiere geführt.

Abschließend müsste die Frage der Identität der Transplantatempfänger angesprochen werden. Hier gibt es erhebliche Bedenken auch auf philosophischer Seite, dass nach Implantation z. B. eines Herzens des Schweines auf den Menschen dies zu einem Chimärismus des Empfängerorganismus führt, der zu Ich-Verständnisproblemen führt. Auch dieser Standpunkt ist vertretbar und in gewissen Grenzen akzeptabel. Es muss jedoch darauf hingewiesen werden, dass auch die Übertragung einer Herzklappe vom Schwein auf den Menschen ein Identitätsproblem hervorrufen müsste, auch in diesem Fall ist der Implantatempfänger vollständig sowohl bezüglich Überleben als auch Lebensqualität von dem Funktionieren des Klappenapparates des Schweines abhängig.

Eine gründliche Umfrage bei Transplantatempfängern und potentiellen Transplantatempfängern als Kandidaten auf den Wartelisten zeigt ganz eindeutig, dass die Akzeptanz solcher Organe bei solchen Menschen, die einer Organübertragung bedürfen oder bedurft haben, überraschend hoch ist. Wenn die Bevölkerung insgesamt eine geringere Akzeptanz aufweist, so ist dies natürlich durch die Notsituation der Organempfänger zu erklären. Dennoch kann auch bei Nichtbetroffenen von einer überraschend hohen Annahme der klinischen Möglichkeit der Xenotransplantation ausgegangen werden, was in einer Reihe von Umfragen gesichert wurde.

Zusammenfassend lässt sich sagen, dass die Xenotransplantation an sich kein vollständig neues klinisches Konzept darstellt. Der Bedarf im Zusammenhang mit der Organtransplantation ist erheblich, die Risiken insgesamt überschaubar, wenngleich nicht vollständig auszuschließen. In der derzeit diskutierten Kombination humaner DAF-transgener Schweine als Organgeber ist die Akzeptanz sowohl bei den Betroffenen als auch in der Bevölkerung mit Ausnahme weniger, vor allen Dingen tierschutzorientierter Gruppen, sehr groß.

Sabine Kafert

Präimplantationsdiagnostik

Medizinischer Hintergrund: Heutige Methoden der vorgeburtlichen Gen-Diagnostik

Die Erkenntnisse der Molekularbiologie haben in den letzten Jahrzehnten die Möglichkeit geschaffen, genetische Erkrankungen eines Individuums durch Analyse einzelner Zellen zu identifizieren. So entstand der Wunsch, in bestimmten Situationen schon während einer Schwangerschaft die genetische Ausstattung des Embryos oder Fötus zu testen, um festzustellen, ob das Kind eine Erbkrankheit haben würde - etwa ein überzähliges Chromosom wie beim Down-Syndrom, oder ob eine in der Familie bekanntlich vorhandene Krankheit auch bei diesem Kinde auftreten würde.

Die benötigen einzelnen Zellen des entstehenden Organismus kann man beispielsweise aus dem Fruchtwasser isolieren, vermehren und untersuchen. Diese Fruchtwasserentnahme, auch unter dem Fachbegriff Amniozöntese bekannt, ist frühestens ab der 9. Schwangerschaftswoche durchführbar und bis kurz vor der Geburt möglich.[1] Häufig findet die Entnahme in der 13. Schwangerschaftswoche statt; bis zum Ergebnis der Untersuchung sind mindestens drei Wochen zu rechnen. Da es derzeit noch bei ca. 0,5 % der vorgenommenen Eingriffe zu einer spontanen Fehlgeburt kommt, eignet sich die Methode nicht für Reihenuntersuchungen, sondern wird in der Regel nur in besonders begründeten Situationen und auf Wunsch der Mutter vorgenommen, z. B. bei relativ hohem Alter der Eltern oder Auftreten einer schweren Erbkrankheit in der Familie.

Noch seltener werden Zellen des Embryos auf eine andere Art entnommen, nämlich aus dem Mutterkuchen (lat. Plazenta), der auch einen Anteil kindlicher Zellen hat. Diese sogenannte Chorionzottenbiopsie ist bereits in der 9.-12. Schwangerschaftswoche möglich. Allerdings geht man von einem höheren Risiko des Eingriffs und einer weniger zuverlässigen Diagnose aus. Derzeit wird die Möglichkeit erforscht, kindliche Zellen aus einer Blutprobe der Mutter zu gewinnen und zu analysieren. Wenn sich diese sehr leicht zugängliche

---

1 Alle Zahlenangaben in diesem Abschnitt sind von Schmidtke (1997) übernommen. Das Buch liefert eine hervorragende Darstellung der medizinischen Grundlagen und Implikationen heutiger Gendiagnostik.

Methode als zuverlässig erweisen sollte, wird in naher Zukunft wohl viel häufiger eine vorgeburtliche Diagnostik durchgeführt werden.

Die geschilderten Möglichkeiten erlauben die vorgeburtliche Erkennung von bestimmten Krankheiten, also Prä-Nataldiagnostik (PND) des Kindes, ca. 2-6 Monate nach der Zeugung. Die Prä-Implantationsdiagnostik (PID) erfolgt zu einem sehr viel früheren Zeitpunkt: nämlich noch bevor sich das befruchtete Ei in der Gebärmutter eingenistet hat (diese Einnistung bezeichnet man als »Implantation«, auch Nidation; sie erfolgt normalerweise ca. 4 Tage nach der Befruchtung).

Wenn ein Paar sich entschlossen hat, die Möglichkeiten der extrakorporalen Befruchtung (auch als in-vitro-Fertilisationstechnik bezeichnet) in Anspruch zu nehmen, erfolgt die Kombination der mütterlichen Eizellen[2] und väterlichem Spermium im Reagenzglas (»*in vitro*«), und die befruchteten Eizellen fangen dort an, sich zu teilen. Nach 2 bis 4 Teilungen liegen dann 4 bis 16 Zellen vor, die entwicklungsbiologisch als Blastozyst, aber im Sinne der Fortpflanzungsmedizin bereits als Embryo bezeichnet werden (aus diesen Zellen entsteht zum einen der Embryo, aber auch Nährgewebe, das zusammen mit mütterlichem Gewebe die Plazenta ausbildet). In diesem sehr frühen Stadium der Entwicklung haben die menschlichen Zellen eine wichtige Eigenschaft - sie sind totipotent, d. h. aus jeder einzelnen könnte sich ein vollständiger Organismus entwickeln. Konkret heißt das, dass man z. B. ein 4-Zellen-Aggregat vereinzeln könnte, und jede dieser Zellen würde sich nun erneut zum 4-Zellen-Stadium und darüber hinaus vermehren und - in der Gebärmutter einer Frau - zu einem ganz normalen Baby heranwachsen. Eine solche Aufspaltung im frühesten Stadium liegt auch der natürlichen Entstehung eineiiger Zwillinge zugrunde.

Man geht davon aus, dass die Zellen die Eigenschaft der Totipotenz spätestens im 16-Zellen-Stadium verloren haben. Diese Grenze spielt in juristischer Hinsicht eine wichtige Rolle (s.u.).

Im Falle einer extrakorporalen Befruchtung wird der 4-, 8- oder 16-Zellen-Embryo jetzt in die Gebärmutter eingespült, wo er sich einnisten und die übliche Entwicklung beginnen soll. Um keine extremen Mehrlings-Schwangerschaften zu riskieren, dürfen derzeit in Deutschland maximal drei Embryonen auf einmal eingespült werden. Die übrigen können eingefroren werden und zu einem späteren Zeitpunkt wieder aufgetaut und eingespült werden.[3]

---

[2] Möglichst mehrere Eizellen müssen vorher durch Hormonbehandlung gewonnen werden.

[3] In Deutschland ist es noch etwas komplizierter, weil Embryonen bzw. befruchtete Eizellen *nicht* eingefroren werden dürfen, sondern nur Eizellen in einem Vorstadium der Befruchtung, was am Prinzip aber nichts ändert. Was mit den eingefrorenen Embryonen passieren soll oder darf, wenn die erste Einspülung bereits zur Schwangerschaft geführt hat, ist ein einzelner schwieriger Aspekt der modernen Reproduktionstechnologien, der hier nicht weiter

Von Präimplantationsdiagnostik (PID) spricht man, wenn *vor* der Embryoneneinspülung (»Embryonentransfer«) im 4- oder 8-Zellen-Stadium eine einzelne Zelle abgeteilt wird und zur genetischen Analyse verwendet wird. Diese Analyse muss möglichst schnell abgeschlossen sein, da sich die übrigen Zellen außerhalb des Körpers nach heutigem Stand nicht lange erhalten und vermehren lassen. Um die Möglichkeiten der Präimplantationsdiagnostik zu nutzen, würde man gleichzeitig mehrere Embryonen analysieren und nur diejenigen, die eine bestimmte Palette von Erbkrankheiten *nicht* aufweisen, für die erwünschte Schwangerschaft einspülen.[4]

Präimplantationsdiagnostik zwischen Embryonenschutzgesetz und Schwangerschaftsabbruch nach § 218 StGB

Präimplantationsdiagnostik ist eine Methode, Embryonen mit Erbkrankheiten frühzeitig von ihrer weiteren Entwicklung auszuschließen, nachdem man diese *in vitro* erzeugt hat. Insgesamt herrschen derzeit in Deutschland zur Präimplantationsdiagnostik (PID) stark divergierende Auffassungen: während Teile der feministischen Bewegung den Gesichtspunkt der erweiterten Selbstbestimmung der Frau positiv bewerten, andere jedoch neue Zwänge entstehen sehen, erkennen Behindertenverbände vor allen den Aspekt der Selektion lebensunwerten Lebens. Auch gemäßigte Kritiker befürchten, dass die Einführung der Präimplantationsdiagnostik einen entscheidenden Schritt auf dem Weg zum »Kind aus dem Katalog« darstellt - somit einen Dammbruch vorbereite. Die Befürworter der neuen Techniken und vor allem die Paare, die die PID bereits angewendet haben oder anwenden möchten, sehen in der PID vor allem eine schonende Alternative zur späteren Abtreibung; aus diesem Grunde sei die PID ethisch geboten.

---

diskutiert werden soll. In Deutschland ist derzeit jede Erzeugung befruchteter Eizellen, die nicht zum Herbeiführen einer Schwangerschaft vorgenommen wird, durch das Embryonenschutzgesetz bei Strafe verboten, und damit auch die Vernichtung »übriggebliebener« Embryonen.

4 Die unter 3) beschriebene Gesetzeslage führt dazu, dass in Deutschland derzeit ein besonders komplizierter Ablauf entstünde: da man nicht mehr Embryonen entstehen lassen darf, als man einspülen will, kann man nur drei analysieren. Wären alle mit einem Gendefekt behaftet, würde man drei weitere Zygoten auftauen, sich bis zum 8- oder 16-Zellen-Stadium teilen lassen, und wiederum analysieren. Die Frau muss während dieser gesamten Frist durch Hormonbehandlung für die Einnistung eines Embryos bereit gehalten werden oder bis zum nächsten Zyklus warten. Sind nur ein oder zwei Embryonen »gesund« im Hinblick auf die untersuchten Krankheiten, verringert sich wiederum die Chance auf eine Schwangerschaft, da selbst unter natürlichen Bedingungen eine befruchtete Eizelle sich nur mit 50 %-iger Wahrscheinlichkeit erfolgreich einnistet. Der Ablauf der Hormonbehandlung und Embryonentransfers muss dann von neuem begonnen werden.

Allen voran schreitet die Fraktion derer, die öffentlich die Ansicht vertreten, man könne ohnehin schon nicht mehr hinter die PID zurück - angesichts der herrschenden Praxis (z. B. in Belgien) könne Deutschland sich nicht dauerhaft vom Fortschritt der Fortpflanzungstechnologien abkoppeln. Deutschland, wieder einmal Hort der Technologiefeindlichkeit und irrationaler Ablehnung des Fortschritts? Der weiteren Argumentation sei vorangestellt, dass der Verweis auf die herrschende Praxis anderswo üblicherweise nicht die eigene Entscheidung für geltende Normen vorwegnimmt, und selbst wenn es sich hierbei um Nachbarstaaten und eng verwandte Gesellschaften handelt, wir dies nicht notwendigerweise als Leitschnur nehmen müssen und dies auch durchaus nicht tun, aller europäischen Harmonisierung zum Trotze - siehe etwa den Bereich Verbraucherschutz oder auch den »typisch deutschen« Sonderweg, als einziges europäisches Land bislang keine Geschwindigkeitsbegrenzung auf Autobahnen eingeführt zu haben.

Zurück zur PID und den für diesen Bereich in Deutschland derzeit geltenden Bestimmungen. Während einige Bundesländer bereits befürwortende Stellungnahmen zur PID abgegeben haben,[5] gilt auf diesem Gebiet doch vor allem das Bundesgesetz zur Regelung des Umgangs mit *in vitro* gezeugten Embryonen, das sogenannte Embryonenschutzgesetz (EschG).

Allgemein herrscht die Einschätzung, dass das Embryonenschutzgesetz der PID entgegensteht, weil es die Vernichtung von Embryonen und deren Zellen, aus denen ein vollständiger Organismus entstehen könnte, ohne Ausnahme verbietet. Dieses kategorische Verbot wird derzeit aus verschiedenen Richtungen in Frage gestellt. Zum einen wünschen sich viele Wissenschaftler, dass ihnen unter bestimmten Bedingungen die Beobachtung der frühesten menschlichen Entwicklungsstufen erlaubt sein möge - allerdings geht hiermit in aller Regel die Vernichtung des Beobachtungsgegenstandes einher, daher gilt hier der Begriff »verbrauchende Embryonenforschung«.[6]

Eine zweite Speerspitze gegen das EschG stellt die PID dar, indem sie fordert, dass eine einzelne Zelle zu diagnostischen Zwecken eben doch vernichtet werden darf. Wie bei der Darstellung der medizinischen Hintergrundes ge-

---

5 Unter anderem Schleswig-Holstein mit der Einschätzung, PID sei ethisch geboten, aber derzeit juristisch bedenklich, und Rheinland-Pfalz, wo laut Bioethik-Kommission der Landesregierung die Durchführung von PID unter strengen Voraussetzungen für vertretbar gehalten wird.

6 Neben Forschern und Ärzten aus dem Bereich der Reproduktionsmedizin, die die Techniken verbessern und sicherer machen möchten, geht es außerdem um Bestrebungen auf dem Gebiet des Gewebeersatzes: die beim »Klonschaf Dolly« angewandte Technik soll hierbei auf dem Menschen übertragen werden, um bestimmte embryonale Gewebetypen zu züchten, die z. B. Parkinson-Patienten helfen sollen (»therapeutisches Klonen«); eine Kopie eines lebenden oder verstorbenen Menschen heranwachsen zu lassen (»reproduktives Klonen«) ist dabei nicht beabsichtigt.

schildert, geht es hierbei juristisch vor allem um die Frage, wann die menschlichen Zellen ihre Eigenschaft der Totipotenz verlieren. Nun mag dies eine rein akademische Diskussion zwischen Medizinern und Juristen sein, denn die Grenzlegung ist willkürlich bzw. in wissenschaftlicher Hinsicht nicht völlig aufgeklärt - das Embryonenschutzgesetz steht jedoch noch in einem zweiten Punkt gegen die PID. Denn da es ausnahmslos die Vernichtung jeden gezeugten Embryos verbietet, gilt dieses auch für diejenigen Embryonen, bei denen man sich aufgrund des festgestellten Erbdefektes gegen die Einspülung entschieden hat.

Das Embryonenschutzgesetz stellt in dieser Hinsicht also auch ein Schutzinstrument vor dem Prinzip der Selektion dar, vor einem »Lebensrecht mit Prüfvorbehalt«.

Allerdings muss man sich klarmachen, dass die gegenwärtige Regelung des straffreien Schwangerschaftsabbruches nach § 218 des Strafgesetzbuches einen Fall vorsieht, der vor seiner Novellierung durch das Stichwort »eugenische Indikation« bezeichnet war und sich heute unter dem Deckmäntelchen der »medizinischen Indikation« versteckt: nämlich die Erlaubnis, ein Kind, bei dem vorgeburtlich ein schwerer Erbdefekt festgestellt wird, auch in sehr späten Schwangerschaftsstadien noch abzutreiben, selbst wenn das Kind als Frühgeburt bereits lebensfähig wäre.

Somit erweist sich, dass das Embryonenschutzgesetz in seiner jetzigen Form einen Organismus im Acht-Zellen-Stadium schützt, der Monate später fraglos zur Disposition steht, wenn er einen Erbdefekt aufweist. Hier offenbart sich eine Widersprüchlichkeit der derzeit in Deutschland gültigen gesetzlichen Bestimmungen, denn ganz offenbar wird das gleiche Rechtsgut - nämlich das Entwicklungsrecht eines menschlichen Embryos - durch zwei verschiedene Gesetze entgegengesetzt beurteilt.

Dieser Widerspruch muss aufgelöst werden, um ein funktionierendes Rechtssystem zu gewährleisten. Jedoch in welcher Weise? Zunächst einmal ist es Ausdruck einer gesellschaftlichen Verwirrung, wenn über einen so grundlegenden Wert wie das Entwicklungsrecht eines Individuums keine Einigkeit herrscht, so dass ich vor allem einen dringenden Diskussionsbedarf in breiter Öffentlichkeit sehe. Dem Problem der widersprüchlich gesetzten Maßstäbe muss man sich stellen und sollte versuchen, den gesetzlichen Konsens über das Wünschenswerte zu finden und gesetzlich zu verankern. Es ist keine überzeugende Lösung, ohne eigene Klärung die Durchführung problematischer Methoden ins Ausland zu verlagern, genauso wenig wie diese ohne echte Überzeugung im eigenen Lande einzuführen.

Die Auflösung des juristischen Widerspruchs durch die Freigabe der PID scheint nahezuliegen - wo doch das Prinzip der Selektion, des Prüfvorbehaltes, vom Grundsatz her in Gestalt der eugenisch-medizinischen Indikation zur

Abtreibung bereits breite gesellschaftliche Akzeptanz erfährt.[7] Und wenn es nun schon gesellschaftlich akzeptiert ist, ein behindertes Kind abzutreiben, mit welchem Argument sollte man es einer Frau (und ihrem Partner) verwehren, die Selektion bereits vor der Implantation eines *in vitro*-gezeugten Embryos zu realisieren, um dem Paar die Belastungen der begonnenen Schwangerschaft und insbesondere der Abtreibung zu ersparen? Verlagert man nicht lediglich einen Prozess zeitlich nach vorne, den man zu einem späteren Zeitpunkt straflos und gesellschaftlich akzeptiert durchführen könnte?

Die grundsätzliche Frage lautet also, ob es Argumente dafür geben kann, das Prinzip der Selektion in Form von Abtreibung behinderter Föten zu akzeptieren und gleichzeitig den strengen Schutz des Embryonenschutzgesetz für *in vitro*-gezeugte Embryonen beizubehalten. Anders gefragt, ist die PID wirklich nicht mehr als zeitlich vorgezogene Pränataldiagnostik?

Ist Präimplantationsdiagnostik nicht mehr als zeitlich vorgezogene Pränataldiagnostik?

Es wurde bereits kurz erwähnt, dass ein wichtiger Grund für die Ablehnung der PID in dem »Dammbruchargument« besteht, durch die Eigendynamik der so eingeleiteten Entwicklungen überschreite man eine wichtige Grenze, z. B. beginne man die Einübung einer »Entmoralisierung des Umgang mit menschlichen Embryonen«.

Also möchte ich fragen: Gibt es eine Eigendynamik der Präimplantationsdiagnostik, die nicht alleine durch das Praktizieren pränataler Diagnostik mit nachfolgender Abtreibung auch schon gegeben wäre? Dies wäre ein inhaltliches Argument für das Verbot der einen Technik bei Akzeptanz der anderen; dann wäre die Präimplantationsdiagnostik doch mehr als eine zeitlich vorgezogene Pränataldiagnostik.

Hier ist nun für mich tatsächlich ein Spezifikum der Präimplantationsdiagnostik erkennbar: die anfängliche Distanz zum gezeugten Nachwuchs und das Gesetz der (mittel-)großen Zahl.

Beides ergibt sich aus der methodischen Verflechtung mit den Techniken der *in vitro*-Fertilisation: die Distanz ergibt sich durch die Notwendigkeit einer extrakorporalen Befruchtung als Voraussetzung für Präimplantationsdiagnostik. Aufgrund der aufwendigen und unangenehmen Durchführung ist die *in vitro*-Fertilisation zwar heute durchaus keine normale Option für jedes

---

[7] Denn es ist ja faktisch zu beobachten, dass gegenüber Paaren, die ein behindertes Kind erwarten, ein gewisser Druck aufgebaut wird, diese Schwangerschaft abzubrechen, und ob sich dieser Druck z. B. von Seiten der Krankenkassen in Zukunft verstärken wird - wie heute schon in den USA - ist nicht abzusehen.

Paar mit Kinderwunsch, aber wie mag die Entwicklung fortschreiten? Gedanklich ist es nicht weit bis hin zu einer Praxis, bei der nicht nur die zur sofortigen Einspülung vorgesehene Anzahl befruchteter Eizellen hergestellt wird - wie zur Zeit in Deutschland vorgeschrieben -, sondern ein oder zwei Dutzend Kombinationen hergestellt werden, die vor der Implantation noch getestet werden können. Diese »mittelgroßen« Zahlen würde ohne Präimplantationsdiagnostik wohl keine Frau durch aufeinanderfolgende Schwangerschaften mit der Option der Abtreibung austesten.[8]

Erst mit Hilfe von PID wäre denkbar, dass neben verschiedenen schweren Erbkrankheiten auch weniger schwerwiegende Veranlagungen und zahlreiche weitere Eigenschaften ermittelt werden könnten, so dass sich das Elternpaar aus 20-30 zufällig entstandenen Kombinationen des eigenen Erbgutes die favorisierte zur Einspülung und Aufzucht auswählen könnte. Weil dies so einfach ist, wenn das gezeugte Kind nicht mehr ist als eine gelatinöse Masse im Reagenzglas einer Fortpflanzungsklinik, liegt es nahe, die zunächst nur für schwere Erbkrankheiten entwickelte Methodik ganz nach Wunsch auszuweiten. Dass von heutigen Erfahrungen ausgehend ein hauptsächlicher Aspekt vermutlich eine Geschlechtsselektion sein würde, sei hier nur am Rande erwähnt.

Damit hätte sich die Situation von der heutzutage aktuellen konflikthaften Entscheidung, eine bestehende Schwangerschaft mit einem behinderten Kind zu beenden, weit entfernt, hin zu den Utopien vom »Kind aus dem Katalog«.

Um dieser Entwicklung vorzubeugen, besteht hier eine schlüssige Rechtfertigung für eine Zurückweisung der Präimplantationsdiagnostik. Daher schließe ich mich jedem Wunsch nach einer restriktiven gesetzlichen Regelung an.

In mancherlei Hinsicht kommt diese Schranke aber möglicherweise zu spät. So ist für mein Empfinden durch die gegenwärtige Praxis der Pränataldiagnostik die Einübung der »Entmoralisierung im Umgang mit menschlichen Embryonen« bereits massiv gegenwärtig. Denn in zunehmenden Maße regiert das Prinzip der Selektion zahlreiche Entscheidungen über die Fortsetzung oder Aufrechterhaltung einer Schwangerschaft, die immer öfter bis zum Erhalt einer unauffälligen Gendiagnostik nur »auf Abruf« besteht, und das Ausnutzen der Möglichkeiten des vorgeburtlichen »Gesundheits-Check« wird immer mehr erwartet.

---

8 Z. B. hat eine deutsche Frau nacheinander zwei Schwangerschaften abgebrochen, weil bei dem werdenden Kind die Veranlagung zur Cystischen Fibrose festgestellt wurde (gemäß *Die Zeit* Nr. 28/99 vom 8.7.1999). Man kann sich nur schwer vorstellen, dass diese Frau dies noch deutlich häufiger wiederholt hätte, bis den Gesetzen der Statistik Genüge getan wurde und sie ein bezüglich der Cystischen Fibrose gesundes Kind ausgetragen hätte.

Pränataldiagnostik[9] und Prä-Implantationsdiagnostik sind gleichermaßen Methoden der Selektion bzw. werden fast ausschließlich als solche gehandhabt (dabei ist PID gegenüber der PND technisch in mancher Hinsicht erleichtert, vor allem hinsichtlich der Anzahl prüfbarer Embryonen, wie soeben dargestellt). Ist dies tatsächlich allgemein bekannt, bewusst, gewünscht? Ist eine pränatale Selektion hinnehmbar, ja sogar ethisch zu rechtfertigen - und gesetzlich zulässig? In dieser Hinsicht ist insgesamt zu fragen und zu prüfen,[10] ob nicht durch jede Form von pränataler Diagnostik, die nicht eine Therapie-Option zum Ziele hat,[11] das Grundgesetz verletzt wird: denn dieses verbietet seit seiner Änderung im Jahre 1994 ausdrücklich die Diskriminierung Behinderter, wo auch zuvor schon die Gleichbehandlung Leitsatz war: »Niemand darf wegen seiner Behinderung benachteiligt werden.« (Grundgesetz, in Artikel 3) Stellt nicht auch die Praxis der vorgeburtlichen Diagnostik eine pränataler Diskriminierung Behinderter dar? Dabei nimmt zwar die Argumentation dieser bereits vorgestellten (»eugenisch-medizinischen«) Indikation des § 218 bei der so begründeten Abtreibung formal nicht direkt Bezug auf das behinderte Kind, sondern diese wird wegen der »Gefahr einer schwerwiegenden Beeinträchtigung des körperlichen oder seelischen Gesundheitszustandes der Schwangeren« (§ 218, Abs. 2 StGB) durchgeführt - dennoch wird ganz offensichtlich das erwartete Kind *wegen* seiner Erbanlagen abgetrieben.

Ein deutlicher Hinweis darauf, dass eine Diskriminierung aufgrund der Erbanlagen eines Individuums vorliegt, ergibt sich besonders aus dem zeitlichen Ablauf: vom Zeitpunkt und Ablauf her wird PND heutzutage überwiegend dann durchgeführt, wenn die grundsätzliche Entscheidung für ein Kind bereits gefallen ist - andernfalls hätte die Schwangere vermutlich schon zuvor eine Beratungsstelle aufgesucht und ggf. eine Abtreibung durchführen lassen. Abgelehnt und deshalb abgetrieben wird spezifisch das behinderte Kind, und das teilweise unter Rahmenbedingungen, die bei Embryonen ohne pathologischen Befund nicht akzeptiert werden: etwa ohne Pflicht zur (bzw. Recht auf) eine nicht-direktive, ergebnisoffene Beratung, ohne Verstreichenlassen einer Drei-Tages-Frist bis zur Durchführung der Abtreibung und ohne einschränkende Frist für die Abtreibung als solche. Dass offenbar allzu häufig die Möglichkeiten der PND zum Einsatz kommen, ohne dass die Schwangere bzw. die werdenden Eltern *vorher* eine Beratung über die Implikationen der Testergebnisse

---

9 Dies beinhaltet im Grunde nicht nur die molekulare PND, auf die in diesem Beitrag ausschließlich Bezug genommen wurde, sondern auch bestimmte Ultraschalluntersuchungen.

10 Siehe hierzu etwa die Standpunkte in Strickstrock (1997); insbesondere der Beitrag von K. Weiske und K. de Braganca.

11 Z. B. in Form intra-uteriner Chirurgie, oder durch eine unmittelbar nach der Geburt beginnende Behandlung einer Stoffwechselkrankheit. Bei den meisten pränatal diagnostizierten Erbkrankheiten ist jedoch eine Abtreibung die einzige Option.

erhalten und bei einem auffälligen Testergebnis völlig unvorbereitet in eine Krisensituation geraten, gehört zu den faktischen Gegebenheiten, unter denen die PDN heutzutage in Deutschland ohne genügende Reflektion des Einzelnen und der Gesellschaft praktiziert wird. Hiervon ist sicherlich die Situation von Familien, in denen schwere Erbkrankheiten bekanntermaßen weitergegeben werden, so dass diese Frage von Anfang an beim Kinderwunsch präsent ist, deutlich zu unterscheiden. Wenn aber die Frage nach der genetischen Ausstattung des werdenden Kindes zunehmend auch bei Paaren laut wird, aus deren Familiengeschichte sich kein Hinweis auf eine »genetische Belastung« ergibt, so gerät die PND bzw. PID mehr und mehr zu einem pränatalen »Gütesiegel«, das man einholt, um sich der Qualität des eigenen Nachwuchses zu versichern.

Schlussbetrachtung

So möchte ich zum Schluss noch einen Diskussionsanstoß geben, der eine etwas weitergehende Perspektive versucht: warum ist offenbar so vielen am Angebot von Präimplantationsdiagnostik gelegen?

Die Möglichkeiten der Präimplantationsdiagnostik speisen sich - technisch und gedanklich - aus zwei Quellen: zum einen aus der Pränataldiagnostik, zum anderen aus den *in vitro*-Fertilisations-Reproduktionstechnologien, die zur Behebung der zunehmenden unerwünschten Kinderlosigkeit entwickelt worden sind. Beides sind gesellschaftlich akzeptierte Handlungsweisen. In der Präimplantationsdiagnostik vereinen sich daher entsprechend auch zwei Illusionen, denen sich unsere Gesellschaft gerne hingibt:

Zum einen die Illusion, die Entstehung menschlichen Lebens sei ein technisch lösbares Problem, etwas, das durch menschliche Anstrengungen verfügbar sein müsse. Der menschliche Wille akzeptiert keine Grenze mehr in den natürlichen Rahmenbedingungen der Befruchtung; selbst die Grenze, die unfruchtbare Spermien setzen, wird noch überschritten.[12] Spiegelt sich hier nicht der sogenannte Machbarkeitswahn, der oft Ärzten und Wissenschaftlern nachgesagt wird, in jedem einzelnen, der dieses Machbare wünscht? Und wie wirkt sich die Auffassung, die Entstehung eines Menschen falle in unsere Verfügbarkeit, auf unser Menschenbild aus?

---

12 Es gibt eine relativ neue Methode »ICSI«, d. h. intra-cytoplasmatische Spermien-Injektion, bei der aus Spermien gewonnene Zellkernen direkt in die Eizelle injiziert werden; so können manche Formen männlicher Unfruchtbarkeit überwunden werden. Dieses Verfahren erfreut sich wachsender Beliebtheit, ist aber hinsichtlich seiner medizinischen Risiken noch umstritten.

Die zweite Illusion, die sich in der Präimplantationsdiagnostik spiegelt, ist auch Hintergrund der bereits praktizierten Pränataldiagnostik: die Illusion nämlich, durch rechtzeitiges Aussortieren der mit Mängeln behafteten Organismen die Garantie auf ein gesundes Kind zu haben - auf das Individuum bezogen gedacht, und auf die Gesellschaft bezogen gedacht: eine Gesellschaft ohne Behinderte. Die Zurückweisung geschädigter Embryonen entspricht der Zurückweisung von Behinderten in unserer Gesellschaft. Insofern ist es nachvollziehbar, wenn Behinderte pränatale Selektionsprinzipien als Angriff auf ihr Existenzrecht empfinden: sie selbst wären doch idealerweise gar nicht zur Welt gekommen. Die herrschenden Ideale unserer Gesellschaft sind lebenslange Gesundheit und Leistungsfähigkeit, Abwesenheit von Krankheit und Leid im eigenen Leben. Dieses Leitbild wird unter Aufwendung erheblicher Ressourcen, etwa in Form der recht teuren Pränataldiagnostik, verfolgt. Jedoch selbst wenn eines Tages jede Schwangerschaft auf Chromosomenabweichungen und Hunderte von molekularen Erbkrankheiten kontrolliert werden würde, wären dadurch Behinderungen keineswegs verbannt: allein weil z. B. ein ganz erheblicher Anteil der geistigen Behinderungen auf Sauerstoffmangel im Geburtsprozess zurückzuführen ist. Ein weiterer großer Anteil geistiger Behinderungen geht auf mütterlichen Alkoholmissbrauch zurück. Könnte man hier nicht mit Aufklärungskampagnen einen großen Effekt erzielen? Andere Behinderungen resultieren aus einzelnen spontanen Mutationen, die niemals alle getestet werden können (oder möglicherweise doch - falls noch mehr Ressourcen aufgewendet werden), frühkindlichen Infektionskrankheiten, oder Unfällen, die sich in jedem Lebensalter ereignen können. Invalidität ist die Folge verschiedenster Erkrankungen und nicht zuletzt auch des ganz normalen Alterungsprozesses, dem jeder Mensch unterworfen ist. Niemals wird es möglich sein, Krankheit und Leid aus der menschlichen Existenz zu verbannen. Im Bereich der Embryonenselektion, zu welchem Zeitpunkt sie auch stattfinden mag, wird irrational gehandelt, um der überstark empfundenen Bedrohung durch Behinderung und Krankheit zu entkommen. Die Gesellschaft und ihre Individuen wären jedoch gesünder, wenn sie sich von dem unmenschlichen Leitbild des perfekt gestaltbaren Lebens verabschieden könnten.

Literaturverzeichnis

Arnade, S. (Hg.): Die Gesellschaft der Behinderer, Reinbek 1997.
Schmidtke, Jörg: Vererbung und Ererbtes - ein humangenetischer Ratgeber, Reinbek 1997.

Peter Sandøe und Nils Holtug

Ethische Aspekte der Biotechnologie in der Tierzucht[1]

Das Ziel dieses Aufsatzes ist eine ethische Analyse der Anwendung biotechnischer Methoden in der Tierzucht. Die Analyse umfasst die folgenden sechs Schritte: (i) Die Rolle moralischer Reflexion, (ii) eine kurze Darstellung der zur Debatte stehenden Techniken, (iii) eine Unterscheidung zwischen zwei Ebenen ethischer Reflexion, die in diesem Zusammenhang relevant sind, (iv) vier fundamentale moralische Einwände gegen den Einsatz biotechnischer Methoden an Nutztieren, (v) eine kritische Diskussion dieser Einwände und (vi) eine Abwägung verschiedener kontroverser Bedenken. Grob gesprochen kommen wir in diesen Ausführungen zum Schluss, dass die entscheidende Variable bei der ethischen Beurteilung biotechnischer Methoden die *Wohlfahrt* sowohl der Menschen, die von der Biotechnik profitieren, als auch der betroffenen Nutztiere sein muss. Dieser Aufsatz hebt außerdem hervor, dass Naturwissenschaftler einen signifikanten Beitrag zur ethischen Beurteilung der Biotechnologie leisten können, und dass sie in jedem Fall dafür verantwortlich sind, ihre eigenen Aktivitäten zu hinterfragen.

Einleitung

Aus einer Reihe von Gründen steht die Öffentlichkeit in Europa und Nordamerika der Anwendung von Biotechnologie an Zuchttieren skeptisch gegenüber (Tait 1990, European Commission 1997). Gleichzeitig kann legitim behauptet werden, dass die Öffentlichkeit sehr wenig über die zur Anwendung bei Tieren in Frage kommenden biotechnischen Methoden weiß. Dennoch wäre es ein Fehler, zu glauben, dass der Skeptizismus von wissenschaftlichen Laien lediglich auf einem Mangel an faktischem Wissen beruht. Andererseits ist es offensichtlich, dass sämtliche die Biotechnologie betreffenden Befürchtungen mit moralischen Anschauungen einher gehen. Belegt ist, dass es bezüg-

---

[1] Erschien erstmals in engl. Sprache unter dem Titel »Ethical Aspects of Biotechnology in Farm Animal Production« in den Acta Agriculturae Scandinavica, Section A - Animal Science Suppl. 29: 51-58 (1998). Autoren und Herausgeber danken für die Erlaubnis des Abdrucks einer dt. Fassung. Die Autoren danken Paul Robinson, Kristen Sejrsen und einem anonymen Gutachter für nützliche Anmerkungen zu vorangehenden Fassungen dieses Artikels.

lich moralischer Anschauungen große Meinungsverschiedenheiten gibt, und allein aus diesem Grund wäre es naiv, zu erwarten, dass die öffentliche Skepsis über die Biotechnologie allein durch die Bereitstellung adäquater faktischer Informationen verschwindet. Auf jeden Fall dürfte eine Klärung der zugrundeliegenden ethischen Prinzipien für das Verständnis und die Mitwirkung in den gegenwärtigen Debatten über Biotechnologie in der Nutztierhaltung hilfreich sein. Der vorliegende Aufsatz nimmt diese Herausforderung an. Unser Ziel ist die Klärung einer Reihe von ethischen Prinzipien oder Richtlinien, die für eine Debatte über Biotechnologie in der Tierzucht relevant sind.

Die Rolle moralischer Reflexion

Die meisten im Bereich der Biotechnik und Nutztierzucht tätigen Wissenschaftler erkennen an, dass ihre Arbeit und die Zuchtmethoden, zu denen diese unweigerlich führt, ethische Fragen aufwerfen. Allerdings scheinen viele Wissenschaftler Zweifel darüber zu haben, wie sie diese Fragen angehen sollen, daher suchen sie außerhalb von wissenschaftlichen Kreisen nach Rat. Möglicherweise holen sie einen Politiker zu Hilfe, oder sie fragen nach einem philosophischem Beitrag. Aber wie können Philosophen helfen, ein ethisches Problem zu lösen?

Vor der Beantwortung dieser Frage mag es nützlich sein, zwischen den beiden folgenden Einstellungen zu ethischen Fragen zu unterscheiden (die Bezeichnungen sind von Riesman 1961 inspiriert):

Radarethik - moralische Bedenken werden gedacht als etwas von »Außen« Auferlegtes; als etwas, an das sich das Individuum einfach anzupassen hat.

Gyroskopethik - moralische Bedenken sind auf der Basis der dem Individuum eigenen moralischen Reflexion selbst auferlegt.

Manche Wissenschaftler scheinen zu denken, dass alles was sie brauchen, Radarethik sei. Die Wissenschaft hilft der Gesellschaft, wichtiges Wissen zu erlangen, und so - werden diese Wissenschaftler sagen - ist es auch Sache der Gesellschaft, zu entscheiden, welche ethischen Grenzen im Hinblick auf die Art und Weise, wie das Wissen genutzt wird, existieren sollten, z. B. ob und in welchem Maße es moralisch akzeptabel ist, biotechnische Methoden an Nutztieren anzuwenden.

Wenn dies die Sichtweise der Leser dieses Bandes wäre, dann würde daraus folgen, dass dieser Aufsatz von einem Politiker geschrieben werden sollte. Ein guter Politiker, dem die Gefühle seiner Wählerschaft bewusst sind, wäre viel besser geeignet als ein Philosoph, wenn es darum geht, zu bestimmen, was Bürger von Wissenschaftlern, die im Bereich der Biotechnik tätig sind, erwarten und welche rechtlichen Regelungen für die Nutzung von Biotechnologie an Nutztieren getroffen werden sollten.

Es gibt allerdings einige gute Gründe, warum Wissenschaftler von der Vorstellung, dass alles was sie brauchen Radarethik ist, Abstand nehmen sollten. Drei solche Gründe können genannt werden: (i) Der Wissenschaftler trägt sicherlich persönliche moralische Verantwortung für das, was er tut und kann es nicht einfach der Gesellschaft überlassen, zu entscheiden, was richtig und was falsch ist. (ii) Wie die meisten Berufstätigen ziehen auch Wissenschaftler im allgemeinen die Möglichkeit zur Selbstkontrolle der Auferlegung von Regeln vor, die bestimmen, was sie dürfen und was sie nicht dürfen. Das zuerst beschriebene System wäre wahrscheinlich flexibler und weniger bürokratisch als das letztere. Aber Selbstkontrolle verlangt vom Wissenschaftler Entscheidungen darüber, wo die Grenzen der ethischen Vertretbarkeit erreicht sind. (iii) Um eine rationale öffentliche Diskussion über Biotechnologie in der Nutztierhaltung und -zucht zu führen, ist es wichtig, die Sichtweisen derjenigen, die wissen, wie und warum Biotechnologie genutzt wird, in die Diskussion mit einfließen zu lassen. Gleichzeitig ist davon auszugehen, dass Wissenschaftler einen wesentlich größeren Einfluss haben werden, wenn sie gewillt sind, an der moralischen Reflexion teilzunehmen. Sollten sie es versäumen, sich an der ethischen Diskussion zu beteiligen, könnten sie als blind gegenüber Werten und unsensibel gegenüber öffentlicher Besorgnis erscheinen.

Wahrscheinlich wird niemand diese Gründe in Zweifel ziehen. Trotzdem ist es wahr, dass viele Wissenschaftler bezüglich moralischer Reflexion misstrauisch sind und sich nicht aktiv daran beteiligen wollen. Die Wurzel dieser Einstellung kann wie folgt ausgedrückt werden: »Moralische Reflexion ist subjektiv und emotional, während der Wissenschaftler objektiv und emotional unbeeinflusst sein sollte.«

Natürlich ist moralische Reflexion in einem gewissen Sinne subjektiv und emotional. Anders als Wissenschaft ist sie nicht primär an der Schaffung eines Abbildes einer vom Verstand unabhängigen Realität interessiert, in dem die ursächlichen Eigenschaften von verschiedenen Substanzen kartiert werden sollen. Das Ziel liegt eher darin, zu bestimmen, welches unsere Einstellungen sein sollten, wenn wir rational und unvoreingenommen über die zur Debatte stehende Thematik nachdenken. Aber wenn wir so stark wie möglich versuchen, rational und unvoreingenommen über unsere Einstellungen zur Biotechnologie an Nutztieren nachzudenken, dann werden unsere daraus resultierenden Einstellungen so objektiv und emotional unbeeinflusst wie möglich sein - viel mehr als sie es normalerweise sind. Sogar ein Wissenschaftler muss zustimmen, dass eine solche Verbesserung der Einstellung attraktiv und der Mühe wert wäre.

Die Aufgabe der Philosophie besteht in der Ausarbeitung verschiedener Methoden, mit deren Hilfe wir rational und vorurteilsfrei über die folgende zur Debatte stehende moralische Frage nachdenken können: Wie weit kann die Nutzung von Biotechnologie in der Nutztierzucht und -haltung gerechtfertigt werden?

Bevor wir mit der ethischen Analyse fortfahren, werden wir nun umreißen, auf welche Weisen Biotechnologie an Nutztieren Anlass zu ethischen Erörterungen gibt.

Varietäten der Biotechnologie und ihre ethische Relevanz

Im Kontext der gegenwärtigen Diskussion kann Biotechnologie als die Gesamtheit aller Methoden definiert werden, die Veränderungen in der biologischen Funktionsweise von Tieren zum Ziel haben. Die Definition ist natürlich ziemlich weit, aber dies hat den Vorteil, dass die zur Debatte stehenden ethischen Probleme in einem weiten Kontext betrachtet werden können.

Je nachdem, ob die Technik auf das Verändern existierender Tiere oder auf zukünftige Generationen von Tieren abzielt, kann zwischen zwei Arten von biotechnischen Veränderungen an Tieren unterschieden werden.

Ein Beispiel für die biotechnische Veränderung existierender Tiere ist der Einsatz von Wachstumshormonen und ähnlichen Pharmazeutika zur Erhöhung des Milchertrags bei Kühen, zur Beschleunigung des Wachstums von Schweinen und Vieh, zur Erhöhung des Fleischanteils oder zur effizienteren Nutzung von Nahrung.

Der größte Teil der Biotechnologie zielt jedoch auf zukünftige Generationen von Tieren ab. Dabei wird die Technologie auf die Elterntiere, Eier, Samen und Embryonen angewendet. Das Ziel ist die Produktion von Tieren mit bestimmten genetischen Eigenarten. In der Tierzucht werden normalerweise Tiere mit optimalen Produktionseigenschaften angestrebt.

Die älteste und simpelste Technik, um zukünftige Generationen von Tieren zu verändern, ist die der selektiven Züchtung. Diese hat sich dank der modernen Vererbungslehre im Laufe dieses Jahrhunderts rapide entwickelt.

Ebenso können einige Techniken als Methoden zur Effizienzsteigerung von selektiver Züchtung betrachtet werden. Demgemäss können Embryonentransfer, das Klonen von Embryonen, transvaginale Eizellen-Übertragung und andere Embryotechniken genutzt werden, um zu gewährleisten, dass ein weibliches Tier, typischerweise eine Kuh, mit gutem genetischem Potenzial eine hohe Anzahl von Nachkommen produziert. Auf diese Weise wird der Prozess selektiver Züchtung beschleunigt. Geschlechtsselektion ist eine andere Technik, die sich bei der Effizienzsteigerung der Tierzucht als nützlich erwiesen hat.

Eine neue und radikalere Technik fügt in das befruchtete Ei oder den frühen Embryo eines Wirts Gene der selben oder einer anderen Art ein und kreiert damit sogenannte transgene Tiere. Bisher wurden noch keine transgenen Tiere in der normalen Tierproduktion eingesetzt. Allerdings werden einige Arten in sehr speziellen Fällen genutzt. Transgene Schafe, welche als »Bioreaktoren« dienen, sind ein solcher Fall. Von der Milch dieser Schafe, die von einem pharmazeutischen Unternehmen entwickelt wurden, kann das pharmazeutisch wertvolle Protein AAT (α1-Antitrypsin) gewonnen werden. AAT wird bei der Behandlung von an Emphysemen leidenden Menschen eingesetzt.

Abgesehen von der Verwendung zur Herstellung transgener Tiere ist Gentechnologie auch noch in anderer Hinsicht interessant. Sie könnte auch als Werkzeug zur Auswahl von Zuchttieren nützlich sein. Dies ist nur ein potenzielles Ergebnis der laufenden Anstrengungen zur Erforschung des Genoms der wichtigsten in der Tierzucht verwendeten Arten.

Die wichtigsten die Entwicklung und Nutzung von Biotechnologie in der Tierproduktion betreffenden ethischen Probleme können somit wie folgt zusammengefasst werden: In welchem Maße ist es ethisch akzeptabel, Wachstumshormone und ähnliche Pharmazeutika zur direkten Erhöhung der Produktivität von Nutztieren zu verwenden? In welchem Maße ist es ethisch akzeptabel, biotechnische Methoden zu entwickeln und anzuwenden, um Tiere mit optimalen Produktionseigenschaften zu züchten? Und in welchem Maße ist es ethisch akzeptabel, biotechnische Methoden zur Herstellung transgener Tiere einzusetzen?

Zwei Stadien ethischer Reflexion

Um die mit der Biotechnologie an Tieren verknüpften ethischen Problemstellungen zu verdeutlichen, muss eine Unterscheidung zwischen zwei Typen von ethischen Fragen getroffen werden. Der erste und fundamentalste Typ umfasst Fragen darüber, *welche Arten von Bedenken moralisch relevant sind.* Welche Bedenken sollten berücksichtigt werden, wenn entschieden wird, ob es moralisch akzeptabel ist, eine gegebene biotechnische Methode zur Veränderung eines Tieres oder einer Tierart zu verwenden?

Nehmen wir einmal an, dass wir beispielsweise versuchen, zu entscheiden, ob es ethisch akzeptabel ist, schnell wachsende transgene Schweine zu produzieren. Einige Leute denken, dass es keine ethischen Einwände dagegen gibt, solange diese transgenen Schweine nicht leiden. Andere jedoch denken, dass neben der Wohlfahrt der Tiere noch andere Bedenken relevant sind. Zum Beispiel nehmen einige Leute an der Produktion transgener Schweine Anstoß, weil sie denken, dass eine derartige Modifikation von Schweinen der natürlichen Ordnung zuwiderläuft, oder dass dies eine Respektlosigkeit gegenüber dem inhärenten Wert von fühlenden Kreaturen darstellt, oder dass dies einen Versuch zur Abänderung des Werkes des Schöpfers darstellt und somit auch auf eine Anmaßung hinausläuft, nämlich »Gott zu spielen«.

Bei der Diskussion ethischer Aspekte ist es von entscheidender Bedeutung, dass zwischen den verschiedenen Arten von Bedenken differenziert wird. In zu vielen Diskussionen versäumen es die Teilnehmenden, zu bemerken, dass ihre Meinungsverschiedenheiten dadurch verursacht werden, dass sie verschiedene Bedenken für moralisch relevant halten. Das Resultat ist, dass die moralische Debatte über Biotechnologie weniger Fortschritte macht, als eigentlich möglich wäre.

Natürlich ist diese Erkenntnis, dass Biotechnologie eine Reihe verschiedener Bedenken hervorruft, keine Garantie dafür, dass die weitere Diskussion einen Konsens zur Folge haben wird. Aber selbst wenn letzten Endes kein Konsens erzielt wird, werden die streitenden Parteien wenigstens wissen, was es ist, worüber sie sich auf grundlegender Ebene uneinig sind, und werden somit auch eine Art von Verständnis gewinnen, warum andere Leute bei gewissen Dingen anderer Meinung sind, obwohl ihnen selbst die eigene Einschätzung auf der Hand zu liegen scheint.

Aber man kann auch optimistischer sein. Wie wir später zeigen werden, ist es möglich, rational dafür zu argumentieren, dass bei weiterer Reflexion einige Bedenken schwerwiegender sind als andere, und sogar dass einige vorgegebene moralische Bedenken überhaupt nicht moralisch relevant sind. (Einige werden zweifellos protestieren wollen, dass moralischer Argumentation zuviel Gewicht zukommt. Für eine weniger rationalistische und mehr »soziologische« Herangehensweise an die ethische Beurteilung von Biotechnologie an Nutztieren siehe Mepham 1996.)

Der zweite Typ ethischer Fragen betrifft das *Problem der Gewichtung und Abwägung verschiedener ethischer Bedenken.* Natürlich setzt dies voraus, dass die erste Frage bereits beantwortet wurde, und dass somit bekannt ist, welche Bedenken relevant sind. Angenommen, dass die Bedenken bezüglich der Herstellung transgener Schweine auf die zwei folgenden Desiderata eingegrenzt wurden: (i) Wir sollten versuchen, den Schweinen ein anständiges Leben zu ermöglichen und (ii) wir sollten probieren, Konsumenten mit billigem Schweinefleisch von guter Qualität zu versorgen. Dann ergibt sich, sofern zwischen diesen beiden Bedenken ein Konflikt besteht, folgendes Problem: Wie kann zwischen der Wohlfahrt von Tieren einerseits und menschlichen Interessen andererseits abgewogen werden?

Diese Frage ist, genauso wie die Frage nach der Relevanz verschiedener Bedenken, eine mögliche Quelle für Meinungsverschiedenheiten. Tatsächlich könnten zwei Diskutanten bezüglich der Relevanz der Bedenken völlig gleicher Meinung sein und trotzdem bezüglich der Zulässigkeit der Herstellung transgener Schafe unterschiedliche Meinungen vertreten, weil sie sich über die Frage der Gewichtung der geteilten Bedenken uneinig sind.

Im folgenden Abschnitt werden wir zuerst die für die Biotechnologie ethisch relevanten Bedenken identifizieren. Anschließend behandeln wir die Frage der gegenseitigen Gewichtung dieser Bedenken.

Vier ethische Bedenken

Folgende Bedenken werden oft bei der moralischen Beurteilung des Einsatzes biotechnischer Methoden an Tieren für relevant betrachtet: (i) Die Wohlfahrt von Mensch und Tier, (ii) Wissenschaftler sollten nicht »Gott spielen«, (iii) Tiere sollten nicht als bloßes Mittel zum Zweck betrachtet werden und (iv) die genetische Integrität von Tieren sollte nicht verletzt werden. Diese Bedenken sollen im folgenden genauer analysiert werden.

Es wird fast allgemein anerkannt, dass die Wohlfahrt von Tieren für ethische Betrachtungen relevant ist. Eine bestimmte biotechnische Methode ist in dem Maße moralisch problematisch, soweit sie bei den betroffenen Nutztieren Leiden verursacht. Das heißt nicht zwangsläufig, dass sie moralisch inakzeptabel ist. Die Technik könnte Vorteile bringen, welche die durch das Leiden von Tieren verursachten Bedenken aufwiegen, zum Beispiel Gewinne hinsichtlich menschlicher Wohlfahrt. (Der wohl bekannteste Vertreter eines solchen Ansatzes ist Singer 1991).

Bedenken hinsichtlich der Wohlfahrt von Tieren sollten jedoch nicht auf das Leiden von Tieren beschränkt werden. Falls Biotechnologie dazu verwendet wird, dass Tiere weniger Wohlfahrt erleben können, dann ist dies auch ein ethisches Problem. So kann zum Beispiel die Nutzung der Gentechnik zur Produktion von Tieren, die nichts als »gefühlloses Gemüse« sind, nicht automatisch aus der Perspektive der Wohlfahrt von Tieren gutgeheißen werden (Holtug 1996).

Was die Wohlfahrt von Tieren betrifft, lässt sich feststellen, dass wir Tiere auf zwei verschiedene Weisen schädigen und somit potenziell falsch behandeln können. Wir können ein existierendes Tier auf eine Weise modifizieren, die eine Verschlechterung seines Wohlbefindens mit sich bringt. In diesem Sinne wurde z. B. argumentiert, dass die Nutzung von BST (Rinder-Somatotropin) zur Erhöhung des Milchertrags bei Kühen zu einer erhöhten Häufigkeit von Mastitis führt, und somit einen negativen Effekt auf die Wohlfahrt der behandelten Kühe hat (Willeberg 1993). Aber wir könnten Kühe auch schädigen, indem wir mittels gentechnischer oder herkömmlicher Zuchtmethoden Tiere mit erhöhtem Milchertrag und dem damit verbunden erhöhten Mastitis-Risiko züchten.

Die Überlegung, dass Wissenschaftler nicht Gott spielen sollten, scheint in der öffentlichen Wahrnehmung der Biotechnologie an Tieren eine wichtige Rolle zu spielen. Daher ist es angebracht, einen Moment bei diesem Thema zu verweilen, um zu erwägen, was die Leute im Sinn haben, wenn sie einen solchen Einwand vorbringen.

Es können drei verschiedene Interpretationen dieses Einwands unterschieden werden. Gemäss der ersten spielen in der Biotechnologie tätige Wissenschaftler in dem Sinne Gott, indem sie versuchen, das Werk des Schöpfers zu modifizieren, und sich somit vielleicht anmaßen, selbst die Rolle erhabener Schöpfer einzunehmen. Der zweiten Interpretation zufolge sind die Prozesse oder die Ergebnisse biotechnischer Veränderungen von Tieren »unnatürlich«, und aus diesem Grund zu beanstanden. Letztlich kann diese Aussage sich auf den Tatbestand beziehen, dass Wissenschaftler nicht mit erhabener Allwissenheit ausgestattet sind, und dass es daher sehr schwierig für sie ist, alle Konsequenzen ihres Tuns vorherzusagen. (Da diese letzte Interpretation sich tatsächlich mit den Risiken des Einsatzes von Biotechnologie an Tieren beschäftigt, ist sie vielleicht besser als Bedenken hinsichtlich der Wohlfahrt von Tieren oder Menschen zu verstehen als ein dahingehender Einwand, dass Menschen nicht Gott spielen dürfen.)[2]

Es sollte bemerkt werden, dass diese Bedenken nicht spezifisch gegen die Biotechnologie an Tieren gerichtet sind. Sie sind eher gegen die gesamte Idee von Tierzucht gerichtet. Demgemäss schreibt der, was die Verteidigung der Rechte von Tieren angeht, führende Philosoph:

> Was kommerzielle Tierzucht angeht, nimmt die auf Rechten zentrierte Sichtweise eine [...] abolitionistische Position ein. Das fundamental moralisch Falsche hier ist nicht, dass Tiere in belastender enger Gefangenschaft oder in Isolation gehalten werden, oder

---

2 Als philosophisch begründete Behauptung ist die Forderung, dass Lebewesen nicht wie bloße Mittel zum Zweck behandelt werden sollten, zuerst von dem deutschen Philosophen Immanuel Kant formuliert worden, bei dem sich dieses Prinzip allerdings zunächst nur auf Personen bezog (Kant 1965: 97). In jüngster Vergangenheit haben Anhänger der sogenannten Tierrechtsperspektive jedoch den Anwendungsbereich dieses Grundsatzes erweitert und behaupten, dass Tiere, ebenso wie Menschen, einen inhärenten Wert haben, und dass »Individuen, die einen inhärenten Wert haben, niemals lediglich als Mittel zum Zwecke der Ergebnisoptimierung behandelt werden dürfen« (Regan 1984: 249). Daher könnte es also immer noch falsch sein, selbst wenn sich herausstellen sollte, dass die Injektion von bestimmten Wachstumshormonen in Schweine deren Wohlfahrt nur in geringem Maße beeinträchtigt, und dass die Vorteile für die Menschen tatsächlich bedeutender wären als der von den Schweinen erlittene Verlust. Dies erklärt sich daraus, dass eine solche Vorgehensweise beinhalten würde, dass Tiere als bloße Mittel zum Zwecke der Befriedigung des menschlichen Appetits verwendet würden.

dass ihr Schmerz und ihr Leiden, ihre Bedürfnisse und Vorlieben ignoriert und entwertet werden. Alles dies ist natürlich falsch, aber dies ist nicht das fundamental Falsche. Dies sind lediglich Symptome und Auswirkungen von etwas auf einer noch tieferen Ebene moralisch Falschem, nämlich etwas, das es uns erlaubt, diese Tiere als etwas ohne individuellen Wert zu behandeln, als Ressource für uns - tatsächlich, als erneuerbare Ressource.[3]

Die bisher ausgearbeiteten Bedenken gelten ziemlich allgemein für den Einsatz von Biotechnologie an Tieren. Das vierte Bedenken jedoch, *dass die genetische Integrität von Tieren nicht verletzt werden sollte*, zielt insbesondere auf die mit der Produktion von transgenen Tieren einhergehende Modifikation des Genoms ab. Viele Leute sind über die Idee empört, die Gene von Tieren mit gentechnischen Methoden zu verändern. Zum Beispiel wurde auf einer »Konsens-Konferenz«, die im September 1992 in Kopenhagen abgehalten wurde, von einem Laiengremium beschlossen, dass die Wohlfahrt von Tieren nicht das einzige Kriterium für eine Entscheidung über die ethische Annehmbarkeit genetischer Veränderungen von Tieren ist. Das Gremium kam zum Schluss, dass es ebenso unethisch sei, zum Zwecke der besseren Anpassung an bestehende Produktionsmethoden in der Nutztierhaltung und -zucht genetische Veränderungen an Tieren vorzunehmen. Die ethischen Überlegungen, die dieser ablehnenden Haltung zugrunde liegen, könnten im Sinne der Achtung vor der genetischen Ausstattung oder dem Genom einer Tierart formuliert werden. Entsprechend definiert J. Vorstenbosch (1993) das Konzept der genetischen Integrität auf die folgende Weise:

> In der Biotechnologie steht die genetische Integrität des individuellen Tieres und der jeweiligen Art im Mittelpunkt. Wir können die genetische Integrität des Tieres als ein Intaktlassen des Genoms definieren. Dies scheint in Anbetracht der Tatsache, dass wir deutlich einige Faktoren oder Aktionen benennen können, von denen das Genom nicht intakt belassen wird, ein bedeutungsvoller Gedanke zu sein.

Die Forderung, dass die genetische Ausstattung von Tieren respektiert werden sollte, wird normalerweise als Begründung einer Ablehnung der Gentechnologie angeführt. Allerdings ist es auch wichtig, zu bemerken, dass sich diese Forderung auch auf bestimmte Arten selektiver Züchtung beziehen wird: ebenso wie gentechnische Eingriffe kann selektives Züchten zu signifikanten genetischen Veränderungen in Tieren führen, und diese Veränderungen laufen auf eine Verletzung der genetischen Integrität einer Art hinaus.

---

[3] Regan (1985: 25)

Welche Bedenken sind ethisch signifikant?

Der Hauptstreitpunkt in der gegenwärtigen Debatte liegt darin, ob nur Bedenken bezüglich der Wohlfahrt von Tieren und Menschen relevant sind, oder ob noch weitere der oben erwähnten ethischen Bedenken berücksichtigt werden müssen.

Bezüglich der Bedenken, dass Wissenschaftler nicht Gott spielen sollen, wurden drei mögliche Interpretationen vorgeschlagen. Gemäss der ersten modifizieren Wissenschaftler das Werk des Schöpfers auf eine anstößige Art und Weise. Es gibt jedoch einige Probleme bei diesem Einwand. Erstens: woher wissen wir, dass Gott (falls er tatsächlich existiert) nicht will, dass wir Biotechnologie an Tieren anwenden?

Zweitens kann darauf hingewiesen werden, dass, würde diese Beanstandung tatsächlich wortwörtlich ernst genommen, die Menschheit gezwungen wäre, eine Menge von Aktivitäten aufzugeben, die inzwischen für das menschliche Überleben unverzichtbar geworden sind. Seit Tausenden von Jahren beruht Landwirtschaft auf dem Prinzip der Selektion und somit auch auf der vorsätzlichen Veränderung der ursprünglichen (von Gott gegebenen) Tier- und Pflanzenarten. Niemand denkt, dass dies eine schlechte Sache ist, selbst wenn es die Veränderung des Werkes des Schöpfers beinhaltet. Daher ist es nicht wirklich klar, warum die Nutzung fortgeschrittener Techniken, mit denen ähnliche Ergebnisse erzielt werden, als ein verbotenes »Gott spielen« betrachtet wird.

Gemäss der zweiten Interpretation der »Gott spielen«-Bedenken ist die Anwendung biotechnischer Methoden an Tieren »unnatürlich« und somit unerwünscht. Diese Version steht jedoch ebenso vor Problemen. Vor allen Dingen muss spezifiziert werden, was mit »unnatürlich« gemeint ist. Eine solche Spezifizierung muss den richtigen Anwendungsbereich haben, so dass sie die passenden »fortgeschrittenen« Arten von Biotechnologie ausschließt, aber nicht die traditionellen Landwirtschaftsmethoden, welche fast jeder akzeptiert und welche nicht einleuchtenderweise als moralisch fragwürdig betrachtet werden können – zum Beispiel die Nutzung von selektiver Züchtung, um Nutztiere weniger anfällig für bestimmte Krankheiten zu machen.

Zweitens, selbst wenn eine solche Spezifizierung des »Unnatürlichen« gegeben werden könnte, müsste immer noch gezeigt werden, dass das, was im spezifizierten Sinne unnatürlich ist, auch unmoralisch ist. Dieser Punkt ist besonders deshalb von Bedeutung, weil die Charakterisierung von bestimmten Tätigkeiten als »unnatürlich« bekanntlich oft nur aus störrischer Vorurteilsbeladenheit resultierte, wie beispielsweise im Falle der Diskriminierung von Homosexuellen. Die gewissenhafte Prüfung dieser Angelegenheit hat bisher zu keiner plausiblen, vernunftmäßige Erklärung für den angeblichen Zusammenhang zwischen »unnatürlich« und »unmoralisch« geführt.

In diesem Kontext muss noch ein weiteres Problem kurz diskutiert werden. Die ablehnende Reaktion, die im Urteil zum Ausdruck kommt, dass die Herstellung transgener Tiere »unnatürlich« sei, kann als Überempfindlichkeit betrachtet werden. Es überrascht gewiss nicht, dass viele Menschen Ekel empfinden, wenn sie sich Tiere mit Merkmalen vorstellen, die nicht in den normalen Rahmen ihrer Art passen. In Anbetracht dessen ist es jedoch wichtig, zu erkennen, dass Überempfindlichkeit und moralische Unannehmbarkeit nicht dasselbe sind. Wir sind sicherlich geneigt, unsere durch Überempfindlichkeit verursachte Abneigung gegenüber bestimmten Handlungen in moralischen Äußerungen auszudrücken, aber dieser Schritt ist nicht zu rechtfertigen. Man kann z. B. eine absolut unüberwindliche Abneigung davor haben, einen Teller roher Kuhaugen zu essen, ohne dabei der Meinung zu sein, dass ein solches Mahl unmoralisch wäre.

Was die dritte Interpretation der »Gott spielen«-Bedenken betrifft, gemäss der die Biotechnologie in der Nutztierhaltung große Risiken beinhaltet, wurde bereits deutlich gemacht, dass wir diesen Bedenken tatsächlich am besten mit einem auf Wohlfahrt basierenden Ansatz gerecht werden können. Biotechnologie sollte dort nicht eingesetzt werden, wo die Risiken für Tiere und/oder Menschen die erwarteten Vorteile aufwiegen.

Was die Bedenken angeht, dass Tiere nicht als bloße Mittel zum Zweck behandelt werden dürfen, so richten sich diese, wie bereits verdeutlicht, gegen die ganze Idee von Tierproduktion, und nicht nur speziell gegen die Idee, Biotechnologie auf Nutztiere anzuwenden. Daher sind diese Bedenken für die gegenwärtige Diskussion irrelevant, welche voraussetzt, dass Tierproduktion nicht generell, also nicht immer und unter allen Umständen falsch ist. Die gegenwärtige Diskussion hat das Ziel, die Bedingungen festzulegen, unter denen es moralisch akzeptabel ist, Tiere zur Produktion zu verwenden, und sie geht als Arbeitshypothese davon aus, dass es solche Bedingungen gibt. (Siehe Sandøe et al. 1997 für einige kritische Bemerkungen zu den Ansätzen, die auf dem Gedanken beruhen, dass Tiere nicht als bloße Mittel zum Zweck verwendet werden dürfen.)

Was die Überlegung angeht, dass die genetische Integrität von Tieren respektiert werden muss, gibt es keinen Zweifel, dass es sich dabei um eine in weiten Kreisen verspürte Sorge handelt. Trotzdem wird hier behauptet werden, dass diese Idee einer genaueren Prüfung nicht standhält. Sie weist drei hauptsächliche Probleme auf.

Das erste beruht auf der folgenden Frage: Was ist so besonders an den genetischen Strukturen, die genau jetzt bestehen? Im Laufe der Geschichte haben sich die genetischen Strukturen ständig verändert. Es ist nicht möglich, auf eine bestimmte Evolutionsstufe zu verweisen und zu sagen, dass dort Tierarten ihren »finalen« oder »wirklichen« Entwicklungstand erreicht haben. Die

Behauptung, dass die gegenwärtige genetische Ausstattung einen entwicklungsgeschichtlich hervorgehobenen Status habe, erscheint als völlig willkürlich. Das ist ungefähr wie wenn man sagen würde, dass Kunst und Literatur jetzt ihren endgültigen Stand erreicht haben und sich nun nicht mehr weiter entwickeln dürfen.

Das zweite Problem mit der Idee der genetischen Integrität besteht darin, dass Züchtung zur Verbesserung des Gesundheitszustandes eine gute Sache ist und sein sollte. Man denke etwa an die Züchtung von Hühnern, die resistent gegen die Mareksche Krankheit sind, oder von Schweinen ohne bösartige Hyperthermie. Obwohl diese Art der Züchtung als Abhilfe für die im Gen-Pool durch genetische Selektion für hohe Erträge entstandenen Schäden betrachtet werden kann, könnte sie auch jene Genotypen ausrotten, die bestimmten Krankheiten ausgeliefert waren, und somit auch zur Gesundheit des Nutztierbestandes beitragen. Falls die Position des auf genetischer Integrität bestehenden Ethikers jedoch richtig ist, dann ist es auch nicht akzeptabel, Tiere mit verbessertem Gesundheitszustand zu züchten, allerhöchstens wäre es noch als das geringere zweier Übel zu akzeptieren. Dies spricht gegen die Idee der genetischen Integrität.

Schließlich stehen die Befürworter genetischer Integrität noch vor dem Problem, dass sie erklären müssen, inwiefern der Respekt vor dieser Integrität den Tieren etwas nützt. Unsere Einstellungen zur genetischen Integrität werden Konsequenzen haben, wenn es darum geht, welche Tiere tatsächlich geboren werden und welche nicht. Zum Beispiel wären wir, wenn wir die genetische Integrität respektieren würden, bei der Initiierung von Programmen selektiver Züchtung zögerlicher und eher geneigt, bestehende Programme zu erhalten. Nützt dies den Tieren? Es scheint, dass die Antwort auf diese Frage negativ ausfällt. Den einzigen Unterschied, den der Respekt vor genetischer Integrität ausmacht, ist der, dass er beeinflusst, *welche* Tiere profitieren und welche geschädigt werden, nicht *ob* Tiere profitieren oder geschädigt werden. Im Endergebnis könnte die Bilanz von Nutzen und Schaden unverändert sein oder sogar negativ ausfallen.

Natürlich besteht die Möglichkeit, dass gewisse Tierarten ein höheres Maß an Wohlfahrt erfahren als andere, und unter diesen Umständen könnte es sehr wohl von Vorteil sein, bestimmte Tierarten bei der Zucht vorzuziehen. Dies spricht aber nicht für eine Berücksichtigung der genetischen Integrität von Tieren, da es keine Garantie dafür gibt, dass die genetischen Strukturen, die jetzt existieren, der Wohlfahrt von Tieren förderlicher sind als andere, die sich noch entwickeln werden. Eher scheint dieser Punkt für den alternativen Ansatz zu sprechen, welcher sich mit der Wohlfahrt von Tieren statt mit genetischer Integrität befasst.

Um dem Wohlfahrts-Ansatz zu entsprechen, sollte man selektive Züchtung und andere Methoden der genetischen Veränderung von Nutztieren in folgender Weise in zwei Schritten ethisch beurteilen. Erstens sollte man herausfinden, welches die realistischen Alternativen sind. Dabei sollte auch erwogen werden, alles beim bereits Vorhandenen zu belassen. Zweitens müssen die möglichen positiven und negativen Effekte auf die Wohlfahrt von Tieren beurteilt werden (dabei ist eine Erwägung der Möglichkeit unvorhersehbarer negativer Effekte nicht zu vergessen).

Diese zwei Schritte sind für sich allein natürlich unzulänglich. Um eine ethische Schlussfolgerung zu ziehen, müssen zwei weitere Schritte ausgeführt werden: In einem dritten Schritt muss herausgefunden werden, welche Vorteile für Menschen zu erwarten sind. Viertens muss in den Fällen, wo die Wohlfahrt von Tieren nachteilig beeinflusst wird, herausgefunden werden, ob der »Preis«, den die Tiere für die zu erwartenden Gewinne an menschlicher Wohlfahrt zahlen müssten, nicht zu hoch ist.

Der Wohlfahrtsansatz hat zwei deutliche Vorteile gegenüber dem Ansatz der genetischen Integrität.

Erstens ist nach dem Wohlfahrtsansatz alles von ethischer Bedeutung, was für das Tier selbst von Bedeutung ist. Daher gibt es hier bei der Erklärung des Nutzens für Tiere, welcher sich aus diesem Ansatz ergibt, keine Probleme. Gemäss dem Wohlfahrtsansatz sollte das Ziel darin bestehen, solche Tiere zu züchten, welche unter den gleichen Bedingungen die höchste Lebensqualität aufweisen werden.

Der andere Vorteil besteht darin, dass die ethische Beurteilung der Biotechnologie auf die gleiche Art und Weise vorgenommen werden wird wie die Beurteilung von Behausungssystemen, Management, Nahrung, usw. Um zu entscheiden, ob ein ethisches Problem vorhanden ist, sollte man in allen Fällen auf die gleichen Dinge achten: abnormales Verhalten, physiologische Stressreaktionen, Gesundheitsprobleme, usw. In diesem Sinne ist im Vergleich mit anderen Problemen der Nutztierhaltung nichts Besonderes an der Biotechnologie zu finden.

Damit soll nicht gesagt sein, dass es stets eine einfache Sache sein wird, ethische Schlussfolgerungen auf der Basis des Wohlfahrtsansatzes zu ziehen, da für keinen der gerade beschriebenen Schritte im voraus garantiert werden kann, dass er unkompliziert ist. Die Beziehung zwischen wissenschaftlichen Fakten bezüglich Verhalten, Physiologie und Gesundheit einerseits, sowie der Wohlfahrt von Tieren andererseits, nur um einen Bereich potenzieller Komplexität zu erwähnen, verlangt nach vorsichtiger Behandlung (Sandøe und Simonsen 1992).

Erwähnt werden muss noch, dass der Wohlfahrtsansatz trotz vieler Komplikationen und kontroverser Debatten bereits praktiziert wird. Er ist die Basis von Verordnungen und Empfehlungen, die vom Europarat und der EU erlassen werden. Weiter ist der Ansatz fest mit der auf gesundem Menschenverstand beruhenden Vermutung verbunden, dass Tierschutz darauf beruhen sollte, was für die Tiere am wichtigsten ist.

Güterabwägung

Nach dem Wohlfahrtsansatz gibt es zwei Dinge, die normalerweise erwogen werden müssen, wenn entschieden werden soll, ob die biotechnische Nutzung von Tieren ethisch akzeptabel ist: die Wohlfahrt von Tieren und menschliche Interessen.

In einigen Fällen werden diese beiden Dinge in dieselbe Richtung weisen. Zum Beispiel scheint die Verwendung von Beta-Agonisten bei der Mast eine negative Auswirkung auf die Wohlfahrt von Tieren zu haben. Außerdem stellt sie ein Risiko für die menschliche Gesundheit dar und beeinträchtigt die Qualität des Fleisches. In diesem Falle ist die ethische Schlussfolgerung offensichtlich.

In manchen Fällen ist die Beurteilung jedoch schwieriger, nämlich dann, wenn verschiedene menschliche Interessen in Konflikt geraten. Zum Beispiel könnten einige Arten der Biotechnologie im Sinne einer Effizienzsteigerung der Nutztierzucht und -haltung interessant sein, zur selben Zeit könnten sie aber auch ein leichtes Risiko für die Gesundheit der Konsumenten oder auch für die Umwelt darstellen. Ein solcher Fall ist, wie aus vorliegenden Daten leicht ersichtlich, die Nutzung von Antibiotika zur Steigerung der Wachstumsgeschwindigkeit. Es ist behauptet worden, dass die weitverbreitete Nutzung solcher Wachstumsbeschleuniger zur Entstehung von menschlichen Krankheitserregern führen könnte, die gegen bestimmte Antibiotika resistent sind und somit eine Gefahr für die Gesundheit von Menschen darstellen (Anon. 1995).

Im Mittelpunkt der gegenwärtigen Diskussion wird jedoch der Konflikt zwischen der Wohlfahrt von Menschen und der von Tieren stehen.

Nutztierzucht und -haltung wird oft einen Kompromiss zwischen zwei Zielen beinhalten: der Produktionseffizienz und der Wohlfahrt von Tieren. Es ist die Aufgabe der Ethik, zu gewährleisten, dass diese Kompromissfindung mit einer angemessenen Erörterung der Wohlfahrt von Tieren einher geht. Demzufolge sind in einigen Ländern bestimmte Praktiken der Nutztierhaltung – zum Beispiel gewisse Praktiken der Kalbfleischproduktion – nicht mehr zulässig. Allgemeiner gesagt werden große Anstrengungen unternommen, um neue, »freiere« Praktiken zu entwickeln, die die existierenden, sehr restriktiven Praktiken ersetzen sollen, in denen viele Nutztiere zusammen gehalten werden.

Um Produktionseffizienz zu erreichen, werden Landwirte in den meisten Fällen jedoch trotzdem ihre Nutztiere unter Bedingungen, die bezüglich der Wohlfahrt weniger als optimal sind, unterbringen müssen. Falls es Nutztierzucht und -haltung weiterhin geben wird, stellt sich bedauerlicherweise die wirklich relevante Frage nach der richtigen Balance zwischen der Effizienz und der Wohlfahrt von Tieren und nicht nach der Notwendigkeit eines Kompromisses.

Wenn es darum geht, Biotechnologie in der Nutztierzucht und -haltung zu beurteilen, gilt dasselbe. Hier mag ein offensichtlicher Konflikt zwischen dem kommerziellen Imperativ einer Erhöhung der Produktivität und der Wohlfahrt von Nutztieren bestehen. Ein solcher Fall ist BST. Milchkühen Wachstumshormone zu geben mag zwar die Produktivität in Molkereibetrieben erhöhen, aber mit der Erhöhung des Milchertrags geht auch ein signifikanter Anstieg der Anfälligkeit für Mastitis (Brustdrüsenentzündung) einher - also auch eine Beeinträchtigung der Wohlfahrt von Tieren.

In diesem Fall kann behauptet werden, dass es gute ethische Gründe gibt, warum BST nicht erlaubt sein sollte: Konsumenten (zumindest in Ländern wie Dänemark) scheinen nicht zu denken, dass Milch zu teuer ist. Meinungsumfragen zeigen, dass sowohl Landwirte als auch Konsumenten gegen die Behandlung von Milchkühen mit Hormonen sind. Unter Beachtung all dieser Umstände scheint es also nicht im Sinne menschlicher Interesses zu sein, die Nutzung von BST zuzulassen. Da auch die Bedenken bezüglich der Wohlfahrt von Tieren gegen die Nutzung von BST sprechen, scheinen sämtliche ethischen Überlegungen für ein Verbot der Nutzung von BST zu sprechen.

Ein ähnliches Argument spricht gegen die Idee der Erzeugung transgener Nutztiere mit erhöhter Produktivität. Gentechnik hat oft unvorhergesehene negative Konsequenzen für die Wohlfahrt von Tieren. Ein extremes Beispiel ist der Fall transgener Schweine, die manipuliert wurden, um menschliche oder Rinder-Wachstumshormone herzustellen, da diese Schweine an einer Vielzahl verschiedener schwerer Erkrankungen litten; unter anderem an Lahmheit, Stressanfälligkeit, Magengeschwüren, Parakeratosis, Lethargie, Anestrus und Mangel an Libido (bei Ebern) (Pursel u. a. 1989).

Einige dieser Konsequenzen hätten möglicherweise vorausgesehen werden können, wenn eine vorsichtige Risikoanalyse vorgenommen worden wäre. Zum Beispiel hätte man voraussagen können, dass Tiere mit einem dauerhaft erhöhten Wachstumshormonpegel Gesundheitsprobleme, insbesondere Missbildungen der Beine, erleiden würden. Daher sollte eine Beurteilung der Risiken für die Wohlfahrt von Tieren allen Versuchen der Veränderung von Tieren durch selektives Züchten, durch Gentechnik oder andere biotechnologische Methoden vorangehen. Unglücklicherweise sind wir nicht in einer Position, von der aus wir alle möglichen negativen Effekte biotechnologischer Interventionen vorhersehen können. Dies kann durch den Fall der in vitro-Produktion von Rinder- oder Geflügelembryos illustriert werden. Diese Technologie führte zu unerwarteten Effekten wie abnormal großen Nachkommen und anderen Abnormitäten (Walker u. a. 1996, Kruip und den Daas 1997). Diese Effekte wiederum führen zu ernsthaften, das Wohlergehen der Tiere betreffenden Problemen, z. B. Schwierigkeiten beim Kalben. Man scheint auf der konservativen Seite also falsch zu liegen: Versuche, Tiere biotechnologisch zu verändern, können nur dann gerechtfertigt werden, wenn der erwartete Nutzen beträchtlich ist.

In ethischer Hinsicht eindeutig sind dagegen Beispiele der Nutzung von Tieren als Bioreaktoren, die zur Produktion wertvoller Pharmazeutika verwendet werden, die sonst entweder überhaupt nicht oder nur unter hohen Kosten produziert werden könnten. In diesem Fall ist das Ziel entscheidend, und die bisher bemerkten negativen Effekte auf die Wohlfahrt von Tieren sind entweder nur geringfügig oder überhaupt nicht vorhanden.

Andererseits gibt es jedoch gute Gründe für eine restriktive Regelung der Nutzung von Biotechnologie an Tieren, wenn dass Ziel trivial ist oder signifikante negative Effekte auf die Wohlfahrt von Tieren festzustellen sind.

Eine solche Regelung würde sich anscheinend gegen die Nutzung von transgenen Techniken zur Verbesserung der Produktivität von Nutztieren in der westlichen Welt richten. Es gibt keinen Grund, zu glauben, dass eine generelle Erhöhung der Produktivität von Nutztieren in dieser Region den Landwirten bzw. den Züchtern, oder den Hungernden dieser Welt viel nützen wird. Langfristig würde eine solche Verbesserung nur zu niedrigeren Preisen führen, obwohl einige Landwirte bzw. Züchter kurzfristig sicherlich von ihr profitieren könnten. Günstigere Tierprodukte sind nicht etwas, was in unserem Teil der Welt dringend gebraucht wird. Zur Verdeutlichung dieser bloßen Behauptung sei erwähnt, dass der durchschnittliche Verbraucher in Dänemark weniger als 13 % des Nettoeinkommens für Nahrungsmittel ausgibt - weniger als halb so viel wie vor dreißig Jahren.

Dagegen kann jedoch eingewendet werden, dass dieses Argument zuviel beweist: Wäre dieses Argument berechtigt, würde es ebenso die Nutzung normaler Zuchttechniken zur Erhöhung der Produktivität verurteilen, und diese Techniken werden für gewöhnlich als einwandfrei betrachtet.

Als Antwort darauf könnte man das Argument auch umdrehen und darauf hinweisen, dass man die gewöhnlichen Zuchttechniken kritischer betrachten sollte. Dies scheint eine offizielle Auffassung zu sein, zumindest in Europa. Dementsprechend lautet ein offizieller Zusatzartikel aus dem Jahre 1992 zur Europäischen Konvention zum Schutz von Nutztieren (1976):

Ein Tier soll nur für landwirtschaftliche Zwecke gehalten werden, wenn auf der Basis seines Phäno- oder Genotyps vernünftigerweise erwartet werden kann, dass es ohne nachteilige Effekte auf sein Wohlbefinden oder seine Gesundheit gehalten werden kann.

Dieser Verordnung zufolge ist es unsere Pflicht, keine Tiere mit Bedürfnissen zu züchten, die nicht von der Umwelt, in der sie leben würden, befriedigt werden können. Dieses Verbot scheint durch die Gentechnik provoziert worden zu sein, aber es gilt auch für traditionelle Zuchttechniken. Das Ziel ist die Verhinderung der Züchtung von Tieren, die wahrscheinlich an mangelnder Gesundheit und, allgemeiner, einer niedrigeren Lebensqualität leiden würden.

Folglich plädieren wir für eine Sichtweise, die in vielen Fällen zu denselben Ergebnissen führt wie die Sichtweise der »genetischen Integrität«, die im vorangehenden Abschnitt zurückgewiesen wurde. Der Hauptunterschied besteht jedoch darin, dass in unserer Auffassung Biotechnologie an Tieren *als solche* nicht problematisch ist. Solange diese Technologie nur für wesentliche Bedürfnisse benutzt wird, zum Beispiel zur Bekämpfung menschlicher Krankheiten oder zur Entwicklung gesünderer und glücklicherer Nutztiere, und solange dies keine signifikanten negativen Effekte auf die Wohlfahrt von Tieren hat, bestehen aus ethischer Sicht keine Bedenken.

Aus dem Englischen übersetzt von Thomas Krick

Literaturverzeichnis

[Anon.]: The effect of avoparcin used as a feed addictive on the occurence of vancomycin resistant Enterococcus faecium in pig and poultry production. Report from the Danish Veterinary Laboratory, Kopenhagen V 1995.

European Commission, Directorate General XII: Science, Research and Development, Biotechnology. European Opinions on Modern Biotechnology, Eurobarometer 46.1., Luxembourg 1997.

Holtug, N.: Is welfare all that matters in our moral obligations to animals? In: Acta Agric. Scand., Sect. A, Anim. Sci. Suppl. 27 (1996), 16-21.

Kant, I.: Grundlegung zur Metaphysik der Sitten. Meiner-Ausgabe, Hamburg 1965.

Kruip, Th. A. M. und J. H. G. den Daas: In vitro produced and cloned embryos: effects on pregnancy, parturition and offspring. In: Theriogenology 47 (1997), 43-52.

Mepham, T. B.: Ethical Impacts of Biotechnology in Dairying. In: C. J. C. Phillips (Hg.): Progress in Dairy Science. Wallingford 1996, 375-395.

Persel et al. : Genetic Engineering of Lifestock. In: Science 244 (1989), 1281-1288.

Regan, T.: The Case for Animal Rights. In: P. Singer (Hg.), In Defence of Animals. Oxford 1985, 21-25.

Regan, T.: The Case for Animal Rights, London 1989.

Riesman, D.: The Lonely Crowd, New Haven 1961.

Rutgers, L. J. E., F. J. Grommers und B. Colenbrander: Ethical aspects of invasive reproduction techniques in farm animals. In: Reprod. Dom. Anim. 31 (1996), 651-655.

Sandøe, P., R. Crisp und N. Holtug: Ethics. In: M. Appleby und B. Hughes (Hg.), Animal Welfare. Wallingford 1997, 3-17.

Sandøe, P. und H. B. Simonsen: Assessing animal welfare - where does science and philosophy begin? In: Animal Welfare 1 (1992), 257-267.

Singer, P.: Animal Liberation, 2nd Edition. Thorsons, Kent 1991.

Tait, J.. NIMBY and NIABY: Public Perceptions of Biotechnology. In: P. Wheale und R. McNally (Hg.), The Bio Revolution. London 1990, 224-236.

Walker, S. K., K. M. Hartwich und R. F. Seamark: The production of unusually large offspring following embryo manipulation: concepts and challenges. In: Theriogenology 45 (1996), 111-120.

Willeberg, P.: Bovine somatotropin and clinical mastitis: epidemiological assessment of the welfare risk. In: Lifestock Production Science 36 (1993), 275-279.

Vorstenbosch, J.: The concept of integrity. Its significance for the ethical discussion on biotechnology and animals. In: Lifestock Production Science 36 (1993), 109-112.

Alan Holland

Am Anfang war das Wort
Eine Kritik von Informationsmetaphern in der Genetik

Einleitung

Meine hier vorzustellenden Überlegungen gelten nicht so sehr den ethischen *Implikationen* der Biotechnologie als der ethischen *Last*, mit der bestimmte Auffassungen der dieser Technologie zu Grunde liegenden Theorien und Begriffe beladen sind und die sich in ihren Anwendungen äußert. Diese Last wird primär durch den Begriff getragen, der im Zentrum der Biotechnologie steht - der Genbegriff - und wird durch die scheinbar harmlose Betrachtung des Gens als »Information«, »Anweisung« oder »Code« vermittelt. Dies, jedenfalls, ist meine Behauptung. Der Leser oder die Leserin wird gewiss mit der Stelle aus dem Johannes-Evangelium vertraut sein, die ich im Titel dieses Aufsatzes verwendet habe; wird aber, so hoffe ich, auch das Fragezeichen bemerkt haben! Denn dieses biblische Motiv liegt auf eine merkwürdige Weise auch der modernen Idee zu Grunde, die ich einer kritischen Überprüfung unterziehen möchte - der Idee, dass Information die Grundlage des Lebens ist.

Die Zuschreibung von Egoismus an Gene hat, wie wir uns erinnern, teilweise heftige Empörung ausgelöst, weil sie bestimmte Implikationen für die ethischen Impulse menschlicher Wesen zu haben scheint. Tatsächlich kann man aber argumentieren, dass diese Zuschreibung die Motivation menschlichen Handelns nicht in Frage stellt, weil Gene nicht in irgendeinem substanziellen Sinn egoistisch sind. Gene sind nicht egoistischer als ein Geräusch, das sich in einem Echo repliziert, denn ein Echo ist die Art und Weise, mit der Geräusche andere Geräusche erzeugen. Man könnte gerade so gut sagen, ein Geräusch sei egoistisch, weil es sich repliziert, wie man sagen kann, ein Gen sei aus diesem Grund egoistisch. Im Gegensatz dazu hat die Beschreibung von Genen als »Anweisungen« keine Empörung hervorgerufen; sie gilt als selbstverständlich. Wie ich im Folgenden aber zeigen möchte, sind die ethischen Implikationen dieser Weise, Gene zu beschreiben, beträchtlich.

Meine Kritik der Informationsmetaphorik vollzieht sich in drei Schritten: Ich beginne (a) mit einer ethischen Kritik, in der die Implikationen solcher Metaphern für den speziellen Fall genetisch bedingter Behinderungen aufgezeigt werden. Es folgt dann (b) eine Aufstellung einiger theoretischer Einwände gegen die Informationsmetapher aus der Sicht der Entwicklungsbiologie. Schließlich zeige ich, dass (c) das Informationsmodell in einem zeitgemäßen Verständnis der Evolutionstheorie keinen Platz hat.

Der Durchführung dieser Schritte gehen einige historische Anmerkungen sowie die Erörterung von zwei prinzipiellen Einwänden gegen meine Kritik voraus.

I. Historische Anmerkungen und zwei Einwände

Als Crick und Watson im Jahre 1953 die Struktur des DNS-Moleküls entdeckten, sorgten sie mit ihrer Verwendung der Informationsmetapher dafür, dass diese sich bis in die heutige Molekularbiologie gehalten hat. Allerdings geht das Informationsmodell des Vererbungsmechanismus auf Schrödingers Vorstellung eines »Code-Skripts« sowie ursprünglich auf die Arbeit August Weismanns zurück, der für das Erbgut den Ausdruck »Keimplasma« prägte. Nach Schrödinger enthalten die Chromosomen »in einer Art von Code-Skript das gesamte Muster der zukünftigen Entwicklung und des Funktionierens im entwickelten Zustand eines Individuums. Jeder vollständige Chromosomensatz enthält den gesamten Code« (Schrödinger 1944, Kap. 2). Die Verbindung zu J. D. Watson ist direkt: »Vom Moment an als ich Schrödingers ›Was ist Leben?‹ gelesen hatte«, schreibt Watson (1968: 239), »war ich entschlossen, das Geheimnis des Gens zu lüften«.

Schrödingers Vorstellungen wurden bis zu einem gewissen Grad auch von H. J. Muller antizipiert, der Gene als »die ultimativen Partikel des Lebens« betrachtete, die »ihr eigenes Muster aus der sie gemeinsam umgebenden Materie reproduzieren« und demnach »Modellierer [...] aktive Arrangeure von Materie nach ihrem eigenen Muster« sind. Mehr noch als Schrödinger sah Muller die mögliche praktische Bedeutung des Geheimnisses der Vererbung, da die Kontrolle über Mutationen »offensichtlich den Evolutionsprozess in unsere Hände legt«. Für das Thema des vorliegenden Aufsatzes ist es von besonderer Relevanz, dass laut Muller die Lösung gewisser Fragen über die Vererbung es uns erlauben würde, »die Eigenschaften von noch ungeborenen Nachkommen vorherzusagen und das Wesen zukünftiger Generationen zu modifizieren« (Muller 1913).

Was ich zeigen möchte ist, dass diese Betrachtungsweise von Genen, die man wohl zutreffend als das vorherrschende Paradigma bezeichnen kann, ethisch beladen ist und zu einer unangemessenen und unbegründeten Einstellung zu erblichen Behinderungen führt.

Es gibt zwei grundsätzliche Einwände, die man gegen diese Art von Kritik anbringen kann. Nach dem ersten dieser Einwände ist der relevante Informationsbegriff für die Molekularbiologie ein technischer Begriff, nämlich aus

C. E. Shannons mathematischer Theorie der Kommunikation, der nichts mit dem alltäglichen Begriff der Information zu tun hat. Insbesondere hat Shannons Begriff nichts mit Bedeutung oder Funktion zu tun. Diesem Einwand ist entgegenzuhalten, dass die molekularbiologischen Vorstellungen von Bedeutungen und Funktionen geradezu durchsetzt sind. Wie Evelyn Fox Keller festgestellt hat, würde eine Veränderung in einem einzelnen DNS-Basenpaar keinen Unterschied in Shannons Informationsmaß ausmachen, aber für einen Organismus »könnte eine solche Veränderung den alles entscheidenden Unterschied bedeuten - den zwischen Leben und Tod« (1995a: 94). Der zweite hier zu erwähnende Einwand besagt, dass die Informationsmetaphern eine bloße Redeweise sind und dass ihr metaphorischer Status allgemein bekannt ist. Nun, ich werde gleich belegen, dass dies nicht der Fall ist, weder für die Wissenschaftler selbst noch für eine breitere Öffentlichkeit. Dazu muss man noch sagen, dass es ziemlich schwierig werden könnte, zu unterscheiden, was eine »bloße Redeweise« ist und was nicht. Wenn wir Ausdrücke wie »Pionier«-Arten, Pflanzen-»Kolonie«, Embryonal-»Entwicklung«, »Re-produktion« oder »Zerfall« radioaktiver Teilchen betrachten, wird man sofort zustimmen, dass es unklar ist, welche Ausdrücke »bloße Redeweisen« sind und welche nicht. Dasselbe gilt für den Diskurs der Molekulargenetik, der durch die Verwendung von Vorstellungen wie »Anweisung«, »Information«, »Kopie«, »Bauplan« und dergleichen gekennzeichnet ist.

II. Ethische Implikationen des Informationsmodells: Der Fall erblicher Behinderungen

Es folgen nun die versprochenen Belege, dass das Informationsmodell wesentlich mehr als bloß eine Metapher ist. Wenn wir uns das fünfte Kapitel von Richard Dawkins' *The Blind Watchmaker* ansehen, finden wir den Autor in eine angeregte Betrachtung über die Samen einer Weide versunken, die über das Wasser eines Kanals verstreut sind: »Diese flaumigen Flecken«, sinniert er, »verbreiten wörtlich Anweisungen für ihre eigene Herstellung« (1988: 111). Wenn wir dieses »wörtlich« wörtlich (!) nehmen, kann es keinen Zweifel geben, dass uns das Informationsmodell fest im Griff hat. »Wer das Leben verstehen will«, empfiehlt uns Dawkins, »sollte nicht an zitternde, pulsierende Gallerte oder Schleim denken, sondern an Informationstechnologie« (112). Diese Sprache findet sich auch überall in zeitgenössischen Lehrbüchern. In J.W. Brookbanks' *The Biology of Aging*, zum Beispiel, lesen wir: »Eine menschliche Zelle enthält eine DNS-Bibliothek mit Anweisungen zur Herstellung eines menschlichen Wesens [...] Die genetische Information einer Art ist in der Struktur der DNS ihrer Zellen verschlüsselt.« (1990: 65-66) Vielleicht eines der eindrücklichsten Beispiele ist eine Stelle in einem Bericht der britischen Regierung über die Ethik der Gentherapie: »Gene sind die Essenz des Lebens; sie enthalten die verschlüsselten Botschaften, die in jeder lebenden Zelle abgespeichert sind und sie anweisen, was sie zu tun hat und wann sie sich teilen soll. Bisher konnte eine genetische Botschaft nur durch Zufall verändert werden. Heute hat es die menschliche Erfindungskraft möglich gemacht, diese Botschaften gezielt und mit zunehmender Präzision zu manipulieren.« (The Clothier-Report 1992: 1)

Diese Vorstellung des Gens, das im Inneren der Zelle sitzt und ihr sagt, wann sie was zu tun hat, stellt einen Rückfall in die Homunkulus-Theorie des menschlichen Geistes dar, nach der es eine kleine Person in unserem Inneren gibt, die unserem Körper sagt, wann er was zu tun hat. Dies allein wäre harmlos. Weniger harmlos ist dagegen der Begriff »Botschaft«. Denn er gibt uns den ersten Hinweis darauf, wie die Informationsmetaphern ihre Wirkung entfalten: In diesem Fall wollen sie uns überzeugen, dass Gentechnologie etwas ganz Normales ist. Denn sobald Gene als Träger von Information dargestellt werden, sieht es aus, wie wenn das einzig Neue an der Gentechnologie darin besteht, dass die Botschaften nicht zufällig, sondern absichtlich zustande gekommen sind. Dass dabei nichts Neuartiges geschieht, wird dadurch suggeriert, dass dort durch Zufall etwas ist - eine Botschaft -, die auch menschliche Handlungen dort angebracht haben könnten. Diese Tatsache hat Keller zur Bemerkung veranlasst, dass »mit der Lokalisierung des Lebens in den Genen und dessen Definition über den Informationsgehalt das Projekt einer Neugestaltung des Lebens als kontrollierbar und machbar aufgezogen wird« (1995b: 63).

Die Implikationen dieser Terminologie für erbliche Behinderungen können sehr schön anhand eines Artikels in der Zeitung *The Guardian* vom 14. Oktober 1994 gezeigt werden. Dort wird von der Entdeckung berichtet, dass ein Abschnitt des vierten Chromosoms, ein Gen namens FGFR3, Achondroplasie hervorruft, weil es »defekt« ist und »falsche Information« enthält. Sobald die Vorstellung von Genen als Anweisungen verankert ist, drängen sich Ideen von »falschen Anweisungen« und »fehlerhafter Information« auf, und damit Vorstellungen von Behinderung als »Fehler« oder »Defekt«. Eine solche Betrachtungsweise von erblich bedingten Behinderungen scheint eine starke Rechtfertigung für das Vorhaben zu liefern, Erbkrankheiten auszurotten - eine Möglichkeit, die oft als eine der zu erwartenden nützlichen Anwendungen des Human Genome Project präsentiert wird. Denn gewiss *müssen* Fehler korrigiert werden, und die angemessene Reaktion auf etwas Defektes ist, dieses wegzuwerfen, zurückzuschicken, oder Ersatz zu verlangen.

Richard Dawkins muss man zu Gute halten, dass er sich bei der Rede von »Fehlern« in solchen Kontexten auch nicht wohl zu fühlen scheint. Er rät uns,

»alle pejorativen Assoziationen des Wortes ›Fehler‹ aus dem Geist zu verbannen« und gesteht zu, dass »Fehler auch zu Verbesserungen führen können«. Aber er verpasst dabei die Gelegenheit, noch einen Schritt weiter zu gehen und einzusehen, dass es nicht nur die pejorativen Assoziationen der Wörter »Fehler« oder »Defekt« sind, die abzulehnen sind, sondern diese Begrifflichkeiten als solche. Die Behauptung, dass die Beseitigung einer Erbkrankheit nichts weiter als die »Korrektur« eines »Fehlers« ist, will uns etwas als Tatsache andrehen, was in Wahrheit nichts als Ideologie ist. Sie versteckt das Urteil, dass es Behinderte nicht geben sollte, weil die Behinderung letztlich auf einem »Fehler« beruht. Hinzu kommt, dass eine solche Beurteilung auch von einem rein wissenschaftlichen Standpunkt aus gesehen fragwürdig ist. Die Rede von »Defekten« setzt einen Plan voraus. Einen Organismus als »defektiv« zu bezeichnen bedeutet, anzunehmen, dass es eine Form dieses Organismus gibt, die dieser besitzen *sollte*, mit anderen Worten: dass der Organismus nicht so aufgebaut ist, wie er sollte, nämlich nach Plan. Die Rede von »inkorrekter« Information setzt eine Autorität voraus, die festlegt, was korrekt ist und was nicht; und zu sagen, dass Gene »Anweisungen« oder »Informationseinheiten« sind, läuft darauf hinaus, dass es Möglichkeiten gibt um festzustellen, wie ein Organismus zu sein hat und dass wir herausfinden können, wie er die (autorisierten) »Anweisungen« zu lesen hat. Aber für alle natürlich vorkommenden Organismen, und dazu gehören alle menschlichen Wesen, gibt es keinen Grund zur Annahme, dass es einen solchen Plan oder eine solche Autorität gibt. Kurz gesagt, hier wird durch begriffliche und metaphorische Manöver eine moralische Position eingenommen.

Aber könnte eine solche moralische Position nicht auf eine andere Weise gerechtfertigt werden? Im Bezug auf leichte Behinderungen wie Down-Syndrom oder Achondraplasie behaupte ich, dass das nicht der Fall ist. Neben dem Argument von genetischen »Fehlern« scheint es drei Typen von Erwägungen zu geben, die zur Auffassung führen, dass die Gesellschaft von der Gelegenheit profitieren sollte, das Auftreten auch von leichten Behinderungen zu minimieren: (1) das Argument von der elterlichen Verantwortung, (2) das Argument von den sozialen Konsequenzen und (3) das Argument vom unpersönlichen Schaden. Ich werde diese Argumente der Reihe nach erörtern.

(1) Das Argument von der elterlichen Verantwortung. Dieses Argument geht davon aus, dass die Entscheidung, ein Kind zur Welt zu bringen, dessen Leben von Schmerz und Beschränkungen gekennzeichnet sein wird, nicht die Tat liebender, verantwortungsbewusster Eltern sein kann. Solche Eltern wollen vielmehr, dass ihre Kinder ein Leben haben werden, das es wert ist, gelebt zu werden. Das »Prinzip der elterlichen Verantwortung« besagt demnach, dass es unfair ist, Kinder zur Welt zu bringen, die von Anfang an »schlechte Karten« haben (ein solche Auffassung vertreten Steinbock und McClamrock 1994).

Das Argument vermag nicht zu überzeugen. Was unfair ist, wenn ein Kind mit »ungünstigen Karten« zur Welt kommt, ist die Tatsache, *dass* ein solches Kind »ungünstige Karten« hat, nicht die Entscheidung der Eltern, dieses Kind zur Welt zu bringen. Außerdem ist ein »Prinzip der elterlichen Verantwortung« gemäß dem es besser ist, keine Kinder zu haben außer wenn diese gute Chancen haben, moralisch fragwürdig. Es impliziert beispielsweise, dass in Armut oder sogar in Sklaverei lebende Menschen keine Kinder haben dürften. Wenn solche Menschen sich entscheiden, keine Kinder zu haben, hätten sie bestimmt gute Gründe dafür und jeder würde sie verstehen, aber daraus folgt nicht, dass sie kinderlos bleiben *müssen*.

(Man könnte sich auf den Standpunkt stellen, dass diese Antwort auf das Argument vom Prinzip der elterlichen Verantwortung dem Umstand nicht genügend Rechnung trägt, dass die Benachteiligung einer behinderten Person eine direkte Folge der Behinderung ist und sich damit wesentlich von der Art von Benachteiligung unterscheidet, denen in Armut oder Sklaverei hineingeborene Menschen ausgesetzt sind. Zweifelsohne sind mit einer Behinderung geborene Menschen gefährdet, diskriminiert zu werden oder Schaden zu erleiden. Ich schlage vor, dass man hier unterscheiden muss, ob jemand *durch* oder *wegen* einer Behinderung benachteiligt ist. Manchmal mögen die Bedürfnisse einer behinderten Person schwieriger zu befriedigen sein. Solche Menschen mögen schlechter in der Lage sein, sich zu behaupten, oder ihre Besonderheiten mögen Belästigungen oder sogar grausames Verhalten hervorrufen. Trotzdem, die Entscheidung, behinderte Menschen zur Welt zu bringen, sollte nicht als verantwortungslos bezeichnet werden, bloß weil unsere Gesellschaft mit solchen Menschen nicht umgehen kann.)

(2) Das Argument von den sozialen Konsequenzen. Dieses Argument hat zwei Aspekte: (a) die Folgen für die Gesellschaft als Ganzes und (b) die Folgen für die Eltern und näheren Verwandten. In Bezug auf (a) könnte man behaupten, dass ein behindertes Leben die Gesellschaft stärker belastet als ein »normales« Leben; in Bezug auf (b), dass selbst ein leicht behinderter Mensch der Familie zusätzliche Belastungen auferlegt. Je nach dem Grad der Behinderung erfordert die angemessene Betreuung behinderter Menschen ein unübliches Ausmaß an physischen, finanziellen und psychischen Ressourcen. Legitime Ziele der Eltern müssen vielleicht aufgegeben werden; das Recht anderer Familienmitglieder auf Zuwendung könnte in Mitleidenschaft gezogen werden.

Auch dieses Argument überzeugt nicht. Der wichtigste Punkt, den es hier festzuhalten gilt, ist der, dass die Verknüpfung zwischen den unerwünschten Konsequenzen und der Behinderung eine rein Kontingente ist. Es gibt eine Reihe von genetisch bedingten Behinderungen wie z. B. Phenylketonurie oder Achondraplasie, bei denen es unwahrscheinlich ist, dass sie der Gesellschaft oder der Familie zusätzliche Belastungen auferlegen. Unter manchen Bedingungen ist jedes Kind, behindert oder nicht, eine zu große Belastung; oder ein absolut normales Kind ist genau eines zu viel. Im Endeffekt gibt uns das Argument von den sozialen Konsequenzen, wie schon das Argument von der elterlichen Verantwortung, keine Grundlage für eine differenzielle Behandlung behinderten Lebens *als solchen* an die Hand.

(3) Das Argument vom unpersönlichen Schaden. Der Begriff des unpersönlichen Schadens wurde von Jonathan Glover (1989) in seinem Bericht über »Fruchtbarkeit und die Familie« eingeführt. Er wollte erklären, »warum es besser ist, wenn möglich ein Kind ohne Behinderung zur Welt zu bringen« (130). »Ich glaube nicht, dass es ebenso gut ist, mit einer Behinderung geboren zu werden«, fährt er fort, weil es gewiss eine monströse Tat wäre, absichtlich die Geburt eines behinderten Kindes zu verursachen.

Der Grund für diesen Rekurs auf unpersönlichen Schaden ist folgender: Nehmen wir einmal an, dass es tatsächlich weniger gut ist, behindert geboren zu werden, und dass dies ein Zustand ist, bei dem wir es vorziehen, dass er nicht eintritt. Aber nehmen wir zusätzlich an, dass es aufgrund der Erblichkeit dieses Zustands unmöglich ist, ohne Behinderung geboren zu werden, und dass es besser ist, mit einer Behinderung zu leben als überhaupt nicht zu leben. In diesem Fall sind wir nicht *persönlich* geschädigt worden, indem wir gezeugt und geboren wurden. Denn wenn wir es vorziehen, zu leben anstatt nicht zu leben, dann können wir auch nicht sagen, dass wir durch eine Handlung, die zu unserer Existenz geführt hat, einen Schaden erlitten haben. Glovers Antwort auf diesen Einwand ist die, statt von einem persönlichen von einem *un*persönlichen Schaden zu reden, d. h. von einem Schaden, zu dem es keine identifizierbare Person gibt, der der Schaden zugefügt wird. Zur Erläuterung dieses Begriffs verweist Glover auf den hypothetischen Fall einer unfruchtbaren Frau, die ein Kind austragen möchte, das mit Hilfe einer Eizelle einer anderen Frau gezeugt wird. Sie hat die Wahl zwischen einer Eispenderin, die raucht, und einer, die nicht raucht. Entscheidet sie sich für die Raucherin, so würden wir sagen, dass dadurch ein Schaden verursacht wird. Der Schaden wird aber nicht dem Kind der Raucherin zugefügt, denn dieses würde gar nicht existieren, wenn die Nichtraucherin gewählt worden wäre. Also muss der Schaden unpersönlich sein.

Auch diese Überlegung überzeugt nicht. Das Hauptproblem besteht darin, dass der geschilderte Fall von künstlicher Befruchtung auch auf eine andere Weise verstanden werden kann. Man kann sich auf den Standpunkt stellen, dass der Schaden doch an dem künstlich gezeugten Kind verübt wird, aber nicht (direkt) durch die Frau, die die Raucherin als Eispenderin ausgewählt hat, sondern durch die Eispenderin selbst. Die Tatsache, dass nicht die Person, die die Eispenderin auswählt, den Schaden direkt verursacht, bedeutet aber nicht, dass diese Entscheidung entschuldbar ist. Denn wir können sagen, dass es nicht rechtfertigbar ist, eine Situation herbeizuführen, bei der jemand zu Schaden kommt, wenn es geradeso gut möglich ist, eine andere Situation herbeizuführen, bei der *ceteris paribus* niemand geschädigt wird. Also können wir sagen, dass die Entscheidung verwerflich ist, und zwar weil jemand geschädigt wird, obwohl die verantwortliche Person den Schaden nicht auf eine direkte Weise zufügt. Bei unserer Frage, ob ein behindertes Kind zur Welt gebracht werden soll oder nicht, gibt es aber kein analoges Argument, mit dem gezeigt werden könnte, dass jemandem ein persönlicher Schaden zugefügt wird, und deswegen gibt es auch keinen Grund zur Annahme, dass überhaupt eine Schädigung vorliegt.

III. Das Informationsmodell und die Entwicklungsbiologie

Wie unglücklich man die ethischen Implikationen der Rede von Genen als Erbanweisungen auch einschätzen mag, es ist denkbar, dass diese Interpretation im Lichte theoretischer Erwägungen *notwendig* ist. Im verbleibenden Teil meines Aufsatzes werde ich zeigen, dass das nicht so ist, sondern, dass - im Gegenteil - das Informationsmodell schlecht in einen entwicklungsbiologischen Rahmen sowie das gegenwärtige Verständnis der Evolutionstheorie hineinpasst.

Betrachten wir einmal das Verhältnis des Informationsmodells zur Ontogenese, d. h. der Entwicklung eines biologischen Individuums. Als erstes ist festzuhalten, dass das Informationsmodell schlecht definiert zu sein scheint. Während »Code«, »Botschaft« und »Information« als zulässige Stellvertreter für einander dienen mögen, transportiert der Gebrauch des Ausdrucks »Anweisung« eine andere Bedeutung, und er scheint den Genen eine ganz andere, direktionale Rolle zuzuschreiben.

Zweitens scheint das Informationsmodell unvollständig zu sein. Die meisten Ansätze, so scheint es, haben Schrödingers eigene Betrachtungen über die Grenzen des Begriffs eines Code-Skripts aus den Augen verloren: »Der Begriff ›Code‹ ist selbstverständlich zu eng«, schrieb Schrödinger (1944: 22). »Die Chromosomenstrukturen tragen gleichzeitig dazu bei, die Entwicklung, welche sie ahnen lassen, hervorzubringen. Sie sind zugleich Gesetzbuch und ausübende Gewalt, Plan des Architekten und Handwerker des Baumeisters.« Es lohnt sich, die Affinität von Schrödingers Rede vom »Plan des Architekten« und »Handwerker des Baumeisters« mit zweien von Aristoteles' vier Typen von Ursachen zu sehen, nämlich der »formalen« und der »effektiven« Ursache. Auch nach der »materialen« Ursache müssen wir nicht lange suchen. Richard Lewontin insistiert, dass DNS »nicht über die Fähigkeit verfügt, sich selbst zu replizieren. Stattdessen wird sie aus elementaren Bausteinen durch eine komplexe, aus Proteinen bestehende zelluläre Maschinerie produziert« (1993: 33). Jetzt brauchen wir nur noch die »finale« Ursache zu finden und wir haben das volle Komplement der vier Ursachentypen beisammen. Das Informationsmodell sieht mehr und mehr wie ein seltsamer Rückfall in aristotelische Denkmuster aus.

Drittens erscheint das Informationsmodell unbescheiden in der Rolle, die es Genen in der Entwicklung von Individuen zuschreibt. Man erinnere sich an Lewontins eben zitierten Hinweis, dass Enzyme eben so wichtig sind. In ähnlicher Weise hat Keller das erstarkte Interesse am Zytoplasma bemerkt. Die bescheidene Tatsache scheint zu sein, dass eine Veränderung in einem Gen sich manchmal als Veränderung in phänotypischen Merkmalen bemerkbar macht. Jedoch, wie Ruth Hubbard feststellt, »die Tatsache, dass eine Veränderung in einem Gen sich als Merkmalsveränderung bemerkbar macht, impliziert in keiner Weise, dass das Gen dieses Merkmal kontrolliert oder programmiert; dies besagt lediglich, dass es einen von vielen Faktoren darstellt, die zur Herausbildung des Merkmals notwendig sind« (1995: 45). Um diese Tatsache zum Ausdruck zu bringen, ist der Rekurs auf Informationsmetaphern nicht einfach irrelevant, sondern irreführend.

Ein vierter und mit dem letzten verknüpfter Punkt ist, dass Informationstheoretiker nicht alle Implikationen ihres Modells bedenken und dadurch den Wert des »Knackens des Codes« übertreiben. Nichts hat eine Bedeutung, wenn es isoliert betrachtet wird. Die Buchstaben C, A, T haben eine völlig andere Signifikanz, wenn sie allein oder aber in den Wörtern »catapult« oder »altercation« auftreten. Ein Zeichen kann nur als Information dienen, wenn es von einer ganzen Batterie von umgebenden und unterstützenden Strukturen begleitet wird. Das Wissen von einer bestimmten Basensequenz kann deshalb einen Baustein des Puzzles an die Hand geben, aber es ist unwahrscheinlich, dass es uns das Geheimnis des Lebens liefert.

Was das Projekt der Zurückführung erblicher Behinderungen auf defekte Gene betrifft: Selbst wenn wir den Begriff eines abnormalen Merkmals und die Rolle von Genen bei der Entstehung solcher Merkmale akzeptieren, ist die Annahme gefährlich, dass abnormale Merkmale auf abnormale Gene zurückgeführt werden können, oder dass abnormale Gene notwendigerweise zu abnormalen Merkmalen führen. Wie Elizabeth Lloyd bemerkt hat: »›Abnormale‹ Gene führen in manchen Fällen zu ›abnormalen‹ oder ›kranken‹ Organismen – in anderen Fällen nicht« (1998: 563). Aus diesem Grund wird es die Verschiebung der Diagnose auf die molekulare Ebene nicht erlauben, die normativen Urteile zu überbrücken oder zu umgehen, die auf der Ebene des Organismus gelten.

Schließlich geht das Informationsmodell davon aus, dass phänotypische Merkmale durch den Verweis auf die in den Genen enthaltenen Anweisungen erklärt werden, und dass wir deshalb »je mehr Gene wir charakterisieren, desto mehr darüber wissen, wie Organismen funktionieren« (Hubbard 1995: 49). Dem ist entgegen zu halten, dass eines der offensichtlichsten und bemerkenswertesten Merkmale der organischen Entwicklung das Phänomen der Differenzierung ist, d. h. die Art und Weise, in der Zellen, die ursprünglich totipotent sind, mehr und mehr verschiedene Rollen und Funktionen einnehmen. Es scheint klar, dass dieser Prozess *nicht* allein im Rekurs auf Gene erklärt werden kann, weil alle Zellen *dieselben* Gene enthalten.

IV. Das Informationsmodell und die Evolutionsbiologie

Betrachten wir nun schließlich die Relation des Informationsmodells zur Phylogenie und zur Evolutionstheorie im Allgemeinen. In diesem Abschnitt werden folgende Behauptungen begründet: (i) Die Rede von »Anweisung« und »Information« ist auf das Engste mit der Rede von »Kopieren« und »Replikation« verknüpft. (ii) Beide Redeweisen sind inhärent teleologisch. (iii) Solche teleologischen Vorstellungen sind gänzlich überflüssige Anhängsel der Darwinschen Theorie.

Zu (i): John Cornwell hat Dawkins' Position in seiner Rezension von Dawkins' Buch *Climbing Mount Improbable* treffend zusammengefasst: »Organismen sind nichts als Vehikel für Gene, die miteinander im Wettstreit stehen, mehr Kopien in den zukünftigen Generationen zu hinterlassen. Mit anderen Worten, es ist die in den Genen enthaltene Information, die die weitreichendsten Konsequenzen für die Geschichte des Lebens auf diesem Planeten hat.« (1996: 46) Was wir darunter verstehen müssen ist, dass Gene nur mit Hilfe von Organismen überleben können. Gene sorgen für ihre Weitergabe, indem sie die Anweisungen zur Herstellung eines Organismus geben, in dem ihre Replikate - Kopien ihrer selbst - überleben. Die Begriffe der Anweisung und Kopie sind also aufs Engste verknüpft.

Zu (ii): Das Problem mit dieser Auffassung ist, dass sie auf Begriffen beruht, die durch und durch teleologisch sind. Betrachten wir als Erstes den Begriff der Information. Die Annahme, dass Gene Informationseinheiten sind, bedeutet, dass sie »für« etwas sind: Die Rede von »Information« wird auf der Rede von Funktion prädiziert. Das Genom einer Eichel, z. B., kann nur soweit als Träger von Information für die Eiche, die aus ihr hervorgehen wird, betrachtet werden, wie seine Funktion in der Herstellung einer Eiche liegt. Andere Dinge tragen auch zur Herstellung der Eiche bei, z. B. Licht oder Feuchtigkeit, aber bei diesen handelt es sich hierbei nicht um ihre Funktion. Das Eichelgenom unterscheidet sich von solchen Faktoren, weil es »tut, wofür es existiert«, mit anderen Worten, weil es tut, was seine Vorfahren taten, um die Replikation und den Fortbestand dieses individuellen Genoms zu sichern. Genau das Gleiche lässt sich über die Kopierrelation sagen sowie über den Replikationsprozess, der eine Form des Kopierens ist. Beim Kopieren gibt es häufig eine Ähnlichkeit zwischen dem Kopierten und der Kopie, aber dies ist nicht notwendig (man betrachte die Versuche eines Kindes, etwas zu kopieren). Noch ist Ähnlichkeit hinreichend für das Kopieren. Selbst exakte Ähnlichkeit zwischen den Exemplaren eines gegebenen Gens, in Verbindung mit der Tatsache, dass eines kausal zur Hervorbringung des anderen beigetragen hat, macht das eine Gen zu Kopien des anderen. Eine zusätzliche, teleologische Bedingung muss erfüllt sein, damit dies der Fall ist: die Produktion der Ähnlichkeit muss nämlich Teil des Zwecks dieses kausalen Prozesses sein, damit von »Kopien« gesprochen werden kann.

Tatsächlich haben wir eine bekannte Vorstellung zur Verfügung, um das Verhältnis zwischen zwei identischen Exemplaren eine Gens zu beschreiben, von denen das eine Exemplar das andere hervorgebracht hat: die Ahnen-Nachkommen-Relation. Diese Relation ist streng kausal und hat keine teleologischen Implikationen. Wenn Dawkins alle teleologischen Konnotationen loswerden will, was ich für seine Absicht halte, dann sollte er seinen Begriff des Replikators verwerfen. Was das Proto-Leben entdeckte, war nicht die Kunst der Selbstreplikation, sondern die Kunst, ein Ahne zu sein.

Zu (iii): Der Grund, weshalb die Gene der Nachkommen den Genen der Ahnen gleichen, wie auch der Grund, warum sich Organismen um artspezifische Normen herum gruppieren, liegt in den bekannten Mechanismen der natürlichen Selektion. Die Tatsache, dass Iteration die Norm darstellt, sollte als das erkannt werden, was es ist: ein *de facto* kontingenter Umstand, der das Ergebnis von Selektionsprozessen ist, und nicht ein intentionaler Aspekt dieser Prozesse, der konstituiert, »wozu« diese Prozesse dienen. Meine Kritik an Dawkins and anderen darwinistischen »Evangelisten« ist also nicht die übliche, dass sie *zu* darwinistisch seien, sondern die unübliche Kritik, dass sie *nicht darwinistisch genug* sind. (Letzteres gilt natürlich auch für Darwin selbst, der wiederholt seine teleologischen und perfektionistischen Tendenzen durchblicken ließ.) Bei aller Modernität des heutigen Genbegriffs, die vorherrschenden metaphysischen Erzählungen, die die Gentechnologie begleiten, sind nicht nur prä-darwinistisch, sondern positiv aristotelisch, sowohl in ihren teleologischen als auch in ihren essentialistischen Implikationen. Die intentionale Vorstellung des Kopierens passt sehr gut in ein aristotelisches Weltbild, in dem »es eine natürliche Funktion von Lebewesen ist [...] andere Dinge wie sie selbst hervorzubringen« (De Anima 415a25-27), deren Zweck wiederum darin besteht, »etwas wie sich selbst zu generieren« (416b23). Wenn meine Analyse korrekt ist, wurden die teleologischen und essentialistischen Konnotationen des älteren Artbegriffs einfach dem Gen aufgepfropft.

V. Schluss

Meine Erörterungen mögen einen pingeligen und ängstlichen Eindruck machen. Wer möchte schon menschlicher Innovation und Forscherdrang im Wege stehen? Aber so sehr man sich auch wünschen mag, die Ziele hinter der neuen Technologie und ihren Anwendungen lägen in einer Welt, die schön und neu ist, meine Überlegungen zielen in die entgegengesetzte Richtung: Die neuen Technologien bewegen uns auf eine Welt zu, die ängstlich und alt ist.[1] Ich finde etwas radikal Konservatives an der neuen Technologie; und selbst wenn das nicht die Absicht dahinter ist, so wird sie wahrscheinlich diese Wirkung haben.

Die Parallelen zu den landwirtschaftlichen Anwendungen der Gentechnologie sind auch nicht sehr ermutigend. Es wird oft behauptet, dass die neuen Technologien zur Bekämpfung des Hungers auf dieser Welt dienen könnten. Unser Ziel muss aber vielmehr sein, die Bedingungen zu schaffen, unter denen sich Hunger leidende Menschen selbst ernähren können. Was immer die Ziele sein mögen, die herrschenden sozialen, institutionellen und politischen Bedingungen werden Abhängigkeiten erhöhen und die soziale Kontrolle zentralisieren. Dadurch wird für zukünftige Generationen das Problem geschaffen, die neuen Technologien aufrechterhalten zu müssen, was mit dem Risiko verbunden ist, dass die sozialen Strukturen diesen Anforderungen nicht gewachsen sind, wie das Beispiel der Nukleartechnologie gezeigt hat.

Auch auf der theoretischen Ebene glaube ich rückwärtsgerichtete Tendenzen mit einer teleologisch-aristotelischen Färbung festgestellt zu haben. Manche mögen sich dadurch beruhigt fühlen, aber von meiner Warte aus gesehen sind diese Tendenzen bedauerlich. Aufgrund der Behauptung, dass menschliches Dasein keinen Zweck hat, wird uns manchmal nahegelegt, dass auch individuelles Leben keinen Sinn hat. Es ist jedoch angemessener, zu behaupten, dass das Leben keinen Sinn hätte, wenn die Existenz bereits einen festgelegten Zweck hätte, und dass Darwins Theorie uns genau in die Freiheit entlässt, in der ein sinnvolles Leben erst möglich wird. Es liegt eine gewisse Ironie darin, dass ausgerechnet die modernen Jünger Darwins uns dieser neu gewonnenen Freiheit berauben wollen. Die paradoxe Folge davon ist, dass sogar jemand, der die religiöse Perspektive nicht teilt, mehr Weisheit und Wahrheit in den vorsichtigeren Überlegungen derjenigen finden kann, die einen göttlichen Zweck im Leben sehen, als in den selbstbewussten Proklamationen derer, die ihre eigenen Zwecke in die Dinge hineinlegen, wo sie eigentlich gar keine er-

---

[1] *Anm. d. Übers.:* Der englische Originaltext spielt hier auf Aldous Huxleys Roman *Brave New World* an, dessen Titel auf Deutsch meist mit »Schöne neue Welt« übersetzt wird. Dadurch verliert sich leider das vom Autor intendierte Wortspiel, das sich aus dem Gegensatz von »brave« (tapfer) und »new« (neu) sowie »timid« (ängstlich) und »old« (alt) ergibt.

warten. Wie der Fall des Sozialdarwinismus zeigt, kommt die Gefahr nicht von Darwins »gefährlicher Idee« selbst, sondern von denen, die sie interpretieren.

Aus dem Englischen übersetzt von Marcel Weber

Literaturverzeichnis

Bernal, D. J.: Definitions of Life. In: New Scientist, 3 January 1967, 12–14.

Brookbank, J. W.: The Biology of Aging, New York 1990.

Clothier, Sir C.: Report of the Committee on the Ethics of Gene Therapy (»The Clothier Report«), London 1992.

Cornwell, J.: Chance is a fine thing (Rezension von Richard Dawkins' *Climbing Mount Improbable*). In: New Scientist 150, 2027 (1996), 46–7.

Dawkins, R.: The Blind Watchmaker, Harmondsworth 1988.

Dawkins, R.: The Selfish Gene (Neuausgabe), Oxford 1989.

Glover, J.: Fertility and the Family, London 1989.

Hubbard, R.: Genes as Causes. In: V. Shiva und I. Moser (Hg.), Biopolitics, London 1995, 38–51.

Keller, E. F.: Refiguring Life, New York 1995 [1995a].

Keller, E. F.: Fractured images of science, language and power: a post-modern optic, or just bad eyesight? In: V. Shiva und I. Moser (Hg.), Biopolitics, London 1995, 52–68 [1995b].

Lewontin, R.: The Dream of the Human Genome. In: New York Review of Books, 28 May 1992, 31–40.

Lloyd, E. A.: Normality and Variation: the Human Genome Project and the Ideal Human Type. In: D. Hull und M. Ruse (Hg.), The Philosophy of Biology, Oxford 1998, 552–566.

Muller, H. J.: Principles of Heredity. In: ders., Studies in Genetics, Bloomington 1962 [1913].

Schroedinger, E.: What is Life?, Cambridge 1992 [1944].

Steinbock, B. und R. McClamrock: When is Birth Unfair to the Child? In: Hastings Center Report 24, 6 (1994), 15–21.

Sterelny, K., K. C. Smith und M. Dickison: The Extended Replicator. In: Biology and Philosophy 11 (1996), 377–403.

Watson, J. D.: The Double Helix, London 1968.

Marcel Weber

Kommentar zu Alan Holland

Ein Mann verklagt seinen Nachbarn, weil dessen Hund den Mann angeblich gebissen haben soll. Es kommt zur Gerichtsverhandlung, und der Anwalt des Nachbarn führt seine Verteidigung in zwei Schritten durch. In einem ersten Schritt zeigt er, dass sein Mandant für das Missgeschick nicht verantwortlich ist, weil er sein Grundstück mit einem hundesicheren Zaun umgeben und überall Schilder mit der Aufschrift »Warnung vor dem Hund« angebracht hat. An dem Unfall, so der Anwalt, sei der Kläger selbst schuld. Im zweiten Schritt der Verteidigung zeigt der Anwalt, dass sein Mandant überhaupt keinen Hund besitzt. Ich werde meine Kritik an Alan Hollands Argumentation auf eine ähnliche Weise durchführen wie der Anwalt in diesem Witz, allerdings werde ich umgekehrt vorgehen: Ich zeige als erstes, dass der Hund, den Alan Holland in der modernen Genetik ausgemacht zu haben glaubt, nicht existiert. Im zweiten Schritt zeige ich dann, dass er nicht beißt.

Holland stellt fest, dass Biologen häufig Metaphern benützen. Ein Beispiel, das er zitiert, ist Richard Dawkins' Ausdruck des »egoistischen Gens«. Ein anderes, das er ausführlicher untersucht, ist der Gebrauch von Metaphern, die dem Bereich der Kommunikation entnommen sind. Die DNS eines Organismus, so hört man häufig, enthält dessen »genetische Information«. Gene »codieren« für Proteine, oder werden als »Erbanweisungen« für die Herstellung von RNS- und Proteinmolekülen bezeichnet. Diese Ausdrücke sind Metaphern, denn in ihrem ursprünglichen Gebrauch setzt die Anwendung solcher Ausdrücke die Existenz bewusster Wesen voraus. Eine Botschaft erhält ihre Bedeutung dadurch, indem ein System, das über Bewusstseinszustände verfügt, sie interpretiert. In der philosophischen Fachterminologie ausgedrückt: Die Rede von »Information«, »Anweisung«, »Botschaft« usw. kann nur auf *intentionale* Systeme sinnvoll angewendet werden, zu denen in erster Linie das menschliche Bewusstsein zählt. Die Systeme mit denen es die Molekularbiologie zu tun hat, d. h. die zelluläre Maschinerie, die dem Metabolismus und der Vermehrung von Zellen zugrunde liegt, sind dagegen keine intentionalen Systeme. Man kann von einer Zelle eigentlich nicht sagen, dass sie ihre DNS »liest«, denn dies setzt voraus, dass sie über ein Bewusstsein verfügt, mit dem sie das Gelesene *verstehen* kann. Demnach kann man auch nicht sagen, dass die Abfolge der Basenbausteine in der DNS eine »Bedeutung« im engeren semantischen Sinn hat. Aber ohne den zentralen semantischen Begriff der Bedeutung bricht das ganze System von Ausdrücken zusammen, die mit Sprache und Kommunikation zu tun haben.

Man kann nun den Gebrauch von Metaphern in der Genetik wie folgt verteidigen: Biologen verwenden Kommunikationsmetaphern lediglich als Redeweisen. Wenn sie von »genetischer Information« sprechen, beinhaltet dies keine Zuschreibung von Bedeutung (im engeren semantischen Sinn) an die Erbsubstanz. Alles was sie mit dieser Redeweise zum Ausdruck bringen wollen ist die Tatsache, dass es kausale Prozesse gibt, die von DNS zu den äußerlichen und innerlichen Merkmalen eines Organismus führen. Die Zelle »liest« DNS nicht, sie enthält lediglich kausale Prozesse, die zur Synthese von Proteinmolekülen führen, wobei die Struktur dieser Proteine durch die Abfolge der Basenbausteine in der DNS determiniert wird. Man könnte dies auch so ausdrücken: Kommunikationsmetaphern sind nicht *konstitutiv* für die genetische Theorie, sondern lediglich praktische Redeweisen, um wissenschaftlichen Laien und Studenten Prozesse verständlich zu machen, die auch ohne den Gebrauch von Metaphern beschrieben werden könnten. Mit anderen Worten, wer sich des metaphorischen Status dieser Ausdrücke bewusst ist, wird nicht tatsächlich denken, dass eine Zelle in der Lage ist, die genetische Information zu verstehen so wie ein Mensch einen gesprochenen oder geschriebenen Satz bewusst verstehen kann.

Holland kennt natürlich diese Verteidigung des Gebrauchs von Metaphern in der Genetik. Trotzdem behauptet er, dass das Informationsmodell »mehr als nur eine Metapher« ist. Es ist mir nicht ganz klar, was er mit »mehr als eine Metapher« meint. Ich werde im Folgenden davon ausgehen, dass er der Auffassung ist, dass das, was er das Informationsmodell nennt, irgendwie eben doch ein eingebauter Bestandteil des biologischen Denkens ist, mit anderen Worten, dass es für die genetische Theoriebildung konstitutiv ist.

Holland zitiert verschiedene Quellen, die belegen sollen, dass Informationsmetaphern in der Genetik mehr sind also bloße Redeweisen. Eine solche Quelle ist Richard Dawkins' *The Blind Watchmaker* (dt. »Der blinde Uhrmacher«) - ein populärwissenschaftliches Buch. Eine andere Quelle ist ein Lehrbuch über die Biologie des Alterns. Weiter verweist er auf einen Bericht über die Ethik der Gentherapie, der im Auftrag der britischen Regierung verfasst wurde, nämlich den Einleitungsabschnitt des Clothier Reports. An einer anderen Stelle zitiert er aus der nationalen britischen Tageszeitung *The Guardian.* Alle diese Quellen verfolgen unter anderem das Ziel, Wissenschaft für Laien oder für Studenten verständlich darzustellen. Aus diesem Grund können die von Holland herbeigezogenen Quellen wohl kaum belegen, dass Informationsmetaphern im naturwissenschaftlichen Denken *selbst* eine wichtige Rolle spielen. Es könnte sich bei den Metaphern, die er findet, um rein didaktische Instrumente handeln, die komplexe Sachverhalte auch für wissenschaftliche

Laien anschaulich machen sollen, die aber in der genetischen Theoriebildung selbst keine Rolle spielen.

Holland kann sich gegen diesen Einwand natürlich wie folgt verteidigen: Er kann darauf hinweisen, dass sich Informationsmetaphern auch in wissenschaftlichen Fachpublikationen finden, z. B. in *Nature*, *Science*, *The EMBO Journal* oder *Cell*, in denen sich Molekularbiologen an ihre Fachkollegen richten. Mein Gegeneinwand darauf lautet, dass sich Metaphern zwar tatsächlich auch in solchen Texten finden lassen, aber dass dies auch nicht genügt, um eine konstitutive Rolle von Informationsmetaphern in der genetischen Theorie zu demonstrieren. Denn es könnte sein, dass Wissenschaftler, wenn sie Ausdrücke wie »Information« oder »codieren« benützen, diese Ausdrücke *mit einer anderen Bedeutung* gebrauchen als wir es von der Alltagssprache her kennen. Es geschieht sehr häufig, dass Wissenschaftler Wörter verwenden, die sie der Alltagssprache entnommen haben, die aber im wissenschaftlichen Kontext eine andere Bedeutung annehmen (siehe Weber 1995). Ein klassisches Beispiel dafür ist etwa Darwins Begriff der natürlichen Zuchtwahl. Darwin meinte damit gerade *nicht*, dass jemand bewusst die bestangepassten Individuen einer Art auswählt, obwohl der Ausdruck »Zuchtwahl« oder »Selektion« ursprünglich diese Bedeutung hatte. Es handelt sich hier um eine Bedeutungsverschiebung, die für die Darwinsche Theorie absolut zentral ist. Wer meint, dass »natürliche Zuchtwahl« die Existenz eines Züchters impliziere, hat Darwins Theorie überhaupt nicht verstanden (dieses Missverständnis kam in der Rezeption von Darwins Theorie im 19. Jahrhundert tatsächlich vor!). Analog könnte es sein, dass Genetiker mit »Information«, »Anweisung« oder »codieren« etwas anderes meinen als wir es aus der Alltagssprache kennen. Nur eine detaillierte Bedeutungsanalyse der Wissenschaftssprache könnte zeigen, dass keine solche Bedeutungsverschiebung vorliegt. Eine solche Bedeutungsanalyse bleibt uns Holland aber schuldig.

Es ist außerdem nicht klar, ob Molekularbiologen nicht einfach auf die Metaphern verzichten könnten, ohne den Inhalt ihrer Theorien zu verändern.[1] Um dies zu untersuchen, könnte man versuchen, typische Aussagen von Molekularbiologen, wie sie sich in der wissenschaftlichen Fachliteratur finden, in eine Sprache zu übersetzen, die vollständig auf die Informationsmetaphern verzichtet und ausschließlich *kausale* Begriffe enthält. Anstatt zu sagen, dass Gene für Proteine »codieren«, könnte man z. B. einfach sagen, dass sie die Aminosäurenabfolge von Proteinen *determinieren*, wobei »determinieren« in einem streng kausalen Sinn gemeint ist. Mein Gefühl ist, dass sich alle molekularbiologischen Aussagen auf diese Weise übersetzen lassen, ohne dass da-

1 Tatsächlich ist die Informationsmetaphorik zur Zeit Gegenstand ausführlicher Debatten in der Philosophie der Biologie, siehe z. B. Sarkar (1996).

bei der Inhalt der Theorie verändert wird. Dies müsste jedoch genauer untersucht werden, was den Rahmen dieses kurzen Kommentars sprengen würde. Ich will nicht ausschließen, dass eine genauere Untersuchung zeigen würde, dass die mit Information verknüpften Vorstellungen in der Molekularbiologie historisch eine gewisse Rolle gespielt haben oder sogar immer noch spielen. Mein Kritikpunkt an Alan Hollands These ist lediglich der, dass er nicht gezeigt hat, dass die metaphorischen Ausdrücke in der Molekularbiologie tatsächlich in dem starken intentionalen Sinn gemeint sind, die die von ihm monierte »ethische Last« tragen könnte.

Ein weiterer Kritikpunkt von Alan Holland betrifft gewisse metaphysische Annahmen, die in molekularbiologischen Begriffen versteckt zu sein scheinen. Er ist der Auffassung, dass z. B. die Vorstellung, dass Gene »Erbanweisungen« seien, Ausdruck einer aristotelischen Metaphysik ist, gemäß derer es in der Natur Zwecke oder Finalursachen gibt.[2] Diese Behauptung Hollands wird gegenstandslos, wenn alle molekularbiologischen Aussagen tatsächlich in eine streng kausale Sprache übersetzt werden können, wie ich oben vorgeschlagen habe. Tatsächlich besteht ja einer der großen Erfolge der modernen Molekularbiologie gerade darin, dass sie für viele biologische Phänomene, zu deren Erklärung früher teleologische Begriffe wie Drieschs »Entelechie« (siehe Weber 1999) oder Bergsons »élan vital« herbeigezogen wurden, *mechanistische* Erklärungen liefert, die ausschließlich von physikalisch-chemischen Entitäten und Wechselwirkungen Gebrauch machen. Der einzige nicht-physikalisch-chemische Begriff, den die Molekularbiologie verwendet, ist der der *biologischen Funktion*. Dieser lässt sich nach Ansicht der meisten Philosophen der Biologie auf Wirkursachen reduzieren, wobei es allerdings verschiedene Auffassungen darüber gibt, wie dies zu bewerkstelligen ist (Sober 1993). Auch hier gilt: Es reicht nicht, zu zeigen, dass Biologen Wörter verwenden, die ursprünglich einmal eine Bedeutung hatten, die nur unter den Voraussetzungen einer aristotelischen Metaphysik einen Sinn haben. Wenn Hollands Kritik greifen soll, müsste er zeigen, dass Biologen tatsächlich (vielleicht ohne sich dessen bewusst zu sein) aristotelisch-metaphysische Überzeugungen haben und dass diese Überzeugen in ihre Theorien eingewoben sind.[3]

---

2 Es muss hier darauf hingewiesen werden, dass Richard Dawkins, den Holland hier hauptsächlich im Visier hat, die Zuschreibung von Funktion an DNS zurückweist (*The Selfish Gene*, Kap. 2). Nach Dawkins hat DNS keine Funktion. Stattdessen ist sie der Replikator, in Bezug auf den andere Zellbestandteile erst ihre Funktion erhalten.

3 Holland könnte an dieser Stelle darauf hinweisen, dass manche moderne Biologen sogar selbst Sympathien für Aristoteles bekundet haben (z. B. Delbrück 1971). Es ist aber alles andere als klar, dass es sich hier um mehr als oberflächliche Parallelen handelt. Man darf nicht vergessen, dass sich Aristoteles' Metaphysik fundamental von der modernen Naturwissenschaft unterscheidet (Hoyningen-Huene 1989).

Nachdem ich nun gezeigt habe, dass Alan Hollands Hund wahrscheinlich nicht existiert, werde ich nun noch zeigen, dass er nicht beißt!

Holland will zeigen, dass die Informationsmetaphern in der Biologie eine »normative Last« tragen. Er behauptet, dass sie unter anderem den Zweck haben, die Gebrauch von gentechnischen Methoden z. B. in der Gentherapie zu *legitimieren*. Ein Argument, das er für diese Behauptung vorbringt lautet, dass die Betrachtung von DNS als »Botschaft« den Unterschied zwischen natürlichen Mutationen und im Genetiklabor künstlich erzeugten Genveränderungen verwischt. Das Verwischen dieses Unterschieds sei von den Molekularbiologen intendiert, um Genmanipulationen als etwas Natürliches erscheinen zu lassen. Ein weiteres Argument geht von der gebräuchlichen Redeweise von »genetischen Defekten« im Zusammenhang mit Erbkrankheiten aus. Solche Krankheiten werden manchmal als von »fehlerhaften Erbanweisungen« oder »genetischen Fehlern« verursacht bezeichnet. Holland behauptet, dass solche Aussagen heimlich *normativ* sind, d. h. dass sie uns Vorschriften darüber machen wollen, was sein *soll*. Denn »Defekte« oder »Fehler« müssen repariert werden. Auf diese Weise wird nach Holland die Gentherapie gerechtfertigt.

Ich möchte einmal mehr darauf hinweisen, dass solche Bedeutungselemente der genetischen Theorie, bzw. hier: der molekularen Pathologie, nicht notwendigerweise anhaften. Wenn man von einer Person, die unter Sichelzellanämie leidet, sagt, sie trage einen »genetischen Defekt« im Hämoglobingen, muss das nicht mehr besagen, als dass das Hämoglobingen dieser Person eine Nukleotidsubstitution aufweist (Veränderung in einem Basenbaustein der DNS), die den Sichelzell-Phänotyp *verursacht*.

Aber ich möchte nun zu einer fundamentaleren Kritik an Hollands These einer »normativen Last« kommen. Das Hauptproblem mit der von ihm geäußerten Kritik, was die Ethik betrifft, besteht meines Erachtens darin, dass z. B. Gentherapie normalerweise überhaupt nicht so gerechtfertigt wird, wie es Hollands These von der normativen Last gewisser Metaphern nahe legt. Wenn uns jemand die Gentherapie mit dem Argument verkaufen wollte, diese sei notwendig, weil es genetische »Defekte« gibt, die man »reparieren« müsse, oder weil man die von der Natur gemachten »Fehler« beseitigen müsse, dann würde das wohl heute kaum jemanden überzeugen. Tatsächlich habe ich bisher noch niemanden die Gentherapie auf eine derart absurde Weise verteidigen gehört. Normerweise berufen sich Befürworter der Gentherapie auf den für die Betroffenen von einem solchen Eingriff zu erwartenden *Nutzen*, z. B. Heilung von einer lebensbedrohenden oder die Lebensqualität beeinträchtigenden Krankheit. Im Mittelpunkt der ethischen Bewertung der Gentherapie muss die menschliche Wohlfahrt stehen und nicht abstruse Vorstellungen darüber, was »natürlich« oder »normal« sei. Darüber sind sich (vernünftige) Befürworter der Gentherapie eigentlich einig. Doch sobald man sich darauf geeinigt hat, werden sprachkritische Erörterungen über die Angemessenheit von Ausdrücken wie »genetischer Defekt« für das normative Geschäft der Ethik irrelevant. Wie auch immer man die Ursachen von Erbkrankheiten beschreibt, ob mit oder ohne Metaphern, die ethisch relevante Frage kann dann nur noch lauten: Liegt die Durchführung von gentherapeutischen Eingriffen tatsächlich im Interesse der Betroffenen (und evtl. ihrer Nachkommen)? Hollands Punkt wäre nur dann von Bedeutung, wenn tatsächlich die Forderung vorliegen würde, Menschen *allein* wegen des Vorhandenseins eines »genetischen Defekts« gentherapeutisch zu behandeln, unabhängig davon, ob dieser »Defekt« eine Krankheit verursacht oder nicht. Aber diese Forderung habe ich so noch nie gehört. Bestimmt haben die meisten von uns eine oder mehrere Genveränderungen, die man als »Defekte« bezeichnen könnte, die aber unsere Gesundheit nicht oder kaum beeinträchtigen. Niemand käme auf die Idee, dass diese »Defekte« behoben werden müssen. Nur in Fällen, wo Genveränderungen gesundheitliche Beeinträchtigungen verursachen, wird Gentherapie als ernstzunehmende Option erwogen - sei es somatische Gentherapie, um den Betroffenen selbst zu helfen, oder Keimbahn-Gentherapie, um den Trägern krankmachender Gene zu gesunden Kindern zu verhelfen (siehe den Beitrag von Michael Reiss in diesem Band). Dass diese Optionen schwierige ethische Fragen aufwerfen, sei hier unbestritten; mein Punkt ist lediglich der, dass Hollands These der »normativen Last« metaphorischer Ausdrücke in der Genetik zur Beantwortung dieser ethischen Fragen schlicht nicht relevant ist, zumindest so lange niemand die unsinnige Forderung aufstellt, alle »genetischen Defekte« müssen behoben werden, *weil* sie »genetische Defekte« sind.

Holland hat selbst in seinem Beitrag drei Argumente kritisiert, die Gentherapie als ethisch geboten aufweisen wollen: Erstens, das Argument von der elterlichen Verantwortung; zweitens, das Argument von der sozialen Last behinderter Menschen; und drittens, das Argument vom unpersönlichen Schaden. Hollands Kritik an diesen drei Argumenten ist nichts hinzuzufügen; ich halte alle drei Argumente ebenfalls für inkorrekt. Ich möchte zu diesem Teil von Hollands Beitrag nur eine Anmerkung machen: Der ethische Diskurs, in dem diese Argumente situiert sind, scheint von der metaphysisch eingefärbten Sprache, die Genetiker manchmal verwenden und die Holland kritisiert, keinen substanziellen Gebrauch zu machen. Wenn Gentherapie sowie andere gentechnische Verfahren ethisch gerechtfertigt werden können, dann wird dies zumindest mit der *Art* von Argumenten bewerkstelligt werden müssen, die Holland analysiert hat - wenn auch nicht mit exakt diesen Argumenten, die in dieser Form unhaltbar sind. Der ethische Diskurs über die Gentechnologie muss ein Diskurs über menschliche Wohlfahrt sein oder, in anderen Kontexten, ein Diskurs über die Wohlfahrt von Tieren (siehe Peter Sandøes und Nils

Holtugs Beitrag in diesem Band). Diese schwierigen Fragen können nicht durch die Analyse der Sprache, die Genetiker verwenden, beantwortet werden.

Fazit: Verwenden Genetiker metaphysisch problematische Ausdrücke? Manchmal vielleicht - aber sie richten *damit* keinen Schaden an.

Literaturverzeichnis

Dawkins, R.: The Selfish Gene. New Edition, Oxford 1989.

Delbrück, M.: Aristotle-totle-totle. In: J. Monod and E. Borek (Hg.), Of Microbes and Life, New York 1971, 50-55.

Hoyningen-Huene, P.: Naturbegriff - Wissensideal - Experiment: Warum ist die neuzeitliche Naturwissenschaft technisch verwertbar? In: Zeitschrift für Wissenschaftsforschung 5 (1989), 43-55.

Sarkar, S.: Biological Information: A Sceptical Look at Some Central Dogmas of Molecular Biology. In: S. Sarkar (Hg.), The Philosophy and History of Molecular Biology: New Perspectives, Dordrecht 1996, 187-231.

Sober, E.: Philosophy of Biology, Oxford 1993.

Weber, M.: Hans Drieschs Argumente für den Vitalismus. In: Philosophia naturalis 36, 2 (1999), 265-295.

—: Wissenschaftskommunikation und Umweltprobleme. In: U. Fuhrer (Hg.), Ökologisches Handeln als sozialer Prozess, Basel 1995, 51-60.

Peter Weingart

Die Zügellosigkeit der Erkenntnisproduktion

Zur Rolle ethischer und politischer Kontrolle der Wissenschaft in Humangenetik und Reproduktionsbiologie[1]

I. Das Problem

Anlässlich einer Ausstellung 1991 im Grande Arche in Paris »La Vie en Kit – Éthique et Biologie« merkte der Autor eines Kommentars im Katalog an:

> Heute, erstaunliches Paradox, gibt die auf den Nazismus folgende Generation der Welt Instrumente der Eugenik, die über die wildesten Hitlerschen Träume hinaus gehen... Die Wissenschaftler von morgen werden eine Macht haben, die alle der Menschheit bekannte Macht übertrifft: die Macht, das Genom zu manipulieren. Wer kann mit Sicherheit sagen, dass sie nur für die Vermeidung von Erbkrankheiten eingesetzt wird.[2]

Die Europäische Kommission ist mit ihrem Programm der Kartierung des menschlichen Genoms (Human Genome Program, HGP) schon drei Jahre zuvor in Bedrängnis geraten, als ein Ausschuss des Europäischen Parlaments sie darauf hinwies, dass das Programm klare Hinweise auf eugenische Tendenzen und Ziele enthalte, die der Absicht, Menschen vor genetischen Krankheiten und deren Weitergabe zu schützen, inhärent seien. Die geforderten Änderungen sahen dann u.a. ein Verbot von Forschung über Eingriffe in die menschliche Keimbahn und mit menschlichen Embryos vor.[3]

Weniger als zehn Jahre später ist zum ersten Mal ein Schaf, Dolly, kloniert worden, und damit ist die Diskussion um die Klonierung des Menschen erneut entbrannt. Allenthalben sind politische und ethische Versprechen gegeben worden, wonach die Klonierung des Menschen die absolute Grenze darstellt, die von der Forschung nicht überschritten werden dürfe. In den Medien wurde diese prinzipielle Ablehnung durch (aus biologischer Sicht unsinnige) Darstellungen zig kleiner Hitlers (und Claudia Schiffers) gestützt, so ein

---

[1] Dieser Beitrag wurde in einer leicht veränderten Fassung veröffentlicht in »Ethik und Heuchelei«, hrsg. vom Forschungszentrum Jülich, Humanwissenschaftliches Zentrum der Ludwig Maximilians Universität München und Kunst- und Ausstellungshalle der Bundesrepublik Deutschland, Köln 1999. Wir danken für die Erlaubnis des Wiederabdrucks.

[2] M. Vaquin, zit. in Kevles (1998).

[3] Der sogen. Härlin Report, zit. in: Kevles (1992: 32).

Titelbild des *Spiegel*, mit der suggestiven Implikation, dass alle geklonten identisch handeln würden, wie der historische. Doch schon melden sich die ersten Stimmen, die eine solch kategorische Festlegung nicht für vernünftig halten und statt dessen für eine pragmatischere Haltung plädieren. Hier werden die Nutzanwendungen in der Medizin angeführt. Offensichtlich überwiegt jedoch noch die grundsätzliche Ablehnung. Eine vom amerikanischen Präsidenten Clinton eingesetzte Ethik-Kommission schlug ein Verbot des Klonierens vollständiger Menschen vor, ließ allerdings die Möglichkeit des Klonierens menschlicher Embryonen zu Forschungszwecken offen.

Was sind die für den Diskurs über das HGP und das Klonieren entscheidenden Elemente, und was folgt daraus für die ethisch begründete Kontrolle der Forschung? (1) Die Identifizierung des Human Genome Project und des Klonierens mit der Eugenik, d. h. die Behauptung einer historischen Kontinuität und die aus ihr sich ergebende Unterstellung der strukturellen Identität der Ziele und der mit ihnen implizierten ethischen Entscheidungsprobleme; (2) die (implizite) Unterstellung, dass die Gefahren des Human Genome Project und des Klonierens aus vergleichbaren politischen Bedingungen erwachsen; (3) die (oft implizite) Annahme, dass Forschungsmoratorien auf der Grundlage ethischer und/oder politischer Grenzziehungen eine realistische Option darstellen. Ich will zu zeigen versuchen, dass die erste Unterstellung korrekt, die zweite falsch und die dritte unrealistisch und an der Sache vorbeigehend ist. Im Hinblick auf letztere ist dann zu fragen, ob Ethik-Kommissionen das geeignete Instrument sind, um die Forschung in wertsensitiven Bereichen wie der Reproduktionsmedizin zu kontrollieren.

II. Kontinuität und Diskontinuität von Eugenik und Humangenetik

Es ist instruktiv, den Übergang von der Eugenik zur modernen Humangenetik unmittelbar nach Ende des 2. Weltkriegs zu betrachten, um Kontinuität und Diskontinuität voneinander unterscheiden zu können. Ich habe diesen Übergang an anderer Stelle ausführlicher dargestellt, wiederhole hier deshalb nur die entscheidenden Stationen (Weingart 1994).

Es ist in der Geschichtsschreibung der Wissenschaft im Nationalsozialismus üblich, die im Namen der Wissenschaft verübten Verbrechen entweder als Perversionen einzelner dafür verantwortlicher Wissenschaftler zu deuten, oder als Pseudowissenschaft, also als schlechte Wissenschaft, die sich nur aufgrund der politischen Unterdrückung des Regimes durchsetzen konnte.[4] Beide Argu-

---

4 Zur Charakterisierung der entsprechenden Literatur vgl. Biagioli (1992). Die von Biagioli diskutierte Literatur umfasst: Kater (1987, 1989), Müller-Hill (1988), Lifton (1986).

mente sind, so sehr man das bedauern mag, von richtigen Diagnosen im Detail abgesehen, im ganzen entweder unbegründet (wie wird die Perversion einzelner Wissenschaftler erklärt?) oder widerlegbar. Sie sind eine Strategie des Schutzes gegenwärtiger Wissenschaft durch die Postulierung von Diskontinuität, die motivational verständlich, aber in der Sache schädlich ist, weil sie wirksamere Strategien der sozialen Einbettung gegenwärtiger Forschung mangels eines besseren Verständnisses der gesellschaftlichen Bedingungen, unter denen sie akzeptiert oder abgelehnt wird, verhindert.

Ausgangspunkt der Eugenik war das Postulat einer degenerierenden Erbmasse oder, in modernerer Sprache, einer zunehmenden Verschlechterung des Genpools einer Bevölkerung. Diese These war bis in die 1960er Jahre umstritten aber nicht endgültig widerlegt, so dass sie die Befürchtungen in der Öffentlichkeit bestimmte, die ihrerseits die professionellen Kontrollansprüche der Ärzte, Psychiater und Genetiker legitimierten.

Die Diagnose der Degeneration war unbestimmt und vage und bot gerade deshalb ein Einfallstor für die Werturteile der Mediziner und Gesundheitspolitiker. Von Anbeginn der Eugenik reichte das Spannungsfeld der Diagnosen von weitreichenden sozialen Werturteilen (Vererbbarkeit der Asozialität) bis zu relativ eingeschränkten, unter den medizinischen Krankheitsbegriff fallende Bestimmungen (Erbkrankheiten wie z. B. Huntington). Dementsprechend waren die Therapien konstruiert: von umfassenden Eingriffen in die Selbstbestimmung ganzer Bevölkerungsgruppen, wie die Zwangssterilisation oder Heiratsverbote, bis zur genetischen Beratung der relativ kleinen Gruppe von Menschen mit nachgewiesenen erblichen Krankheitsgeschichten.

Die Geschichte der Eugenik ist, auch bereits vor dem Ende des NS, die Geschichte einer zunehmenden Präzisierung und Medikalisierung des zugrundegelegten Krankheitsbegriffs. Es bleibt nach wie vor nur unzureichend erklärt, warum Eugenik und Rassenhygiene gerade in Deutschland zu einem so wichtigen Bestandteil im Programm der faschistischen Partei, eben der Nationalsozialisten, wurde. Tatsächlich aber war die eugenische Bewegung international und weder auf eine Seite des politischen Spektrums noch auf die totalitären bzw. faschistischen Staaten beschränkt. Die Entdeckung der Fortsetzung des Sterilisationsprogramms hat die schwedische Öffentlichkeit noch 1997 erregt. (Das schwedische Gesetz No. 171 von 1934 und seine Neufassung No. 282 von 1941 sahen die Sterilisation bei für erblich gehaltener »Geisteskrankheit, Schwachsinnigkeit oder anderen schweren Defekten« unter Zustimmung der Betroffenen vor. Waren die Voraussetzungen für die Zustimmung nicht gegeben, konnte sie auch ohne diese erfolgen. Die Sterilisationsgesetze blieben bis Mitte der 70er Jahre in Kraft und führten zur Sterilisation von etwa 63 000 Personen, 95 % davon Frauen).

Die Abkehr der Eugeniker von den umfassenden sozialtechnologischen und die Individualität und Selbstbestimmtheit missachtenden Konzepten der Vorkriegszeit, die sich allmählich in der Zeit zwischen dem Kriegsende und Mitte der 60er Jahre beobachten lässt, ist nicht etwa auf eine plötzliche moralische Läuterung der Zunft oder auf die unerklärlich einsetzende Kraft ethischer Argumente zurückzuführen.

Der entscheidende Grund lag vielmehr in einer grundlegenden Veränderung des humangenetischen Paradigmas und, damit verbunden, der praktischen Interventionsstrategie. Dieser Prozess lässt sich verstehen als der Wandel von der anfangs charakterisierten eugenischen »Sozialtechnologie«, die das menschliche Fortpflanzungsverhalten »von außen«, d. h. durch den Staat und seine Interventionen in gesellschaftliche Institutionen steuert, zu einer »Selbststeuerung«: Sie beruht darauf, dass die Humangenetik nur mehr die technischen Lösungen und das Deutungswissen zur Verfügung stellt, das Bestandteil des allgemein verfügbaren Wissens einer medizinisch »vernünftigen« Lebensführung ist, auf das die Menschen im Bedarfsfall zurückgreifen und in ihre individuellen Fortpflanzungsentscheidungen umsetzen.[5]

Die Dynamik dieser Entwicklung wird durch zwei untereinander abhängige Faktoren bestimmt: die Entwicklung medizinischen bzw. genetischen Wissens und die Entwicklung gesellschaftlicher Wertvorstellungen.

An diesem Umstand wird sich nichts ändern. Er gilt genauso für das Human Genome Project, und die laufenden Diskussionen belegen das in aller Klarheit. Das Projekt liefert eine Fülle von Informationen über die genetischen Eigenschaften des Menschen, die wiederum sehr viel effizientere, billigere und genauere Methoden des »screening« für alle möglichen genetischen Dispositionen verfügbar machen, von denen viele nicht durch gegenwärtig geltende Krankheitsbegriffe gedeckt sind. Es ist leicht, vorauszusagen, dass diese Informationen die Dynamik der sozialen Definition der Krankheitsbegriffe anfachen und eine vollkommen neue Arena der Interpretation von »Normalität« eröffnen werden, abhängig von den Wertvorstellungen und Interessen einer Vielzahl von Akteuren.

Die neuen Informationen liefern tatsächlich die für eine effektive Eugenik wichtigen und von ihr seit jeher gewünschten Informationen: so die Diagnose genetischer Krankheiten vor ihrem Auftreten und die Identifikation der Träger rezessiv vererbbarer Defekte. Die Diagnose von genetischen Schäden, für die es keine Therapie gibt, verlangt im Prinzip nach einer eugenischen Eliminierung des entsprechenden genetischen Materials aus dem Genpool. Die Behauptungen der Bedeutung des HGP reichen in das Gebiet der polygen vererbten Krankheitsursachen und der gewöhnlichen Krankheiten mit einer starken Umweltkomponente (multifaktorielle Krankheitsursachen). Dabei werden

5 Weingart, Kroll und Bayertz (1988: 631 f.).

die Ambivalenzen der Wissensproduktion schon erkennbar: Da die umweltbedingten Risikofaktoren sehr schwer oder gar nicht kontrollierbar und noch weniger eliminierbar sind, erscheint es wünschenswert, so viel wie möglich über die genetischen Anlagen zu wissen, um die gefährdeten Personen zu identifizieren und eine Weitergabe ihrer Anlagen an nachfolgende Generationen zu verhindern.[6] Mit dem Fortgang der Forschung über das menschliche Genom werden neue Optionen eröffnet, neue Entscheidungen getroffen werden müssen und neue ethische Dilemmata auftreten. Die oben bereits erwähnte Diskussion um die Klonierung des Menschen, die Setzung der Grenze und ihre sich bereits andeutende neuerliche Verschiebung ist ein schlagender Beleg für diese Dynamik und zugleich die derzeit heiß umkämpfte Front der ethischen Kontrolle der Forschung.

Die Klonierung des Menschen ist seit der ersten Klonierung von Fröschen 1952 eine mit dem Fortschritt der Forschung immer näher rückende Perspektive. Sie wurde 1997 mit der Klonierung des Schafes »Dolly« konkreter denn je zuvor. Mit dieser ersten erfolgreichen Klonierung einer erwachsenen Zelle sind Reproduktionstechnik und Gentechnik eine Verbindung eingegangen und haben damit die zentrale Voraussetzung für eine hochtechnisierte Eugenik geschaffen. Die Geschichte dieser Entwicklung reicht zurück zu den eugenischen Utopien des 19. Jahrhunderts, die zunächst über die sozialen Züchtungsmodelle der Landwirtschaft, in den 1950er Jahren dann erste technische Konkretisierungen erfuhren (Weingart 1997). Die wichtigsten Stationen sind: das Gefrierens von Sperma zum Zweck der künstlichen Befruchtung (1953), die Zeugung im Reagenzglas (Louise Brown, 1978), die Implantation eines fremden, mit dem Sperma des Ehemanns befruchteten Eis (1983), Gefrieren von Embryonen und nachträgliche Geburt (1984), Geburt eines Kindes durch eine 62-jährige Frau, gezeugt durch das Sperma des Ehemanns und die Eizelle einer fremden Spenderin (1992), die Klonierung menschlicher Embryonen (1993). Die meisten dieser Fortschritte der Reproduktionstechnik bzw. der zellbiologischen Forschung haben öffentliche Diskussionen, zuweilen auch heftige Proteste hervorgerufen. Ungeachtet dessen zeigt deren gradlinige Abfolge, wie unbeeindruckt davon die Forscher den uralten Menschheitstraum der Trennung von Sexualität und Fortpflanzung verfolgen.

Die mit dem Human Genome Project und dem Klonieren aufgeworfenen ethischen und politischen Entscheidungsprobleme sind mit denen der klassischen Eugenik strukturgleich, nur moderner und raffinierter. Das Einfallstor für gesellschaftliche Interpretationen von Krankheit und Gesundheit wird

---

6 Kommission der Europäischen Gemeinschaften, Vorschlag für eine Entscheidung des Rates über ein spezifisches Forschungsprogramm im Gesundheitsbereich: Prädiktive Medizin: Analyse des Menschlichen Genoms (1989–1991), Brüssel 1988, 3.

nicht durch mehr oder besseres Wissen geschlossen, es wird keine größere Sicherheit geben, sondern, im Gegenteil, aufgrund der zunehmenden Zahl von Optionen, mehr Unsicherheit.

Das führt zu der zweiten Unterstellung. Die mit autoritären Staaten und in Deutschland vor allem mit den Verbrechen des Nationalsozialismus identifizierte Eugenik dient als historische Referenzerfahrung für die Kritik an und den Widerstand gegen das Human Genome Project. Damit wird übersehen, dass die politischen und gesellschaftlichen Bedingungen heute grundlegend andere sind als zur Zeit der eugenischen Bewegung von der Jahrhundertwende bis zum Ende des 2. Weltkriegs. Die Eugenik beruhte auf den erwähnten, zum Teil sehr unspezifischen Konzepten von Erbmerkmalen und sah entsprechend weitreichende selektorische Maßnahmen vor, von der Zwangssterilisation bis zur familienfreundlichen Gestaltung der Steuergesetze. Insbesondere die von den Nationalsozialisten implementierten umfangreichen eugenischen Programme illustrieren, dass es sich dabei um eine eugenisch orientierte Gesellschaftspolitik im weitesten Sinn handelte, die zumindest für ihre zwangsinterventionistischen Maßnahmen einen autoritären Staat voraussetzt. Sie ging in der fraglichen Zeit mit einer ebenso autoritär gesonnenen Ärzteschaft einher, die sich als Professionsgruppe das Recht anmaßte, die Gesundheit des »Volkskörpers« über die individuellen Menschenrechte zu stellen. Diese Anmaßung war Ausdruck einer politischen Kultur und nicht auf die NS-Ärzte beschränkt, sondern bis in die 60er Jahre u.a. auch unter den angelsächsischen Genetikern verbreitet. Sie kann als Expertenhybris bezeichnet werden. Eine detaillierte Betrachtung des Sinneswandels der amerikanischen und englischen Genetiker zeigt, wie sich nur ganz allmählich und dem Zeitgeist hinterherhinkend das Vertrauen in die Urteilskraft der Patienten gegenüber der Furcht um die Gesundheit des Genpools durchsetzt. 1960 unterstützen die führenden Genetiker noch den amerikanischen Eugeniker und Genetiker Herman J. Muller in seinem Plan, die »Keimwahl« durch künstliche Befruchtung zu implementieren. Noch Anfang der 80er Jahre musste der amerikanische Präsident den Genetikern bedeuten, die genetische Beratung habe sich ausschließlich an der Gesundheit des einzelnen und nicht an der des Genpools zu orientieren.[7]

Die Geschichte dieses Umlernens von einer autoritären Eugenik zu einer am Individuum orientierten Humangenetik, das im übrigen mit einem Generationswechsel einhergeht, ist die Geschichte einer allgemeinen Demokratisierung der Gesellschaft. Der Bezug auf die Vorgeschichte der Eugenik zur Beurteilung der Gefahren des politischen Missbrauchs des Human Genome Project und des Klonierens geht infolgedessen an der Sache vorbei, weil Gefahren be-

---

7 President's Commission for the Study of Ethical Problems in Medicine and Biomedical and Behavioral Research, Screening and Counseling for Genetic Conditions, Washington 1983.

schworen werden, die der Vergangenheit angehören. Die Perhorreszierung einer eugenischen Gefahr lenkt die kritische Aufmerksamkeit auf hypothetische verschwörerische und totalitäre Praktiken von Staat und Wirtschaft, für die die empirischen Belege bezeichnenderweise in fernen Ländern gesucht werden müssen, etwa in Singapur und in China. Im Fall der Klonierungsdiskussion symbolisiert die mediale Repräsentation - die bildhafte Vervielfältigung des Tyrannen - die vermeintliche Zeitlosigkeit der politischen Bedingungen ebenso wie ihre Personalisierung. Die tatsächlich wirkenden Mechanismen sind globale Marktstrategien der großen Pharmakonzerne (z. B. kauft Hoffmann-La Roche den Genpool der isländischen Bevölkerung für die Entwicklung neuer Medikamente) auf der einen Seite und - noch viel entscheidender - das auch auf die Reproduktion ausgedehnte Konsumverhalten der breiten Öffentlichkeit auf der anderen Seite. Die allgemeine Demokratisierung der Industriegesellschaften, die von ihrer wirtschaftlichen Entwicklung getragen wird, hat dieses Konsumverhalten zum Pendant. Das Problem ist deshalb auch nicht, einen verbrecherischen Staat oder eine mit ihm kooperierende verschwörerische Wissenschaft abzuwehren. Die Konstellation stellt sich vielmehr als die einer doppelten Paradoxie dar. Das eingangs aus der Pariser Ausstellung zitierte Paradox der wissenschaftlichen Entwicklung der Reproduktionstechnik besteht in der Verfügbarkeit von Wissen und Instrumenten, die sich für die Realisierung eugenischer Ziele eignen zu einem Zeitpunkt, zu dem diese längst moralisch geächtet und in ihrer alten Form sozial überholt sind. Das Paradox der Demokratisierung im Hinblick auf diese Entwicklung des Wissens besteht darin, dass die Realisierung eugenischer Ideale durch das individuelle Konsumverhalten wahrscheinlicher geworden ist, als sie es zu Zeiten der staatlich implementierten Eugenik je war. Wenn sich aber die Implementierung der neuen Reproduktionstechniken und genetischen Diagnosetechniken in Übereinstimmung mit den in der Bevölkerung herrschenden Werten befindet, oder zumindest diesen über Marktmechanismen angepasst wird, welche Rolle spielt dann die Ethik? Welche Rolle kann sie realistischerweise spielen und welche nicht?

III. Ethische Grenzziehungen und/oder Vermittlung von Wissen und Werten?

Die dritte (implizite) Annahme ist die, dass ethische Grenzziehungen geeignet sind, den Forschungsprozess zu unterbrechen bzw. zu kontrollieren. Im Zusammenhang mit der Perspektive der Klonierung des Menschen sind abermals Grundsätze formuliert worden, auf deren Grundlage die Klonierung des Menschen unterbunden werden soll. In Deutschland ist nach geltender Rechtslage die Klonierung verboten. Diese Rechtslage ist jedoch nur hier wirksam. Deshalb wird von der entsprechenden Kommission des Rats für Forschung, Technologie und Innovation eine »international verbindliche Regelung« für notwendig erachtet, um die diesbezüglichen Forschungen wirksam zu unterbinden. Um solche Regelungen vorzubereiten, erscheint es den Verfassern notwendig, dass ein »internationaler ethisch-rechtlicher Diskurs« geführt wird. Grundlage der ethischen Position ist die Ablehnung der mit der Klonierung implizierten Instrumentalisierung des Menschen, die nicht mit dem Gleichheitsgrundsatz vereinbar ist und im übrigen gegen den Embryonenschutz verstößt.[8]

Schon der Verweis auf letzteres wirft die Problematik auf: Der im deutschen Recht verankerte Embryonenschutz erstreckt sich nicht auf andere Länder. Generell lässt sich sagen, dass Deutschland im Bereich der Reproduktionsmedizin die restriktivste, die USA die liberalste Rechtssprechung unter den westlichen Industrienationen haben. Darin dokumentiert sich das Problem der internationalen Heterogenität ethischer Vorstellungen bei gleichzeitiger Durchlässigkeit (d. h. Homogenisierung) der Wissensproduktionsprozesse. Abgesehen von der seitens der Industrie und den Wissenschaftlern vielfach beklagten Folge der Auswanderung der Forschung in diejenigen Länder, in denen die Beschränkungen gering oder gar nicht vorhanden sind, ergibt sich aus diesem Umstand, dass die Fortentwicklung des entsprechenden Wissens praktisch unkontrollierbar ist. Die Kommunikation des Wissens gleicht der Verbreitung von Gerüchten, sie entzieht sich jeder Kontrolle, ist schnell und überwindet alle Grenzen.

Das grundsätzlichere Problem ist jedoch die unterstellte zeitliche Konstanz der ethischen Prinzipien vor dem Hintergrund der sich verändernden Erwartungs- und Werthorizonte. Deren Veränderungen werden u.a. allererst durch die Wissensdynamik hervorgebracht. Dies wird besonders anschaulich durch die neuerliche öffentliche Debatte, die die Klonierung Dollys auslöste, in der bereits die Skepsis hinsichtlich der Möglichkeit eines Forschungsmoratoriums bzw. der Begrenzung der Forschung aufgrund ethischer Bedenken explizit wurde. Der Mediendiskurs läuft bezeichnenderweise schon auf der Metaebene der ironisierend kritischen Distanz gegenüber der ethischen Diskussion ab.

Das amerikanische Nachrichtenmagazin Newsweek mokierte sich über die Ethiker, die in Reaktion auf die Klonierung Dollys »Argumente entstaubten, die sie in den 1970er Jahren eingemottet« hätten. »Tausende von Bäumen gaben ihr Leben, damit duellierende Gelehrte ihre Artikel publizieren konnten,

8 Eser, Albin u.a.: Klonierung beim Menschen. Biologische Grundlagen und ethisch-rechtliche Bewertung. Stellungnahme für den Rat für Forschung, Technologie und Innovation, April 1977, www.bmbf.de/archive/pressedok/pressedok97/pd042997.htm, IV.

in denen sie argumentierten, dass das Klonieren für unfruchtbare Paare ein menschlicher Weg zum Kind sei, darüber witzelten, Klonieren mache Männer überflüssig, oder entsetzliche Bilder von für Ersatzteile aufgezogener klonierter Menschen beschworen.« (Begley 1997: 43) Kenneth L. Woodward kommt in derselben Ausgabe von Newsweek angesichts der vielfältigen widersprüchlichen Äußerungen der Ethiker zu dem Schluss, dass sich die amerikanische Gesellschaft schon »weit auf dem Weg zu einer unausgesprochenen Akzeptanz des Klonierens« befindet (Woodward 1997: 48).

In ganz ähnlicher Weise analysiert *Der Spiegel* die Situation. Die oben beschriebene Chronik der Fortpflanzungsmedizin interpretiert er als »ein Dokument der Werteerosion« und konstatiert, dass sich das moralische Verbot, zukünftig Menschen zu klonen, »keineswegs so leicht durchhalten lassen« wird, »wie die Befürworter von Wilmuts (des schottischen Schöpfers von Dolly - PW) Technik behaupten. Denn ein solcher Bann ist schwierig, wenn nicht unmöglich durchzusetzen. Schon bald könnte die jetzt zur Schau getragene Einigkeit über den Sinn eines solchen Verbots bröckeln«.[9] *Der Spiegel* sieht in dem plötzlichen Boom der Bioethik einen »Ausdruck tiefster Verunsicherung in der Gesellschaft«, die sich aus den für sich genommen unspektakulär erscheinenden Schritten der Forschung an der Biofront ergibt, die alle zusammen gesehen den Weg in eine Welt weisen, »in der dem Menschen eine grundsätzlich gewandelte Rolle zukommen wird«. Durch die Produkte der Bioingenieure würden »Begriffe wie Schicksal oder Identität und Einzigartigkeit grundsätzlich in Frage gestellt«. Die Frage, ob die Forscher auch langfristig der Versuchung des Klonierens widerstehen können, beantworten die Journalisten mit der pessimistischen Diagnose, dass die Forscher selbst längst den »ideologischen Nährboden für den Menschen nach Maß« geschaffen hätten, indem sie etwa den Glauben an die Allmacht der Gene geschürt hätten.[10]

Das englische Naturwissenschaftsmagazin Nature schließlich verbreitete die Äußerung des Pariser Molekulargenetikers Axel Kahn, der die Vision beschwor, dass sterile Frauen ihr Schicksal durch die Forderung nach Klonierung zu kompensieren suchten. Nachdem bereits eine Vielzahl von Mitteln gegen Unfruchtbarkeit eingesetzt würden, ließe sich die Barriere schwerlich vor dem Klonieren aufbauen.[11]

Alle diese Diagnosen verweisen auf dasselbe Muster. Die ihrer Zeit weit vorauseilenden und/oder in krassem Widerspruch zu zentralen gesellschaftlichen Werten stehenden Utopien und Visionen verfallen der moralischen Entrüstung. Die Züchtungsutopien eines Christian von Ehrenfels oder Willibald

---

[9] Jetzt wird alles machbar. In: Der Spiegel 10 (1997), 216–225, hier: 220, 222.

[10] Ebd., 222 f.

[11] Zitiert ebd., 220 f.

Hentschels richteten sich konfrontativ gegen die herrschende Sexual- und Ehemoral des ausgehenden 19. Jahrhunderts und konnten nur eine verschwindend kleine Schar von Verfechtern der freien Liebe für sich gewinnen. Die vorwiegend selektorischen (Sterilisation) und sozialtechnologischen (Heiratserlaubnisse) Maßnahmen der Eugeniker der ersten Hälfte des 20. Jahrhunderts wurden zwar praktiziert, scheiterten aber nicht nur an ihrer Unzulänglichkeit, sondern an der von der faschistischen Ära nur unterbrochenen Demokratisierung der modernen Industriegesellschaften und dem in ihnen geltenden Primat der Selbstbestimmung. Die stärker (bio-) technisch beeinflussten Visionen, die von den zu ihrer Zeit führenden Genetikern auf der legendären CIBA-Konferenz 1962 in London feilgeboten wurden, waren ideologisch noch der gerade verabschiedeten Eugenik verpflichtet (wie z. B. Pincus' Idee der chemikalischen Unfruchtbarmachung der Bevölkerung über das Trinkwasser und der ebenfalls chemikalischen selektiven Wiederherstellung der Fruchtbarkeit für geeignet erachtete Bevölkerungskreise) und/oder technisch in so weiter Ferne (wie Nobelpreisträger Joshua Lederbergs Vision des vorgeburtlichen oder postnatalen »engineering« von Merkmalen wie z. B. der Größe des Gehirns und damit der Intelligenz), dass sie nicht handlungsrelevant werden konnten (vgl. Wolstenholme 1963). Der Entdecker des genetischen Codes (zusammen mit Francis Crick, der seinerseits die eugenische Steuergesetzgebung propagierte), der Nobelpreisträger James Watson, glaubte 1971, die komplexen Probleme der modernen Welt bedürften der Kopien außergewöhnlicher Menschen, also des Klonierens und verkündete, was zu jener Zeit noch als Horrorvision galt.

Gegenüber diesen jeweils wirkungslosen Utopien unterscheidet sich die tatsächliche Entwicklung durch ein offensichtlich entscheidend wichtiges Merkmal: Sie erfolgt in kleinen Schritten und ist anschlussfähig an fest institutionalisierte gesellschaftliche Werte. Der amerikanische Ethiker Daniel Callahan vom Hastings Center hat einen wichtigen Aspekt dieses Sachverhalts klar erkannt: Ethische und politische Widerstände gegen biomedizinische Techniken werden durch die Verbindung zweier Grundwerte neutralisiert, dem nahezu absoluten Recht auf die Reproduktion und dem ebenso uneingeschränkten Wert der Verbesserung der Gesundheit, in dessen Namen das Prinzip des »anything goes« gilt.[12] Die Dynamik der Reproduktionsmedizin entfaltet sich im Hinblick auf die Unfruchtbarkeit, primär der Frauen, aber auch der Männer. Das »Recht auf ein (eigenes) Kind« genießt einen extrem hohen Stellenwert, zumal in Gesellschaften, in denen Kinder aufgrund der technischen Möglichkeit der Geburtenkontrolle, gepaart mit den aus dem (post-)modernen Lebensstil erwachsenden konkurrierenden Ansprüchen der individualisierten Selbst-

12 Zitiert in Woodward (1997).

verwirklichung, Seltenheitswert haben. Medizinische Techniken, die dieses »Recht« bedienen, können der breiten gesellschaftlichen Akzeptanz sicher sein. Die ethischen Widerstände wie die des jesuitischen Ethikers Richard McCormick (»Unfruchtbarkeit ist kein absolutes Übel, das alles rechtfertigt, um es zu überwinden«) wirken demgegenüber defensiv und hilflos.[13]

Parallel dazu ebnet der noch allgemeinere Wert der Gesundheit allen auf ihn bezogenen Fortschritten der Forschung den Weg und erodiert die Legitimität konfligierender Werte. Dolly wurde selbstverständlich nicht als Vorstudie für die Anwendung am Menschen kloniert. Der Embryologe Ian Wilmut, der Schöpfer Dollys, stellt sich gleichsam neben sich selbst, wenn er die Gefahr der Klonierung von Menschen mit seiner Methode als realistisch gegeben erklärt und zugleich »eindeutige Gesetze« fordert, um dies zu verhindern.[14] Seine Forschungen dienen der Gesundheit. Die Pharmafirma PPL Therapeutics will mit Hilfe dieser Technik Schafsmilch gewinnen, die medikamentös verwendbare Menscheneiweiße enthält. Der Bereich der prospektiven medizinischen Anwendungen dieser vergleichsweise einfachen und preisgünstigen Technik zur Produktion genmanipulierter menschlicher Proteine erstreckt sich auf eine Vielzahl von Krankheiten, und entsprechend groß sind die kommerziellen Erwartungen der Pharmaindustrie. Der erwartete Nutzen betrifft einen ethisch vollkommen unproblematischen Anwendungskontext, nämlich die Heilung konsensuell definierter Krankheiten, und aus ihm erwächst die Unterstützung durch die Öffentlichkeit. Die befürchteten Anwendungen werden als technisch »noch« nicht durchführbar, als übersteigerte Horrorvisionen oder als mit rechtlichen Mitteln zu unterbindender möglicher Missbrauch argumentativ marginalisiert.

Die Brüchigkeit der Ethik wird an den Schnittstellen offenkundig, an denen die Ablehnung der abstrakten Gefahr der Klonierung von Menschen auf demgegenüber konkrete, wertgestützte Ansprüche trifft. Woodward zitiert den Medizinethiker Moses Tendler, der die Klonierung von Menschen mit Hinweis auf die Bibel ablehnt, eine Ausnahme jedoch für den Fall zulassen würde, wenn ein unfruchtbarer Überlebender des Holocaust der zweiten Generation einen männlichen Erben wünschte, um eine andernfalls zum Aussterben verdammte Familienlinie fortsetzen zu können. In einem solchen Fall würde er die Klonierung dem Gebrauch eines Spendersamens vorziehen.[15] Hier wird deutlich, wie die neue technische Möglichkeit ergriffen wird und den vordem bestehenden Wert, die durch die Bibel begründete Ablehnung der Klonierung, mit guten Gründen zu zersetzen beginnt. Die Ablehnung erscheint jetzt eben-

---

13 Ebd.

14 Die Angst ist berechtigt. In: Der Spiegel 10 (1997), 220.

15 Zitiert in Woodward (1997).

so »unethisch«, nämlich als Vorenthaltung einer bereits vorhandenen Möglichkeit der Verfolgung individueller Ziele, wie die ohnehin eher abstrakte Gefahr des Missbrauchs.

Genau dieser Mechanismus tritt bei Krankheiten eher noch klarer zutage, als es das vergleichsweise parochiale und zeitgebundene Beispiel demonstriert. Der (authentische) Fall, dass eine Frau ein Kind nur zu dem Zweck geboren hat, um ihrem ersten Kind Knochenmark zu spenden, und für den die Klonierung als Methode besonders geeignet wäre, illustriert diese noch ausgeprägtere Ambivalenz der Entscheidungssituation. In ihr steht das Motiv der Heilung der beschworenen Instrumentalisierung des klonierten Kindes und damit der Verletzung des Prinzips der Selbstbestimmung entgegen. Derzeit haben Ethik-Kommissionen und Parlamente dem letzteren (aus gut nachvollziehbaren Gründen) noch den Vorrang eingeräumt. Aber je konkreter die Heilungschancen sind, die sich durch die neuen Reproduktions- und genetischen Manipulationstechniken eröffnen, umso stärker wird der Druck mit Verweis auf eben dasselbe Selbstbestimmungsrecht werden.

Moderne (Wissens-)Gesellschaften werden nur noch zu einem sehr geringen Teil von Ethik gesteuert. Vor allem sind ethische Referenzen auf transzendentale Kategorien wie die »Natur des Menschen« sehr anfällig für Wissensentwicklungen und deren Auswirkungen auf Werte und Erwartungen. »Die Berufung auf Tabus der menschlichen Natur hat [...] in unserer Kultur etwas Prekäres. Sie widerspricht dem Ansatz und der Denkweise der modernen Naturwissenschaft.« Und: »Vorstellungen von der Unantastbarkeit der menschlichen Natur gelten ungefragt offenbar nur so lange, wie die moralischen Schranken, die sie aufrichten, zugleich auch technische Grenzen sind. Unter dem Eindruck neuer Technik veraltet die bestehende Moral.« (van den Daele 1985: 204, 205) Es ist deshalb hochgradig unwahrscheinlich, dass die Proklamation ethischer Grundsätze zu langfristigen oder gar endgültigen Forschungsmoratorien führt. Der Vorschlag der amerikanischen Ethik-Kommission des Präsidenten hat sich diese pragmatische Einsicht offenbar schon zueigen gemacht. Sie sieht für die das Klonierungsverbot regulierende Rechtssprechung des Kongress eine sogen. »sunset clause« vor, d. h. eine Überprüfung des Verbots nach einem Zeitraum von etwa drei bis fünf Jahren.

In Anbetracht dessen erscheint die Einsetzung von Ethik-Kommissionen zur Kontrolle des Erkenntnisprozesses institutionell veraltet und unzeitgemäß, im Hinblick auf die von ihnen produzierten ethischen Grenzziehungen argumentativ konservativ und im Hinblick auf die mit ihnen angestrebten Ziele weitgehend wirkungslos. Schlimmer noch: Die politische Option für Ethik-Kommissionen verlagert die Probleme der gesellschaftlichen Einbettung der biomedizinischen Techniken inhaltlich in einen »unzuständigen« Diskurs, aus dem keine substantiellen Lösungen zu erwarten sind, so dass bei anhaltender

Praxis dieser Art der Eindruck entstehen muss, es handele sich um eine gewollte Verschleppung der wirklichen Problemlösungen. Organisatorisch und personell bedeutet diese Praxis eine Verlagerung auf eine Professionsgruppe, deren Legitimität für diese Funktion bestenfalls aus einem Missverständnis erwächst, nämlich aus der Identifikation von Ethik und Religion. In den modernen vom Konsumverhalten der Gesamtbevölkerung geprägten Massendemokratien können die Entscheidungen der Lebensführung nicht einer Gruppe von Spezialisten zur moralischen Lizenzierung übertragen werden. Deren Beitrag kann legitimerweise allenfalls in der Bereitstellung von Argumenten bestehen, die den Diskurs bereichern oder auch nicht.

Eine erfolgreichere und den Verhältnissen der modernen Wissensgesellschaft angemessenere Strategie ist die Institutionalisierung von diskursiven Mechanismen, mit denen gesellschaftliche Werte und Erwartungen und ständig sich neu ergebende technische Möglichkeiten aufeinander bezogen und abgestimmt werden. Dass dies mehr als eine vage Forderung ist, lässt sich an den erfolgreichen Vorbildern ablesen, den hierfür bereits bestehenden Formen der Technikfolgenabschätzung und der Mediation bei der Einführung neuer Technologien. Deren Wirkungsweise beruht auf einer eingehenden Analyse der Konflikte, der Klärung von Begründungen und Missverständnissen der zu erwartenden Konsequenzen. Die Identifikation von Interessen vermag einen rationalen Abklärungsprozess zu ermöglichen und damit letztlich zu allgemein akzeptierten Kompromissen führen. Diese Form der Kopplung technischer Entwicklung und gesellschaftlicher Erwartungen ließe sich auf Wertfragen ausweiten, wie sie vor allem in der Reproduktionsmedizin auftreten und auch in den bislang entwickelten Verfahren zur Einführung neuer Techniken implizit schon immer mit enthalten sind. Man kann durchaus der Auffassung sein, dass auch die ethischen Diskussionen, die derzeit den Kontext für die Behandlung der reproduktionsmedizinischen Themen darstellen, diesem Prinzip entsprechen. Das ist insoweit der Fall, wie diese Diskussionen in Parlament und Medien ausgetragen wird. Fragwürdig ist nur, dass sie in den Kategorien der Ethik geführt werden. Insgesamt gilt: Alle Vorkehrungen, die nicht auf der Einsicht in die wechselseitige Abhängigkeit von gesellschaftlichen Werten und wissenschaftlich-technischen Optionen beruhen, gehören nicht in die Gesellschaft, deren Dynamik trotz aller Risikoaversion wesentlich durch wissenschaftlichen Rationalismus und technischen Optimismus bestimmt wird.

Postscriptum

Einige Monate nach der Niederschrift dieses Manuskripts und damit schneller als erwartet fand eine neuerliche Diskussion um das Klonieren von Menschen in den Medien statt. Sie war durch Interviews Ian Wilmuts ausgelöst. Wilmut hatte sich zwar gegen die Herstellung menschlicher Klone gewandt, die Klonierung menschlicher Zellen zu Heilungszwecken (Parkinson, Diabetes) aber für wünschbar erklärt.[16] *Die Welt* kommentierte: »Die Ankündigung Wilmuts wird erneut eine Ethikdiskussion auslösen. Weltweit scheint jedoch die Bereitschaft immer größer zu werden, das Klonieren von Menschen unter bestimmten Bedingungen zu erlauben«. Ian Wilmut hatte seine ursprüngliche Meinung, jegliche Versuche zur Klonierung des Menschen abzulehnen, innerhalb weniger Monate revidiert.

Literaturverzeichnis

Begley, Sharon: Little Lamb, Who Made Thee? In: Newsweek, 10. März (1997), 41-47.

Biagioli, Mario: Science, Modernity, and the »Final Solution«. In: Saul Friedlander (Hg.), Probing the Limits of Representation. Nazism and the »Final Solution«, Cambridge 1992, 185-205, 371-377.

Kater, Michael K.: Doctors under Hitler, Chapel Hill 1989.

—: The Burden of the Past: Problems of a Modern Historiography of Physicians and Medicine in Nazi Germany. In: German Studies Review 10 (1987), 31-56.

Kevles, Daniel J.: Out of Eugenics: The Historical Politics of the Human Genome. In: Daniel J. Kevles und Leroy Hood (Hg.), The Code of Codes. Scientific and Social Issues in the Human Genome Project, Cambridge, Mass. 1992, 3-36.

—: The Ghost of Galton. Eugenics Past, Present, and Future, draft manuscript prepared for a Conference on the Holocaust, Notre Dame, April 26-28, 1998.

Lifton, Robert J.: The Nazi Doctors, New York 1986.

Müller-Hill, Benno: Murderous Science, Oxford 1988.

Van den Daele, Wolfgang: Mensch nach Maß? München 1985.

Weingart, Peter, Jürgen Kroll und Kurt Bayertz: Rasse, Blut und Gene. Geschichte der Eugenik und Rassenhygiene in Deutschland. Frankfurt a. M. 1988.

—: Consensus by Default. The Transition from the Social Technology of Eugenics to the »Technological-FIX« of Human Genetics. In: Kurt Bayertz

16 Kann man schon heute einen Menschen klonen, Doktor Wilmut? In: Die Welt online, 8.2. 1999; N. Lossau: Britische Forscher wollen Menschen klonen. In: Die Welt online, 21.1.1999.

(Hg.), The Concept of Moral Consensus. The Case of Technological Interventions in Human Reproduction, Dordrecht 1994, 189-206.
—: Züchtungsutopien. Zur Geschichte der Verbesserung des Menschen. In: Kursbuch 128 (1997), 111-126.
Wolstenholme, Gordon (Hg.): Man and His Future, Boston, Toronto 1963.
Woodward, Kenneth L.: Today the Sheep... In: Newsweek, 10 März 1997, 48.

Jörg Schmidtke

Kommentar zu Peter Weingart

Ich möchte mich auf die Behauptung von Peter Weingart konzentrieren, dass das »Human Genome Project«, also die systematische Erforschung des menschlichen Genoms, mit Eugenik gleichzusetzen sei, d. h. dass die Ziele der Erforschung des menschlichen Genoms strukturell identisch seien mit denen der klassischen Eugenik.

Ich selber bin Arzt für Humangenetik, ich habe es mit Menschen zu tun, die direkt oder indirekt unter genetisch verursachten oder genetisch mitbedingten Erkrankungen leiden. Meine Aufgabe ist es, wie die jedes anderen Arztes auch, menschliches Leiden zu lindern. Mein Kommentar zu Weingarts These kommt primär aus der ärztlichen Perspektive. Als beamteter Professor einer deutschen Hochschule habe ich ferner die Aufgabe, in meinem Fachgebiet zu forschen und zu lehren. Ich käme also den mir von der Gesellschaft zugewiesenen Pflichten nicht nach, wenn ich mich als Arzt nicht um meine Patienten oder mich als Hochschulfachvertreter nicht um Forschung und Lehre kümmern würde. Beiden Pflichten komme ich gerne nach; ich habe sie - ein Stück weit - frei gewählt. Außerdem sehe ich persönlich keinen grundsätzlichen Konflikt zwischen Arzt-, Forscher- und Lehrerrolle, im Gegenteil.

Vorausschicken möchte ich, dass ich Peter Weingart in allem was er sagt, auch recht gebe. Das mag Sie vielleicht so sehr erstaunen, dass ich gleich einschränken muss: Peter Weingart sagt nur die Hälfte, und durch sein Weglassen hat er auch wieder unrecht. Er hat etwa ebenso recht und unrecht wie einer der sagt, der Tourismus sei nichts anderes als die Fortsetzung des Kolonialismus, eine Aussage, die etwas Wahres an sich hat, aber das Phänomen nicht erschöpfend beschreibt. Peter Weingart, so möchte ich sagen, ist das Opfer selektiver Wahrnehmung. Ich möchte hier versuchen, das schlaglichtartig zu beleuchten, was er verschwiegen hat.

Einige meiner Fachkollegen haben ihm seinen Fehler leicht gemacht. In seinem zusammen mit Jürgen Kroll und Kurt Bayertz gemeinsam verfassten, grandiosen Buch »Rasse, Blut und Gene« sind zahllose Belege für eine Kontinuität des eugenischen Denkens auch nach dem Kriege, auch in Deutschland, gesammelt. Lassen Sie mich hier ein Beispiel hinzufügen: Dass selbst das klassische Instrument autoritärer Reproduktionskontrolle - die Zwangssterilisierung - nach der Zeit des Nationalsozialismus in Deutschland nicht ad acta gelegt wurde, zeigt der Fall des Genetikers Hans Nachtsheim, der im Jahr 1961 vor dem Ausschuss für Wiedergutmachung des Deutschen Bundestages sagte:

Ich betone hier nochmals mit allem Nachdruck, dass das Gesetz zur Verhütung erbkranken Nachwuchses kein verbrecherisches Nazigesetz, sondern ein Erbgesundheitsgesetz war [...] Ich habe schon dargelegt, weshalb es, wenn ein Erbgesundheitsgesetz erbhygienisch wirksam werden soll, nach Lage der Dinge ohne einen gewissen Zwang gar nicht geht und dass dem auch in ausländischen Gesetzen dieser Art Rechnung getragen wird [...] Ein eugenisches Gesetz ohne jeden Zwang ist erbhygienisch ebenso unwirksam wie ein Impfgesetz ohne jeden Zwang.

Worte aus dem Jahr 1961, aber es lässt sich zeigen, dass es im eugenischen Denken weltweit Kontinuität bis zum heutigen Tag gibt. Ich komme darauf zurück. Kontinuität im wissenschaftlichen und politischen Denken wird nicht nur durch Bücher und Programme, sondern auch durch persönliche Beziehungen geprägt und belegt. Ich selber betrachte mich, mittelbar, als Schüler von Helmuth Baitsch, Freiburg, später Ulm. Baitsch, der Neubegründer der genetischen Familienberatung in Deutschland, hatte bereits 1958 (in seinem Habilitationsvortrag) eugenische - sprich populationsbezogene - Maßnahmen als sinnlos, erfolglos und inhuman abgelehnt und in seiner Freiburger Rektorats-Antrittsrede formuliert:

Wir werden in unserem sozialen Verhalten also weiterhin Rücksicht darauf nehmen müssen, dass jeder von uns seine genetische Last mit sich führt – dass es also nie den vollkommenen, den auch von seinen Erbanlagen idealen Menschen geben kann, dies ist wohl auch gut so. Wir Menschen werden somit auch weiterhin nicht anders können, als Rücksichtnahme gegenüber unseren Mitmenschen zu üben; und jeder einzelne von uns wird seinerseits der Hilfe durch den Mitmenschen bedürfen... »Einer trage des anderen Last.«

Das zentrale Anliegen der genetischen Beratung, dem Kernelement humangenetisch-ärztlicher Tätigkeit, ist es, den Menschen Hilfestellung beim Umgang mit genetischen Risiken für sich selbst und ihre Nachkommen zu geben. Diese Hilfestellung kann von einer Unterstützung beim Coping mit dem Unvermeidlichen bis hin zur Verfügungsstellung eines technischen Instrumentariums für die Linderung oder Vermeidung von Krankheit reichen. Humangenetische Forschung beschäftigt sich mit dem gesamten Kontinuum derartiger Hilfestellungen. Im Rahmen des sogenannten Humangenomprojektes werden die genetischen Komponenten erblich bedingter und mitbedingter Erkrankungen erforscht. Unter der Baitsch'schen Vorstellung von den Aufgaben der genetischen Beratung verlangt - hier irrt Peter Weingart, wenn er das Gegenteilige behauptet - »die Diagnose von genetischen Schäden, für die es keine Therapie gibt« eben nicht »im Prinzip nach einer eugenischen Eliminierung des entsprechenden Materials aus dem Genpool«. Diese Behauptung ist ein klassischer Zirkelschluss: Weil genetische Beratung nichts anderes ist, als ein raffinierteres eugenisches Instrument, und weil das Ziel der Eugenik in der Verbesserung des Genpools besteht, zielt auch die genetische Beratung auf die

Verbesserung des Genpools ab. Es lässt sich leicht zeigen, dass dieses zirkuläre Argument nicht nur logisch, sondern auch empirisch falsch ist. Die Verfügbarkeit der Pränataldiagnostik bei rezessiven Erkrankungen ermuntert betroffene Familien, eher Kinder in die Welt zu setzen, als sie es ohne solche Maßnahmen getan hätten. Unweigerliche Folge ist eine Zunahme der Anlageträgerhäufigkeit in der Bevölkerung, also eine Verschlechterung des Genpools. Ich beklage diesen »dysgenischen« Trend überhaupt nicht; er ist der (moderate) Preis für die Individualisierung der Fortpflanzungsmedizin, den die Gesellschaft zu zahlen hat.

Was Peter Weingart auch verschweigt, ist, dass sich das Humangenomprojekt keineswegs auf die Bereitstellung von potentiell eugenisch verwendbaren Instrumentarien beschränkt - ich sage gleich, was ich darunter verstehe. Die Identifizierung dominant wirkender Anlagen für Krankheiten, die sich erst im Erwachsenenalter manifestieren (3-5 % der Bevölkerung), hat jetzt schon positive Früchte in Bezug auf verbesserte Therapien bzw. prophylaktische Maßnahmen für den individuellen (prospektiven) Patienten getragen (Beispiele sind insbesondere bei der Therapie der Krebserkrankungen zu finden; Erfolge gibt es jedoch auch in der pränatalen Therapie: Prophylaxe des sogenannten »offenen Rückens« durch hochdosierte Folsäure-Supplementation bei genetisch identifizierten Risikoschwangerschaften. Und ein letztes Beispiel: enorme Senkung der iatrogen bedingten pränatalen Sterblichkeit bei der Rhesus-Inkompatibiltät durch Vermeidung risikoreicher diagnostischer Eingriffe). Die Liste ließe sich fortsetzen und zeigt sehr deutlich, dass die genetische Forschung nicht nur zu Unsicherheit führt (bei manchen prädiktiven Tests, die Peter Weingart selektiv wahrzunehmen scheint, ist das so), sondern ebenso gut auch verunsicherten Menschen Sicherheit geben kann.

Das komplexe Wechselspiel zwischen Erbe und Umwelt, wie es sich in den multifaktoriellen Erkrankungen ausdrückt (an denen nahezu die gesamte Bevölkerung leidet), wird im Laufe des Humangenomprojekts nach und nach erhellt. So konnte z. B. gezeigt werden, dass die Einnahme oraler Kontrazeptiva und das Rauchen bei entsprechender genetischer Disposition das Thromboserisiko um den Faktor 100 steigern. Es wäre eine völlig absurde Idee, die Träger dieser genetischen Disposition (einige Prozent der Bevölkerung) vom Fortpflanzungsgeschehen fernzuhalten, aber es wäre höchst sinnvoll, die Feststellung einer solchen individuellen Disposition für eine rationale Verhaltenssteuerung einzusetzen. Absurd wäre die erste Option schon deshalb, weil man angesichts der Häufigkeit derartiger Krankheitsdispositionen nahezu die gesamte Bevölkerung von der Fortpflanzung ausschließen müsste. An diesem Unsinn ändert sich auch dann nichts, wenn er von einem Genetiker verbreitet würde. Es ist klar, dass sich die Genetik, ebenso wie jede andere akademische oder nicht-akademische Disziplin, nicht vollkommen vor Dummköpfen in den eigenen Reihen schützen kann. Und weder Brüsseler Bürokraten noch Nobelpreiskommitees sind vor einer schlechten Berater- bzw. Kandidatenwahl gefeit. Es ist reizvoll darüber nachzudenken, inwieweit die »Genetifizierung« der Medizin (also die Identifizierung genetischer Faktoren in der Ätiologie und Pathogenese praktisch aller Erkrankungen) den klassischen eugenischen Ansatz völlig ad absurdum führt. Die genetisch bedingte Morbidität der Bevölkerung steckt zu 95 % in den komplexen, durch jeweils eine unüberschaubare Vielzahl von Genen bedingten Erkrankungen. Dagegen ist kein eugenisches Kraut gewachsen.

Peter Weingart gebe ich recht, wenn er von einer Kontinuität des eugenischen Denkens spricht. Ich stimme ihm aber nicht unter seiner definitorischen Voraussetzung zu. Mit klassischer Eugenik (Verbesserung oder wenigstens Stabilisierung des Genpools) hat die moderne Genetik aus dem Selbstverständnis der meisten Humangenetiker der westlichen Welt nichts zu tun. Aber es gibt alternative Definitionen des Begriffes Eugenik. Eine stammt von Tony Holtzman, Johns Hopkins Universität Baltimore, der sich wie kein anderer ein Leben lang mit dem facettenreichen Verhältnis von Humangenetik und »Öffentlicher Gesundheitspflege« beschäftigt hat: »Gesundheitspolitische Entscheidungen sind immer dann als eugenisch einzustufen, wenn sie in die reproduktive Entscheidungsfreiheit von Individuen eingreifen, um ein gesellschaftliches Ziel zu erreichen.« (1989) Es sind insbesondere Maßnahmen des genetischen Screenings der Durchschnittsbevölkerung, die einen impliziten oder expliziten eugenischen Charakter haben. Vor allem sind es die Heterozygotentests auf rezessive Anlagen oder die pränatalen Screening-Verfahren, die unter diesem Aspekt betrachtet werden müssen. Die moderne Genetik stellt in der Tat Instrumentarien zur Verfügung, welche direkte oder indirekte Zwänge auf die Menschen ausüben. Wir leben in einer Phase eines vermuteten Gleichklangs individueller und gesellschaftlicher Interessen, der es insbesondere Menschen mit abweichender Einstellung besonders schwer macht. Andererseits finde ich es absolut unvertretbar, von einer »Eugenik von unten« zu sprechen, wenn sich Eltern eines schwer kranken oder behinderten Kindes gegen ein zweites betroffenes Kind aussprechen und dank Pränataldiagnostik den Wunsch nach einem gesunden Kind realisieren können. Menschen in einer solchen Notlage mit dieser Begriffskeule zu kommen (Begriffskeule dann, wenn Eugenik im klassischen, historisch schwer belasteten Sinn gemeint ist), ist jenseits des Zumutbaren. Das liegt auf der gleichen Linie, wie wenn man Benutzerinnen der »Pille danach« als Mörderinnen bezeichnet.

Mein Kommentar zu Peter Weingarts Ausführungen ist von der Bemühung getragen gewesen, die Parallelität von Zielsetzungen zu verdeutlichen, die hinter der Erforschung des menschlichen Genoms stehen. Es ist Aufgabe der ethischen Reflexion, alle diese Aspekte gleichermaßen (und nicht selektiv) zu berücksichtigen, um die gesundheitspolitischen Entscheidungen in die Bahnen zu lenken, die wir uns wünschen.

Ortwin Renn und Jürgen Hampel

Gentechnik, öffentliche Meinung und Ethik

Einleitung

Die Gentechnik war seit ihrer Erfindung in den 70er Jahren Ausgangspunkt heftiger Kontroversen, zuerst unter Wissenschaftlern selbst, später in zunehmendem Umfang in der Öffentlichkeit. Im Verlauf dieser Auseinandersetzungen haben sich, nicht zuletzt infolge der Entwicklung der Gentechnik von der wissenschaftlichen Methode zum Produktionsverfahren, auch die Themen verändert, über die diskutiert wird. Drehten sich die Diskussionen anfänglich vornehmlich um Fragen der Laborsicherheit und der Reproduktionsmedizin, lösen heute vor allem Anwendungen der Gentechnik in der Landwirtschaft und hier vor allem bei der Nahrungsmittelproduktion heftige Kontroversen aus. Erst in jüngster Zeit, infolge der Diskussion um das nicht eigentlich zur Gentechnik gehörende Klonen, spielen Fragen der Humangenetik wieder eine größere Rolle. Diese Debatten erfolgen teilweise sehr kontrovers, einige Beobachter reden sogar von Wagenburgen, bei denen eine wechselseitige Verständigung äußerst schwierig ist.

Bei der heftigen Kontroverse, wie sie von einer aus Wissenschaftlern, Vertretern von Interessenverbänden und anderen Beteiligten bestehenden repräsentativen und organisierten Öffentlichkeit geführt wird, gerät leicht aus dem Blickwinkel, wie die Bevölkerung über die Gentechnik und ihre Anwendungen denn wirklich denkt. Es genügt dabei nicht, zu erforschen, wie die Bevölkerung über Gentechnik denkt. Um das Risiko von Fehlschlüssen und voreiligen »Erklärungen« zu reduzieren, sind Informationen erforderlich, die Rückschlüsse erlauben, warum es zu solchen Urteilen kommt.

Die Akademie für Technikfolgenabschätzung in Baden-Württemberg hat sich mit dieser Frage beschäftigt. Der vom BMBF finanzierte Projektverbund »Chancen und Risiken der Gentechnik aus der Sicht der Öffentlichkeit« hat sich nicht nur mit Einstellungen zur Gentechnik, zu ihren Anwendungen und zu ihrer gesellschaftlichen Einbettung befasst, sondern auch mit Fragen der Einstellungsvermittlung. Neben einer im April und Mai 1997 durchgeführten bundesweiten Repräsentativ-Befragung, dem Biotech-Survey, für den 1500 zufällig ausgewählte Personen in Deutschland befragt wurden, ergänzten vertiefende Einzelstudien, Analysen der Medienberichterstattung sowie der Rezeption von Medienberichten den von der Akademie koordinierten Projektverbund (vgl. Hampel und Renn 1999).

Neben diesen auf Deutschland beschränkten Untersuchungen wurde im Rahmen eines von der Europäischen Kommission finanzierten Netzwerks europäischer und nordamerikanischer Wissenschaftler und Wissenschaftlerinnen, der »Biotechnology and the European Public Concerted Action Group«, international vergleichend die Wahrnehmung der Gentechnik durch die Öffentlichkeit untersucht. Im Rahmen des aus der Arbeit der Concerted Action Group hervorgegangenen Eurobarometers 46.1 von 1996 wurden im Oktober und November 1996 insgesamt 16 246 Europäer zu ihren Einstellungen zur Gentechnik befragt (vgl. Durant et al. 1998).

Einstellungen zur Gentechnik und ihren Anwendungen

Zunächst einmal muss man sich der Frage zuwenden, was unter Gentechnik verstanden wird. Das heißt, woran wird gedacht, wenn an Gentechnik gedacht wird? Was von der Laienöffentlichkeit unter Gentechnik verstanden wird, deckt sich nicht vollständig mit dem, was Gentechnik-Experten selbst unter Gentechnik verstehen. Laien assoziieren mit der Gentechnik, so die Ergebnisse von Zwick sowie Pfister, Böhm und Jungermann, vor allem Anwendungen der Humangenetik, bis hin zu Eingriffen in das menschliche Genom, sowie in der Lebensmittelproduktion. Als gentechnische Anwendungen am Menschen gelten auch solche, die, wie das Klonen, wissenschaftlich zur Reproduktionsmedizin zählen.

In der Einleitung wurde darauf hingewiesen, dass die Gentechnik eine äußerst umstrittene Technologie ist. Betrachten wir allerdings, wie die Öffentlichkeit in Deutschland diese Technik wahrnimmt, kommen wir zu einem anderen Bild. Die polarisierte Debatte hat nicht zu einer Polarisierung in der Öffentlichkeit geführt. Rund die Hälfte der im Rahmen des Biotech-Surveys Befragten beurteilt Gentechnik weder positiv noch negativ, sondern äußerte sich ambivalent oder gar außerstande, eine eindeutige Bewertung abzugeben. Selbst bei denen, die sich zu einem Urteil durchringen können, dominieren ambivalente Urteile. 40 % meinen, die Gentechnik sei gleichermaßen gut und schlecht. Extreme Bewertungen, d. h. explizite Befürwortung wie auf der anderen Seite explizite Ablehnung der Gentechnik, werden nur von jeweils rund 6,5 % geäußert.

Sowohl im Biotech-Survey als auch im Eurobarometer 46.1, das im Herbst 1996, etwa ein halbes Jahr vor dem Biotech-Survey, ins Feld ging (vgl. die Beiträge in Durant et al. 1998), wurde auch nach den Erwartungen gefragt, die mit der Gentechnik wie auch mit einer Reihe anderer Technologien verbunden werden. Wird die Technik als Bedrohung gesehen oder werden von ihr Verbesserungen der Lebenssituation erwartet? Im Vergleich mit anderen Technologien wie der Informations- und Kommunikationstechnik oder der Telekommunikation, alles Technologien, die in den 80er Jahren noch heftig umstritten waren, mittlerweile aber breiteste Akzeptanz finden, wird die Gentechnik sehr zurückhaltend beurteilt. Jeweils rund ein Drittel erwartet Verbesserungen oder Verschlechterungen der eigenen Lebenssituation durch die Gentechnik. Zwischen beiden Untersuchungen, also zwischen dem Herbst 1996 und dem Frühjahr 1997, konnte ein Rückgang positiver Erwartungen und eine Zunahme negativer Erwartungen beobachtet werden (vgl. Hampel und Pfenning 1998). Zwischen den beiden Befragungen liegen zwei wichtige Ereignisse, die erste Einfuhr transgenen Sojas nach Europa und die Geburt des Klonschafs »Dolly«.

Im internationalen Vergleich gehört, wie erwartet, Deutschland zu den Ländern in Europa, die der Gentechnik besonders kritisch gegenüberstehen. Allerdings kann die verbreitete Vorstellung, wonach in Deutschland vor allem negative Erwartungen vorherrschen, nicht bestätigt werden (siehe Abbildung 1). Im Gegenteil, wider Erwarten gehört Deutschland nicht zu den Ländern mit der pessimistischsten Grundeinstellung. Höhere Anteile an Personen, die Gentechnik als Bedrohung wahrnehmen, lassen sich in den Niederlanden und Großbritannien, vor allem aber in Dänemark und Österreich finden. Auffällig ist dagegen, dass deutlich weniger Personen als in anderen europäischen Länder, mit der Ausnahme von Österreich und Spanien (mit einem extrem hohen Anteil Meinungsloser) von der Gentechnik Verbesserungen erwarten. Die Einschätzung der Gentechnik ist in Deutschland im internationalen Vergleich also nicht durch eine ausgeprägtere Neigung zur Schwarzseherei gekennzeichnet als vielmehr dadurch, dass in Deutschland weniger als in anderen Ländern der Gentechnik ein wirklicher Nutzen zugesprochen wird.

Gegen das Vorurteil, die öffentliche Meinung in Deutschland sei im Vergleich zu anderen europäischen Ländern stärker emotionalisiert und aufgeheizt, spricht auch, dass Gentechnik für die meisten Befragten in Deutschland kein zentrales Thema ist. Im Gegenteil, die Bedeutung des Themas Gentechnik wird in Deutschland sogar niedriger eingeschätzt als in den meisten anderen europäischen Länder. Und negative Folgen der Gentechnik werden in Deutschland für weniger wahrscheinlich gehalten als im europäischen Durchschnitt (vgl. Hampel 1999).

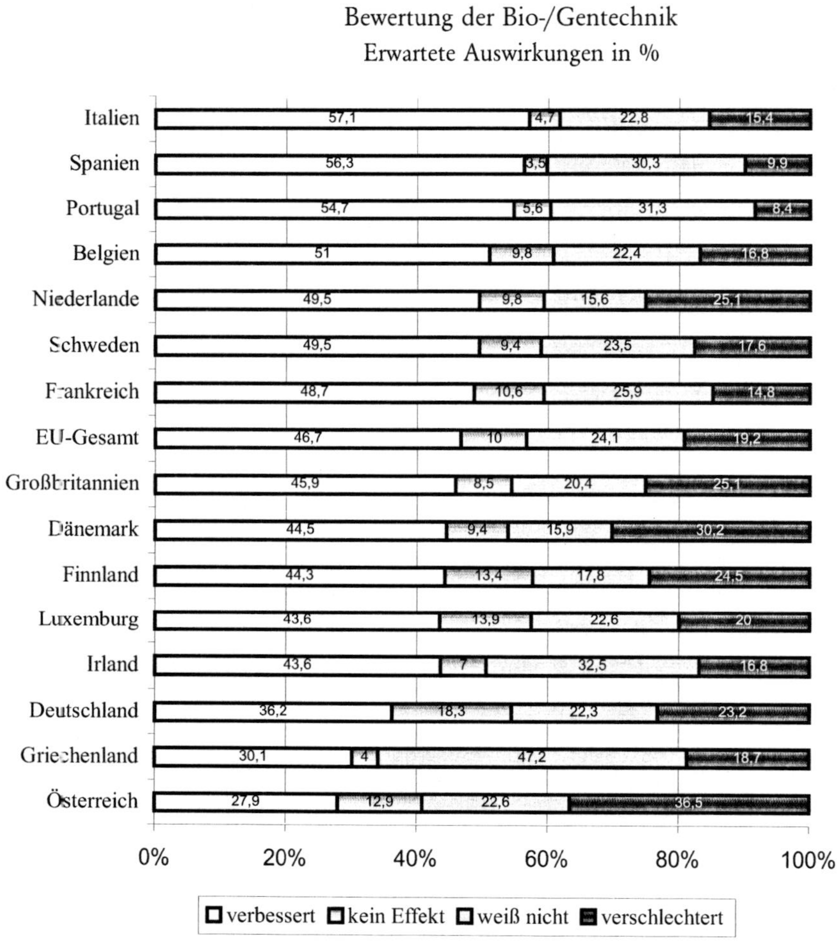

Abb. 1: Internationaler Vergleich der Bewertung der Gentechnik. Datenbasis: Eurobarometer 46.1, 1996

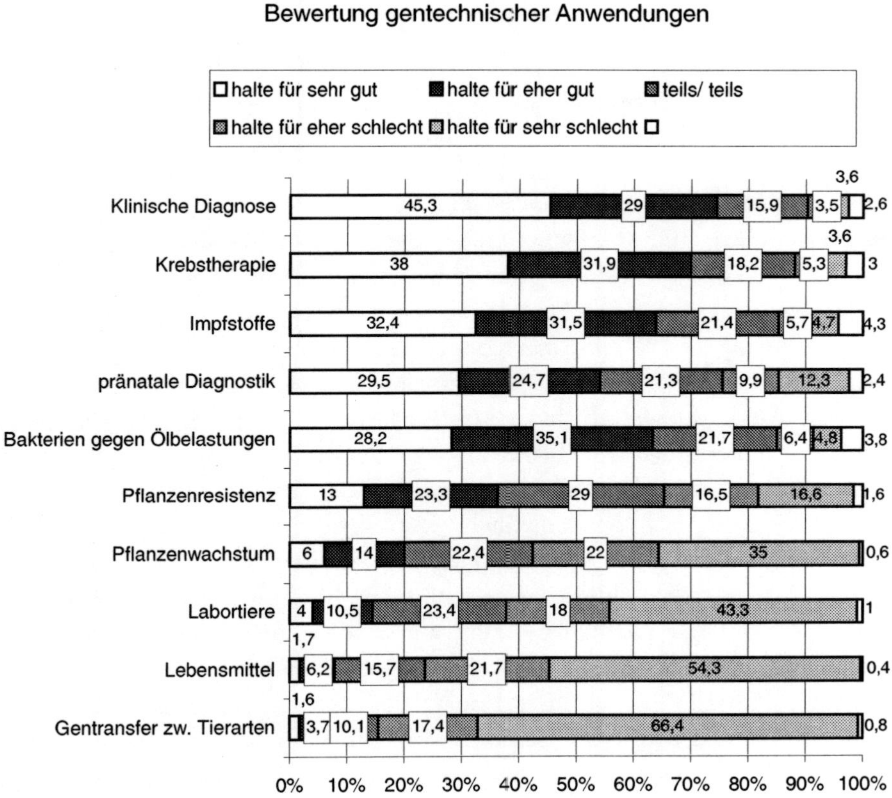

Abb. 2: Bewertung gentechnischer Anwendungen. Datenbasis: Biotech-Survey

Bewertung einzelner Anwendungen: Sind die Urteile zur Gentechnik von einer großen Ambivalenz geprägt, finden wir zu den konkreten Anwendungen der Gentechnik sehr entschiedene Bewertungen. Die höchste Zustimmung finden wie erwartet medizinische Anwendungen der Gentechnik. Die Verwendung gentechnischer Methoden zur Diagnose unheilbarer Krankheiten befürworten über 75 % der Befragten. Insgesamt nur 7 % beurteilen diese Anwendung negativ. Ähnlich positiv werden auch Anwendungen der Gentechnik zur Therapie von Zellkrankheiten bewertet, die von insgesamt über 70 % befürwortet werden. Auch hier ist es nur eine vergleichsweise kleine Minderheit von 9 %, die sich ablehnend äußert.

Etwas geringer ist die Zustimmung zum Einsatz der Gentechnik bei der Herstellung von Impfstoffen und zum Einsatz gentechnisch veränderter Bakterien, die zum Abbau von Ölbelastungen im Boden eingesetzt werden. Beide Anwendungen werden von knapp zwei Dritteln der Befragten positiv bewertet, wobei bei Mikroorganismen im Umweltschutz die etwas abgeschwächte Befürwortung (halte ich für eher gut) überwiegt.

Kritischer als auf die anderen Anwendungsbereiche reagieren die Befragten auf die sogenannte »Grüne Gentechnik«, d. h. die Anwendung gentechnischer Methoden in der Landwirtschaft. Beim Einsatz der Gentechnik zur Veränderung der Widerstandskraft von Nutzpflanzen gegen Insekten oder Pflanzenkrankheiten, zur Resistenzzüchtung halten sich Zustimmung und Ablehnung die Waage. Erheblich kritischer wird dagegen der Einsatz von Gentechnik zur Beschleunigung des Wachstums von Nutzpflanzen bewertet. Nur 20 % befürworten diese Anwendungen. Eine absolute Mehrheit der Bevölkerung lehnt derartige Anwendungen ab. Jeder Dritte äußert sich dabei entschieden ablehnend. Die unterschiedliche Bewertung der beiden zuletzt genannten Anwendungen zeigen, dass Anwendungen auch im gleichen Anwendungsbereich je nach Anwendungsziel unterschiedlich bewertet werden.

Extrem kritisch werden Anwendungen beurteilt, die sich auf transgene Tiere beziehen. So wird der Einsatz gentechnischer Methoden zur Züchtung von Labortieren für die Pharmaforschung von fast jedem zweiten Befragten (rd. 44 %) entschieden abgelehnt.

Extrem kritisch wird auch der Einsatz der Gentechnik im Lebensmittelbereich, zur Veränderung von Geschmack, Haltbarkeit oder Aussehen von Lebensmitteln, beurteilt. Nicht einmal jeder Zehnte bewertet derartige Anwendungen positiv. Jeder Zweite (54 %) lehnt sie dagegen entschieden ab. Nimmt man noch die 22 % hinzu, die den Einsatz der Gentechnik im Lebensmittelbereich als »eher schlecht« beurteilen, lehnen drei von vier Befragten diese Anwendungen ab.

Eindeutig am negativsten bewertet wird der Gentransfer zwischen Tierarten, um ihren landwirtschaftlichen Nutzen zu steigern. Hinter der kritischen Bewertung dieser Anwendungen steht die Skepsis der Bevölkerung gegenüber einer weitergehenden Intensivierung der landwirtschaftlichen Produktion, wie sie bereits bei den Bürgerforen der Akademie zur Gentechnik ermittelt wurde (Akademie für Technikfolgenabschätzung 1995).

Als Fazit lässt sich feststellen, dass die Gentechnik je nach Anwendung sehr unterschiedlich bewertet wird. Eine pauschale Bewertung der Gentechnik, bei der alle Anwendungen konsistent negativ oder positiv bewertet werden, kann nur bei winzigen Minderheiten von jeweils weniger als 2 % der Befragten beobachtet werden. Die Regel ist, dass Individuen gleichzeitig einzelne Anwendungen befürworten und andere Anwendungen ablehnen. Die Akzeptanz einer Anwendung hat nicht zur Folge, dass auch andere Anwendungen der Gentechnik akzeptiert werden.

Worauf lassen sich die Urteile zurückführen? Die Frage ist nun, wovon die Bewertungen der Bevölkerung zur Gentechnik und ihren Anwendungen abhängig ist? Im Rahmen des Eurobarometers wurde für sechs Anwendungen[1] gefragt, ob sie nützlich, riskant, moralisch akzeptabel sind und ob sie unterstützt werden sollen. Auf die detaillierte Bewertung dieser Anwendung kann in diesem Beitrag nicht eingegangen werden, dafür auf die Beziehung zwischen den drei Urteilsdimensionen und der Unterstützung. Eine multiple Regressionsanalyse[2] kam zu dem überraschenden Ergebnis, dass die Risikowahrnehmung, wenn man Nutzenwahrnehmung und moralische Bewertung statistisch kontrolliert, nahezu ohne Einfluss auf die Unterstützung einer Anwendung ist. Dagegen ist die moralische Akzeptabilität der entscheidende Prädiktor für die Unterstützung einer Anwendung (vgl. auch Biotechnology and the European Public Concerted Action Group 1997, Hampel et al. 1998: 70). Nur unwesentlich geringer ist die Bedeutung der Nutzenwahrnehmung.

Dieses Ergebnis ist zunächst einmal überraschend. Es besagt aber nichts anderes, als dass unter den Befürwortern der Gentechnik viele Personen sind, die durchaus Risiken der Gentechnik sehen, aber aus bilanzierenden Überlegungen heraus dennoch zu einer positiven Bewertung der Gentechnik kommen. Dazu passt auch ein Ergebnis des Biotech-Surveys: 47 % der Befürworter, aber nur 3 % der Gegner glauben, dass der Nutzen der Gentechnik eindeutig größer ist als die Risiken. Interessant ist in diesem Zusammenhang, dass die Gegner der Gentechnik bei der Nutzen-/Risikoabwägung einheitlicher urteilen als die Befürworter. Ist bei den Gegnern eine eindeutige Mehrheit (71 %) der Auffassung, dass die Risiken überwiegen, sind bei Befürwortern positive (47 %) und ausgeglichene (43 %) Einschätzungen der Risiko-Nutzen-Bilanz fast gleichermaßen vertreten. Befürworter leben also in größerem Maße mit inneren Widersprüchen. Sie nehmen die Risiken wie die Chancen als schwerwiegend wahr, kommen aber in der Bilanz zu einem positiven Urteil. Dagegen sind die meisten Gegner felsenfest davon überzeugt, dass die Risiken bei weitem die Chancen überwiegen. Sie erleben ein geringeres Maß an Zielkonflikten. In dieser Ambivalenz der Befürworter liegt auch die Ursache der geringen Bedeu-

1 Der Einsatz der modernen Biotechnologie bei der Herstellung von Lebensmitteln, um den Eiweißgehalt zu erhöhen, die Haltbarkeit zu verlängern oder den Geschmack zu verändern, die Übertragung bestimmter Gene aus Pflanzenarten auf Kulturpflanzen, um diese widerstandsfähiger gegen Schädlinge zu machen, die Übertragung menschlicher Gene auf Bakterien, um Medikamente oder Impfstoffe herzustellen, z. B. Insulin für Diabetiker, die Züchtung genetisch veränderter Tiere für Laborversuche, wie etwa eine Maus, die Gene hat, die bei ihr Krebs verursachen, die Übertragung menschlicher Gene auf Tiere, um Organe für die Transplantation bei Menschen herzustellen, z. B. auf Schweine-, um Herz-Transplantate für Menschen zu gewinnen und die Durchführung genetischer Tests, um Krankheiten festzustellen, die man möglicherweise von den Eltern geerbt hat, wie z. B. Mukoviszidose.

2 Ein statistisches Verfahren zur Aufdeckung von kausalen Beziehungen.

tung der Risikowahrnehmung für die Bewertung der Gentechnik. Um so entscheidender ist dagegen die ethische Dimension. Wenn man nach der Wichtigkeit ethischer Bedenken fragt, sehen über 80 % der Befragten des Biotech-Surveys ethische Bedenken als wichtig an, wobei sich Befürworter und Gegner der Gentechnik kaum unterscheiden (82 % der Befürworter und 85 % der Gegner hielten ethische Bedenken für (sehr) wichtig).

Dagegen hat das Wissen über Gentechnik nur einen geringen Einfluss auf die Bewertung. Zwar können erhebliche Wissensdefizite festgestellt werden, die auch von der Bevölkerung selbst eingeräumt werden. Nur 1,5 % der Befragten des Biotech-Surveys schätzt das eigene Wissen über Gentechnik als sehr gut ein, der Löwenanteil von über 70 % räumt ein, eher schlecht als recht über Gentechnik Bescheid zu wissen. Der Zusammenhang zwischen der Einschätzung des eigenen Wissens und der Einstellung zur Gentechnik ist aber nur schwach. Mit zunehmendem Wissen erhöht sich zwar die Wahrscheinlichkeit, dass ein Urteil über Gentechnik abgegeben wird. Ob dieses Urteil aber positiv oder negativ ausfällt, ist vom Wissen weitgehend unabhängig.

Die Wissenseinschätzung hat aber noch eine zweite Dimension. Denn die Bevölkerung fühlt sich nicht nur selbst schlecht informiert, sondern ist, wie Schütz, Wiedemann und Gray ermittelt haben, gleichzeitig überzeugt, dass überhaupt zu wenig Wissen über die Gentechnik vorhanden sei. Ihrer Ansicht nach ist auch das verfügbare Expertenwissen noch nicht ausreichend für eine angemessene Beurteilung. Insgesamt werden Gentechik-Experten eher skeptisch beurteilt. Nur 3 % der Befragten teilen die Auffassung, dass man dem Wissen von Gentechnik-Experten voll und ganz vertrauen kann. Dabei ist vor allem zu beachten, dass die Skepsis mit zunehmender Bildung ansteigt.

Eine »Vertrauenslücke« können wir nicht nur in bezug auf wissenschaftliche Experten beobachten. Generell hat die Öffentlichkeit wenig Vertrauen in die Art, wie mit Gentechnik gesellschaftlich und politisch umgegangen wird. Misstrauen wird nicht nur den Anwendern der Gentechnik, also den Forschern und der Industrie, entgegengebracht, sondern auch denjenigen, die die Gentechnik regulieren und kontrollieren sollten: Staat und Verwaltung. Dabei halten nicht nur Gentechnik-Kritiker, sondern auch die Befürworter die gesetzliche Regulierung der Gentechnik sowie deren Kontrolle für unzureichend.

Das fehlende Vertrauen in die Institutionen, die mit der Entwicklung und Überwachung von Gentechnik betraut sind, der starke Missbrauchsverdacht wie auch das wahrgenommene Kontrolldefizit machen deutlich, dass die bisherige rechtliche Regulierung das Sicherheitsbedürfnis der Öffentlichkeit offenkundig nicht befriedigt. Ob Deregulierung eine richtige Strategie im Umgang mit Gentechnik ist, muss daher bezweifelt werden.

Es wäre voreilig, diese Vertrauenslücke auf die Medien zurückzuführen. Untersuchungen der Medienberichterstattung, wie sie von Klaus Merten, aber auch von einer Projektgruppe um Georg Ruhrmann durchgeführt wurden, kamen zu dem übereinstimmenden Ergebnis, dass von einer überwiegend gentechnikkritischen Berichterstattung keine Rede sein kann. In der gentechnikfreundlichen Berichterstattung spiegeln sich auch die Einstellungen der über Gentechnik schreibenden Journalisten. Eine umfangreiche Journalistenbefragung, die von Michael Schenk durchgeführt wurde, hat ergeben, dass man auch von der Vorstellung einer Konzentration von Gentechnikkritikern in den Redaktionsstuben Abschied nehmen muss. Überwiegend beurteilen die untersuchten Journalisten Gentechnik positiv. Eine positive Berichterstattung ist aber, so ein Ergebnis von Hans Peter Peters, kein Garant für positive Einstellungen, häufig ist das Gegenteil der Fall. Versuchspersonen, die einen positiv gefärbten Film zur Gentechnik sahen, zogen daraus eher negative Schlüsse in bezug auf die Gentechnik.

Wovon ist dann die Akzeptanz abhängig? Holger Schütz, Peter M. Wiedemann und Philipp Gray, die sich mit dieser Frage intensiv beschäftigt haben, kommen zu dem Ergebnis, dass für die Akzeptanz der Gentechnik im medizinischen Bereich vor allem die Nutzeneinschätzung relevant ist, während für die Bewertung gentechnisch veränderter Lebensmittel die Risikobeurteilung bedeutsamer ist. Von Laien wird dabei nicht trennscharf zwischen Nutzen- und der Risikobewertung differenziert. Ob man ein Risiko in Kauf nimmt, hängt nicht zuletzt davon ab, ob ein Nutzen wahrnehmbar ist.

Medizinischen Anwendungen wird dieser Nutzen zuerkannt. In Medizin und Pharmazie werden vor allem Chancen gesehen, etwa in der Bekämpfung von Krebs und Aids. In diesem Fall dient Gentechnik dazu, das gesellschaftlich akzeptierte und auch individuell bedeutsame Gut »Gesundheit« zu erreichen. Trotz der breiten Akzeptanz ist aber auch dort ein großes Unbehagen vorhanden. Gentechnik greift, wie Michael Zwick herausgearbeitet hat, in das Grundverständnis dessen ein, was Leben ausmacht. Eingriffe in das menschliche Erbgut und Klonen von Menschen knüpfen an Mythen über den Menschen als Schöpfer seiner selbst an, vom Homunculus der Alchimisten über Mary Shelleys Frankenstein bis hin zu Aldous Huxleys »Brave New World«.

Bei der Beurteilung der Gentechnik in der landwirtschaftlichen Produktion sieht das anders aus. Das von Befürwortern der Gentechnik in diesen Anwendungsfeldern vorgebrachte Argument, dass Gentechnik zur Lösung des Hungerproblems beitrage, spielt für die Bewertung der Gentechnik kaum eine Rolle. Wenn in Zusammenhang mit der Gentechnik in Landwirtschaft und Nahrungsmittelherstellung Nutzenaspekte thematisiert werden, so eher im negativen Sinne, dass ein Nutzen fehle oder diese Anwendung überflüssig sei. Viel eher wird Gentechnik in der Landwirtschaft als Bedrohung der Produktqualität wahrgenommen. Daher ist es nicht überraschend, dass vor allem solche Anwendungen in der Landwirtschaft entschieden abgelehnt werden, die zu einer Erhöhung der landwirtschaftlichen Produktivität beitragen.

Die unterschiedliche Bewertung des Nutzens dürfte auch dafür ausschlaggebend sein, dass bei den Befragten des Eurobarometers nicht etwa genetische Diagnoseverfahren, die eine ganze Reihe ethischer Probleme aufwerfen, als besonders problematisch angesehen werden, sondern vor allem Anwendungen an Tieren und in der Lebensmittelproduktion (Durant et al. 1998, Hampel 1999).

Soziologische Erklärungsmuster

Bis in die 70er Jahre hinein war hier das Paradigma des Technikdeterminismus vorherrschend, wonach Technik und Technikentwicklung ungesteuert und unsteuerbar nur ihrer eigenen Logik folgen. Technikselektion und -modifikation war nach dieser Auffassung auf die Suche nach den möglichst effizienten Mitteln für gegebene Ziele ausgerichtet. Die Aufgabe der gesellschaftlichen Steuerung bestand unter dieser Perspektive nur noch darin, sich der vorgegebenen Entwicklung möglichst gut anzupassen und die sozialen Strukturen auf die Bewältigung der Folgen des technischen Fortschritts einzustimmen. Seither hat sich unser Verständnis von Technik grundlegend gewandelt. Wie neuere Arbeiten zur Erforschung von Technikgeneseprozessen nahe legen, folgt die Entwicklung von Technik wie auch Technisierungsprozessen weniger einer eigenen, genuin technischen Logik, und noch weniger einer historisch immanenten Logik, wie dies etwa in der marxistischen Theorietradition vermutet wurde, sondern kann eher als Resultat von Handlungen individueller und kollektiver Akteure interpretiert werden, bei der Innovationen zahlreiche Filter- und Selektionsprozesse überstehen müssen (v. a. Nelson, Winter 1977; Rammert 1993).

In dem Maß, in dem nun die technische Entwicklung als entscheidungsabhängig angesehen wird, muss das Ergebnis dieser Entscheidung gesellschaftlich legitimiert werden. Dabei entstehen Konflikte, die auf Unterschiede in der Bewertung zurückzuführen sind. Viele innovative Akteure sehen sich selbst, so Martin Bauer (1995) häufig im Besitz der »besten« Lösung. Bei der Entwicklung oder Festlegung von Technik kann von den beteiligten Akteuren und Institutionen nur eine begrenzte Zahl von Gesichtspunkten berücksichtigt werden. Diese Auswahl erfolgt in Abhängigkeit von den Zielen der an den Entscheidungsprozessen beteiligten Institutionen. Bauer (1995) zufolge dient der Widerstand gegen Technik dazu, auf weitere Dimensionen hinzuweisen, die für die Gesellschaft und deren Funktionsvielfalt relevant sind, jedoch bei der bisherigen Planung nicht berücksichtigt wurden.

Das Versprechen der Moderne, so Alain Tourraine (1995), dass technischer Fortschritt zu Verbesserungen der Lebensqualität führt, ist im öffentlichen Meinungsbild brüchig geworden. Die Einschätzung, dass rationale Individuen dank der ihnen durch Wissenschaft und Technik bereitgestellten Ressourcen eine vernünftige, bessere Gesellschaft aufbauen, wird zunehmend von einer instrumentellen Sichtweise von Rationalität ersetzt. Mehr und mehr erscheint Rationalität als ein Instrument in den Händen von Gruppen und Individuen, um Ziele zu erreichen, die selbst nicht mehr rational definiert werden. Auch die Einschätzung gegenüber der Wissenschaft hat sich verändert. Diese wird nicht mehr als abgeschiedener Hort einer kleinen erlesenen Gemeinschaft hervorragender Geister angesehen, sondern als integraler Bestandteil eines umfassenden ökonomischen und politischen Systems, da die finanziellen Ressourcen von Wissenschaft, die Karrieren von Wissenschaftlern, manchmal auch die Ziele von Forschungseinrichtungen selbst von nicht-wissenschaftlichen Faktoren abhängen. Das wichtigste Ergebnis dieser Entwicklungen sieht Tourraine darin, dass wissenschaftliche und technische Entwicklung nicht mehr als Garanten von Wohlstand, Freiheit und Glück gesehen werden.

Fazit

In der Bewertung der Gentechnik manifestiert sich ein Widerstand gegen eine als Unbehagen empfundene Funktionalisierung und Ökonomisierung der Welt. Folglich werden Anwendungen, die genau zu dieser Funktionalisierung und Ökonomisierung beitragen, abgelehnt. Bei der Bewertung der Gentechnik geht es daher nicht so sehr um die instrumentellen Vor- und Nachteile, sondern mehr noch um ihre symbolische Stellung in der Debatte um Konzepte und Perspektiven der Modernisierung.

Grundlage von Nutzen- und Risikobewertungen, und damit auch entscheidend für die Akzeptanz oder Ablehnung gentechnischer Anwendungen ist die Verträglichkeit der Anwendungsziele mit individuell oder gesellschaftlich legitimierten Werten. Ist diese gegeben, wie im Fall der medizinischen Gentechnik, finden sie eine hohe Akzeptanz. Erscheinen die Anwendungsziele aber nicht hinreichend legitimiert, wie im Fall der Anwendung in der Lebensmittelproduktion, oder werden sie gar als Bedrohung wahrgenommen, werden die Anwendungen eher abgelehnt.

Ausschlaggebend ist dabei weniger die Risikowahrnehmung als vielmehr die Wahrnehmung eines Nutzens und mehr noch die ethische Beurteilung der Anwendung. Entscheidend ist, ob die Anwendungsziele mit individuell oder gesellschaftlich legitimierten Werten verträglich sind. Die Gentechnik wird um so eher abgelehnt, je mehr sie als Bedrohung empfunden und als Zeichen zunehmender Funktionalisierung und Ökonomisierung der Welt wahrgenommen wird. Anwendungen, die genau zu dieser Funktionalisierung und Ökonomisierung beitragen, stoßen wie Anwendungen, deren Ziele nicht genügend legitimiert sind oder gar als Bedrohung wahrgenommen werden, auf Ablehnung. Ein gutes Beispiel für die Ablehnung der Ökonomisierung ist die kritische Haltung gegenüber gentechnisch veränderten Lebensmitteln. Besteht dagegen gesellschaftlicher Konsens über die Anwendungsziele, wie zur Zeit bei der medizinischen Gentechnik, finden wir eine hohe Akzeptanz.

Bei der Debatte über Gentechnik geht es nicht um die technische Optimierung oder um technische Risiken, sondern um die Frage, wie wir in Zukunft leben wollen. Gentechnik wird daher kaum als Ganzes akzeptiert oder abgelehnt, es geht um einzelne Anwendungen, die wohl auch in Zukunft unterschiedlich bewertet werden. Nicht die Ausschöpfung des technischen Potentials der Gentechnik ist für die Öffentlichkeit entscheidend, entscheidend ist vielmehr, wo die Gentechnik zum Erreichen gesellschaftlich anerkannter Ziele beitragen kann und wo nicht.

Für diese Fragen gibt es nicht die eindeutige, richtige Lösung. Technische Entwicklung ist nicht zwangsläufig, sondern durch Entscheidungen gestaltbar. Die Kriterien, die derartigen Entscheidungen zugrunde liegen, müssen, wenn sie hinterfragt werden, gesellschaftlich legitimiert werden. Die Notwendigkeit einer gesellschaftlichen Legitimierung von Entscheidungskriterien besteht auch bei Entscheidungen zur Akzeptanz von Risiken. Akzeptanz von Technik ist nicht etwas, was als Bringschuld von der Öffentlichkeit verlangt werden kann, Akzeptanz ist unter dieser Perspektive vielmehr das Ergebnis eines Kommunikationsprozesses, bei dem eine technische Innovation oder eine bestehende Technik, die hinterfragt wird, auf ihre gesellschaftliche Legitimität hin überprüft wird. »Nicht ob wir ein verfügbares oder zu entwickelndes Potential *ausschöpfen*, sondern ob wir dasjenige *wählen*, das wir zum Zwecke der Befriedung und der Befriedigung der Existenz wählen können, ist die Frage.« (Habermas 1969: 99, Hervorhebungen im Original) Diese Wahlentscheidungen können in demokratisch verfassten Gesellschaften legitim nur im gesellschaftlichen Diskurs getroffen werden.

Literaturverzeichnis

Akademie für Technikfolgenabschätzung: Bürgergutachten Biotechnologie/Gentechnik - Eine Chance für neue Industrien?, Stuttgart 1995.

Bauer, M. W.: Towards a functional analysis of resistance in: M. Bauer (Hg.), Resistance to new technology. Nuclear power, information technology and biotechnology, Cambridge 1995, 379-417.

Biotechnology and the European Public Concerted Action Group. Europe ambivalent on biotechnology. In: Nature 387 (1997), 845-848.

Durant, J., Bauer, M. W. und G. Gaskell (Hg.): Biotechnology in the Public Sphere, London 1998.

Habermas, J.: Technik und Wissenschaft als Ideologie, Frankfurt a. M. 1969.

Hampel, J. und U. Pfenning: Biotechnology and Public Perception of Technology. The German Case. Akademie für Technikfolgenabschätzung in Baden-Württemberg, Arbeitspapier Nr. 99, Stuttgart 1998.

Hampel, J., Ruhrmann, G., Kohring, M. und A. Goerke: Germany. In: J. Durant, G. Gaskell, M. W. Bauer (Hg.): Biotechnology in the Public Sphere. A European Sourcebook, London 1998.

Hampel, J.: Die europäische Öffentlichkeit und die Gentechnik. Einstellungen zur Gentechnik im internationalen Vergleich. Akademie für Technikfolgenabschätzung in Baden-Württemberg, Arbeitspapier Nr. 111, Stuttgart 1999.

Hampel, J. und O. Renn: Kurzfassung der Ergebnisse des Verbundprojekts »Chancen und Risiken der Gentechnik aus der Sicht der Öffentlichkeit«, Stuttgart 1998.

— (Hg.): Gentechnik in der Öffentlichkeit. Wahrnehmung und Bewertung einer umstrittenen Technologie, Frankfurt a. M./New York 1999.

Nelson, R. R., und S. Winter: In Search of a Useful Theory of Innovation. In: Research Policy 6 (1977), 36-76.

Rammert, W.: Technik aus soziologischer Perspektive. Forschungsstand, Theorieansätze, Fallbeispiele. Ein Überblick, Opladen 1993.

Tourraine, A.: The crisis of »Progress«. In: M. W. Bauer (Hg.), Resistance to new technology. Nuclear power, information technology and biotechnology, Cambridge 1995, 45-55.

Martin W. Bauer

Risiko oder Ethik?
Vergleichendes zur Öffentlichkeit der Gentechnik

Die Schweizer Stimmbürger waren 1998, und das wohl weltweit einzigartig, dazu aufgerufen, zum zweitenmal zu einer Verfassungsbestimmung (dieses Mal Artikel 24novies BV) zur modernen Gentechnik, der sogenannten Genschutz-Initiative, Stellung zu nehmen.[1] Das Resultat vom 6./7. Juni 1998: 66 % der Stimmbürger entschieden sich gegen eine verschärfte Regelung der neuen Technik, 33 % stimmten einer Verschärfung zu. Die Öffentlichkeit erteilte damit dem Schweizer Parlament freie Hand, die Gentechnik ohne eine spezifische Verfassungsbestimmung zu regeln (siehe Bonfadelli 1999).

Diesen Schweizer Vorgang im Auge, könnte man der Auffassung sein, die öffentliche Meinung brauche nicht diskutiert zu werden. Abstimmungen dieser Art definierten klar und unmissverständlich, was die »öffentliche Meinung« sei. Die Reduktion der öffentlichen Meinung auf dichotome Abstimmungsentscheide ist an sich eine mögliche Auffassung, die sich jedoch durch Blindheit auszeichnet, welche sich Leute mit Entscheidungsmacht nicht leisten können. Diese Auffassung hätte zudem lediglich für die Schweiz reale Grundlagen, da Referenden in anderen Ländern nur in Ausnahmefällen, wenn überhaupt, vorgesehen sind. Das österreichische Petitionsrecht, das 1997 ähnlich wie in der Schweiz zum Thema Gentechnik bemüht wurde, kann lediglich das Parlament zu einer Debatte verpflichten (Wagner 1998).

Wozu dann überhaupt Öffentlichkeit studieren? Um nicht politisch blind zu handeln, wäre die kurze Antwort. Aber wie sich das »Sehen« manifestiert, ist damit noch nicht geklärt. Ich werde die Frage mit Ergebnissen unserer Untersuchung[2] zu beantworten versuchen und dabei folgendermaßen vorgehen.

---

1 Das erste Mal wurde im Mai 1992 über den parlamentarischen Gegenvorschlag zur sogenannten »Beobachterinitiative« abgestimmt, dabei stimmten 73.8 % zu. Im Juni 1998 kam die »Genschutzinitiative« ohne Gegenvorschlag zur Abstimmung. Das Resultat: 66 % dagegen und 33 % dafür.

2 Wenn ich von »unserer« Untersuchung spreche, verweise ich auf den Forschungsverbund »Biotechnology and the European Public«, der von der EU DG12 teilweise finanziert wird und mehrere Forschergruppen umfasst, welche die öffentlichen Diskussionen um die Gentechnik in 12 Europäischen Ländern, den USA, Japan und Kanada verfolgt und analysiert. Siehe Durant, Bauer und Gaskell (1998). Weite Teile der hier vorgetragenen Argumente entstanden in Diskussionen vor allem mit meinen Kollegen George Gaskell und Nick Allum.

Vorangestellt werden einige Bemerkungen zum Konzept der »Öffentlichkeit« in Bezug zur modernen Gentechnik. Darauf folgend skizziere ich die Repräsentation der Gentechnik in den drei Arenen Gesetz, Medien und Alltagswahrnehmung, dabei immer europäische Quervergleiche im Auge behaltend. Es wird sich herausstellen, dass in allen drei Arenen moralischen Bedenken gegenüber der Gentechnik und, wohl als Antwort darauf, der Bio- oder Genethik zunehmendes Interesse zukommt. Wir erleben zur Zeit eine Moralisierung und Ethisierung der Gentechnik. Zum Schluss werde ich versuchen, diesen faktischen Befund anhand von vier Thesen zu erklären, ohne mich jedoch bereits auf eine der Thesen festlegen zu wollen.

Dem Englischen Politiker und Essayisten Edmund Burke (1729-1797) wird die Bemerkung zugeschrieben: »You ask me, Sir, whether I lead or follow public opinion? The truth is I meet it on the way.«[3]

Ich will dieses Zitat als Ausgangspunkt nehmen, zuvor aber kurz klären, was gemeint sein könnte (Sie fragen mich...). Die Frage »anführen« oder »nachfolgen« ist falsch gestellt. Man könnte vielleicht noch der Meinung sein, dass beides polemisch gemeint sein kann: »nachäffen« ist nicht etwas, worauf man stolz ist; »anführen« klingt nach Demagogie. Wenn die Frage falsch gestellt ist, wie soll die Frage dann lauten? (Die Wahrheit ist...). Burke stellt nicht eine andere Frage, sondern gibt eine Antwort, welche die falsche Frage entlarvt (»... ich begegne ihr unterwegs«). Das Problem ist nicht Imitation oder Kontrolle, sondern Handeln in einem Umfeld, das es zu achten gilt. Die öffentliche Meinung ist das dynamische Umfeld strategischen Handelns. Jedoch Burkes Antwort bleibt unklar. Ich kann auf verschiedene Weise »begegnen«: ich kann missachten und links beiseite lassen; ich kann das Begegnete verändern oder umstoßen wollen; ich kann mich dem Begegneten anschließen; ich kann genauer hinhören, was gemeint wird, und meinen weiteren Weg darauf abstimmen. Es kann sein, dass ich dann nach der Begegnung nicht mehr das gleiche Lebensprojekt habe. In den folgenden Ausführungen wollen wir das persönliche »ich« durch ein anderes Zukunftsprojekt ersetzen: die Gentechnik begegnet der »Öffentlichkeit«.

Wissenschaftliche Technik, und so auch die Gentechnik, sind im sozialwissenschaftlichen Verständnis in Strukturen verfestigte Handlungen. Sie bieten die Grundlagen für weitere Handlungen, bei denen bisherige Errungenschaften als Aufforderungscharaktere (engl.: affordances) eingehen, diese symbolisch mit enthusiastischen oder abweisenden Konnotationen versehen, oder einfach ignoriert werden. Technik ist Normierung des Handelns mit andern Mitteln (Linde 1972). Daran sind allerlei Leute beteiligt, die Wissen und Kompetenzen

---

3 Dt.: »Sie fragen mich, ob ich die öffentliche Meinung anführe oder ob ich ihr nur folge. In Wahrheit begegne ich ihr unterwegs.«

anhäufen und dabei unterschiedliche Zukunftsvorstellungen zum Zuge bringen. Die moderne Gentechnik, wie jede andere Technik auch, wird von einem wachsenden, aber opportunistischen Netzwerk verschiedenster Funktionen getragen: Techniker, Wissenschafter, Industrieunternehmen, Banken und Investoren, Bioethiker, Patentanwälte, Verbandsfunktionäre, Wissenschaftspolitiker, Agitatoren, Nobelpreisträger, Konsumenten- und Natur- und Umweltschützer, Patientenvertreter, Marketing- und Public Relations Spezialisten, oder Sozialwissenschafter, die sich alle um die Zukunft dieser Technologie je auf ihre Art »sorgen«. Ein Adressverzeichnis (Paula 1997) enthält über 500 mehr oder weniger unabhängige Assoziationen und Organisationen, die sich allein in Europa dieser Entwicklung annehmen, entweder als PINGO (privat-unabhängige NGO) oder als BINGO (business-orientierte NGO). Jede neue Technologie wird von einem solchen vielfältigen und wachsenden Netzwerk getragen. Neben den privaten und teils technischen Vorstellungen dieser Akteure, finden sich öffentliche Repräsentationen von einer besseren oder schlechteren Zukunft, generell mit oder ohne Gentechnik, oder mit Gentechnik in spezifischer Ausgestaltung. Diese vernetzten und bei weitem nicht konfliktfreien Aktivitäten der Gentechnikbewegung werden einer eher passiven Öffentlichkeit früher oder später begegnen.

Der Öffentlichkeit kommt in modernen Gesellschaften eine ähnliche Bedeutung für Entscheidungen zu wie dem Hl. Geist in einer religiös geprägten Lebenswelt: Niemand weiß genau was »sie/er« ist, wir haben allenfalls Hilfskonstruktionen und Zugangsformen, und dazu aber den starken Hinweis, sie/ihn nicht zu ignorieren, um einer besseren Zukunft willen. Verschiedene Sozialwissenschaften haben es sich zur Aufgabe gemacht, die »Öffentlichkeit« systematisch zu studieren, dies aber ohne Monopol; in gewissem Sinne ähnlich wie die Theologen, die sich um eine Pneumologie (griech. pneuma: Atem, Geist) bemühen. Dazu gehört eine Theorie von Strukturen und Zugangsformen. In der Öffentlichkeitsforschung ist die Umfrageforschung das verbreitete Zugangsverfahren, jedoch nicht das allein seligmachende, obwohl man manchmal diesen Eindruck gewinnen könnte.

Hier setzt unser Forschungsprogramm »Biotechnology and the European public« an (Bauer, Gaskell und Durant 1994). Wir gehen davon aus, dass ein wissenschaftlich-industrieller Komplex im Entstehen ist, der die Entwicklung der Gentechnik als Kern einer Gentechnikbewegung vorwärts treibt, und der von zahlreichen flankierenden Aktivitäten umschwärmt wird. Diese Bewegung ist kein hierarchisch geordnetes, konfliktfreies System, sondern ein Netzwerk, dessen Einheit in der konfliktreichen Referenz auf Gentechnik besteht. Man könnte diesen Komplex messen an der Anzahl von Biotech-Firmen (oder nach der jüngsten Sprachregelung: life sciences), der Anzahl beteiligter Wissenschaftler und anderer Arbeitskräfte, dem Wert der R&D Investitionen in Gentechnik, dem Kapitalwert solcher Firmen am Aktienmarkt, die Anzahl Organisationen im Umfeld etc. (Müller 1998). Darauf will ich mich hier nun nicht weiter einlassen. Wir können jedoch davon ausgehen, dass dieser Komplex im Wachstum begriffen ist, und dies nicht zuletzt dank der Vorstellung, dass es sich hier um eine Schlüsseltechnologie des 21. Jahrhunderts handelt.

Nicht die Kernaktivitäten der Gentechnikbewegung sollen uns hier beschäftigen, sondern deren Öffentlichkeit als einer ihrer Umwelten. Wir definieren die Öffentlichkeit als drei Arenen der Repräsentation: Gesetzgebung, Massenmedien und Alltagswahrnehmung. Dabei wollen wir Gesetzgebung von öffentlicher Meinung unterscheiden und die öffentliche Meinung weiter in formal-massenmedial vermittelte Kommunikation und informal-alltägliche Konversation und Wahrnehmung unterteilen.

Unsere Langzeitindikatoren liefern vergleichende Daten zur gesellschaftlichen Bedeutung des Themas »Gentechnik«. Im Langzeitvergleich kann man einerseits den Zusammenhang zwischen Medien, Politik und Wahrnehmungen, andererseits die Richtung des Einflusses bestimmen. Da mag es Zeiten geben, wo die Medien die Politik oder die Wahrnehmungen beeinflussen, oder Zeiten, wo die Politik die Medien und die Meinungen beeinflussen, oder die Meinungen der Politik und den Medien den Takt angeben. Auf lange Sicht sollten es unsere Daten erlauben, den Einfluss und dessen Richtung in Funktion der Entwicklung zu modellieren. Wir nehmen diese drei Arenen der Repräsentation von Gentechnik international vergleichend unter die Lupe, um die Strukturen und deren Dynamik getrennt und im Zusammenspiel zu modellieren.[4] Wir beobachten hier, quasi als Zeitzeugen, den Aufbau einer Öffentlichkeit für eine Jahrhunderttechnologie. Diese Öffentlichkeit stellt eine der Rahmenbedingung für die Zukunft dieser Technologie dar.

Ich werde alle drei Arenen der Repräsentation anhand unserer Daten darstellen, wobei ich jeweils nur kurz die Methoden streife. Es wird sich zeigen, dass dem Reden von »Ethik« in der öffentlichen Diskussion ein immer breiterer Raum zukommt. Manche sprechen dabei gar von einer Ethik- oder Moralinflation, da Verbreitung und Entwertung von Ethikdiskursen Hand in Hand gehen. Für den Sozialwissenschafter ist dies jedoch weniger Polemik als ein empirisches Problem. Es gilt die verbreiteten Moralvorstellungen und die soziale Bewertung von Ethikargumenten zu erfassen und dies im Zusammenhang mit der Entwicklung neuer Technologien zu deuten (Luhmann und Pfürtner 1977).

---

4 Zum Konzept der sozialen Repräsentationen verweise ich auf die Diskussion in Bauer und Gaskell (1999); oder dt. in einer älteren Version: Bauer und Gaskell (1998).

Biotechnologie als Objekt staatlicher Regulierung

Man kann sich fragen: Wie wird im Regieren eines Landes die moderne Biotechnologie repräsentiert? Wir ziehen für den Europäischen Vergleich zwei Indikatoren bei. Die Art und der Zeitpunkt der staatlichen Regelung, und die Intensität politischer Aktivitäten zur Biotechnologie. Unser Projekt vergleicht die Regelungen in Europäischen Ländern nach folgendem Schema: Für die verschiedenen Bereiche der Biotechnologie werden die Einsetzung von Kommissionen, Veröffentlichung von Untersuchungsberichten, von Empfehlungen und Gesetzen chronologisch verortet (Gaskell, Bauer und Durant 1998a). Anhand solcher Informationen lässt sich erkennen, wann die staatliche Aktivität einsetzt, sowie deren Dichte und Vereinheitlichung. So sind zum Beispiel Großbritannien und Schweden Pioniere mit ersten Regelungen bereits in den 70er Jahren, während der Staat in Italien, Finnland, Österreich, Griechenland, und Polen eher später zur Thematik findet, und dies eher in Reaktion zu den horizontalen EU Regelungen von 1991. Zudem hatten bis 1996 nur Deutschland, Finnland, Österreich, Schweden und Dänemark ein vereinheitlichendes »Gengesetz«. Andere Länder (z. B. Holland, Großbritannien, Frankreich, Schweiz, Polen, Italien und Griechenland) hatten eine Vielzahl von staatlichen Regelungen zur Biotechnologie.

Wir nehmen im Rahmen unserer Studie auch eine Einschätzung der politischen Aktivitäten rund um die Biotechnologie vor. Dabei erheben wir für drei Zeitperioden (1985-91, 1992-94, 1995-98) das Niveau der Aktivitäten nach mehreren Kriterien: z. B. parlamentarische Debatten, Gesetzgebung, public hearings, Referenden oder Petitionen, Protestaktionen und Kampagnen, ist Gentechnik ein Parteipolitisches Problem, sind die Allianzen geeint oder zersplittert.

Abb. 1 vergleicht die Intensität politischer Aktivitäten von der ersten zur dritten Beobachtungsperiode, was als »Hitzeindikator« der politischen Debatte dient. Während man generell eine Zunahme der Thematisierung von Biotechnologie seit Mitte der 80er Jahre in allen Ländern feststellt, verstärkt sich die Diskussion in Österreich, Frankreich, der Schweiz oder Großbritannien über den Trend, in Holland, Deutschland, Dänemark oder Italien kühlt sie sich eher ab.

Eine Besonderheit jüngster Entwicklungen staatlicher Regelungen der Biotechnologie scheint vielerorts der Einbezug von ethischen und moralischen Gesichtspunkten. Solche Gesichtspunkte sind an sich in der Geschichte der Gentechnik keine Neuheit, standen doch am Anfang dieser Technik öffentliche Bedenken und Auseinandersetzungen, welche die beteiligten Wissenschafter selbst einbrachten, und die als »Berg-letter« 1974 und Asilomar Konferenz 1975 in die Geschichte eingingen (Radkau 1995).

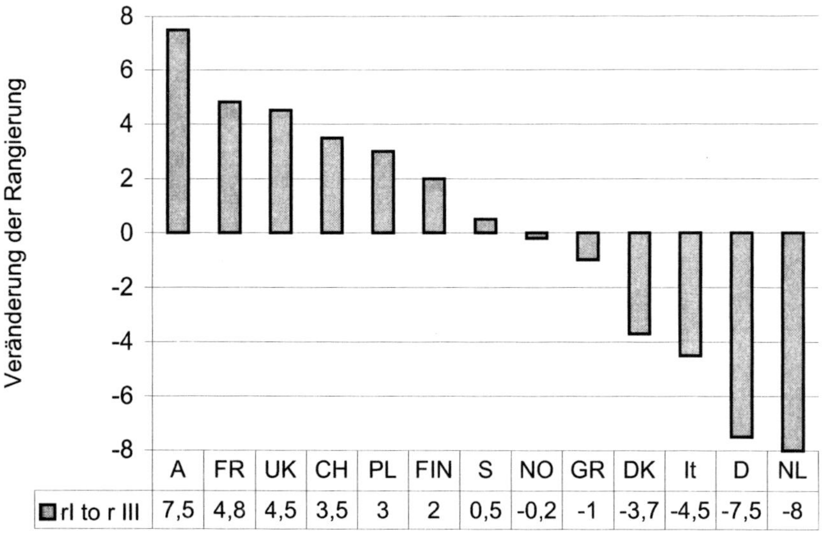

Abb. 1: Veränderungen in der »Temperatur« der politischen Debatte zur Gentechnik in 13 europäischen Ländern. Für zwei Zeitperioden, 1985-91 und 1995-98, wurde die Intensität der Debatte anhand der erwähnten neun Guttman-Kriterien beurteilt und verglichen. Die Grafik zeigt die relativen Rangverschiebungen von der einen zur andern Zeitperiode (die Zahlen auf der Ordinate zeigen die Rangverschiebung). Rangverlust bedeutet relative Abkühlung, Rangzunahme relative Erhitzung der Gentechnikdebatte.

Moralische und ethische Bedenken wurden jedoch bald von den Aussichten auf kommerzielle Ausbeutung dieser Jahrhunderttechnologie verdrängt. Allfällige Bedenken wurden als Risiken, anfänglich zur Arbeitsicherheit im Labor, erfasst, kalkuliert und reguliert. Seit Anfang der 90er Jahre werden nun vielerorts zu allen möglichen Teilbereichen Ethikkommissionen und -experten berufen, Informationsstellen und Lehrstühle der Genethik berufen. Die Einsetzungen von Bioethikkommissionen geht zwar weiter zurück, jedoch lediglich als Aufruf zur »weichen« Selbstregulierungen, die »harte« gesetzliche Verankerung von bioethischen Gesichtspunkten erfolgt erst in den 90er Jahren (Galloux et. al, im Druck). Die Debatte um die Kriterien zur Patentierung von Gensequenzen wird seit geraumer Zeit mit ethischem Unterton geführt. Kürzlich hat die EU die Zulassung von genetisch veränderten Nahrungsmitteln neben einer traditionellen Analyse von Gesundheitsrisiken auch der Beurteilung nach ethischen Kriterien unterworfen (Mai, 1999). Zur gleichen Zeit erwog die britische Regierung bereits, den Bioethikern in einer neuen Regelung der Gentechnik besonderes Gewicht zukommen zu lassen. Bioethik oder Gen-Ethik lässt eine neuartige Professionalisierung von Philosophie entstehen. Nach Schätzungen gibt es in den USA bereits 2000 Bioethiker, die sich selbst so bezeichnen, und gegen 25 spezialisierte universitäre Ausbildungsprogramme, die auf eine solche Berufung vorbereiten (*The Guardian*, 31 Juli, 1999). 1999 wurde dann auch ein internationaler Forschungspreis, der traditionell Naturwissenschaftlern vorbehalten war, einem Bioethiker verliehen. Nicht zuletzt die Vortragsreihe an der Universität Hannover, aus dem der vorliegende Band hervorgegangen ist, scheint mir Teil dieses Trends zur Sorge um die Ethik der Biotechnologie zu sein.

Geschichtlich vergleichend muss man sich fragen: Wurden ähnliche Veranstaltungen in den 50er, 60er, oder 70er Jahren anberaumt, als sich Nuklear-, Weltraum- und Computertechnik als Jahrhunderttechnik anzubieten begannen? Man gewinnt den Eindruck, dass der Fokus »ethische Kriterien« in der staatlichen Technikregulierung eher eine jüngere Erscheinung ist. Was soll das bedeuten? Ich werde darauf zurückkommen.

Biotechnologie als Objekt der Massenmedien

Das Verhältnis von Massenmedien und öffentlicher Meinung ist umstritten. Manche betonen oder beklagen die Vorreiterrolle der Medien, je nach Interessenlage. Langzeitstudien wie die unsere bieten Gelegenheit, die Dynamik und Wirkungen der Massenmedien in technologischen Debatten zu studieren. Dazu finden sich spezifische Thesen. Nach der These des »soft agenda setting« bestimmen die Medien nicht wie wir denken, sondern lediglich worüber wir allenfalls denken. Sie bestimmen die Themen, aber nicht wie die Themen im Publikum behandelt werden. Das »hard agenda setting« erwartet, dass häufige Berichterstattung zu Technikthemen, unabhängig vom Inhalt der Thematisierung, die öffentliche Meinung zum Negativen wendet. Die Kultivierungsthese oder die These von der Schweigespirale lassen erwarten, dass das Publikum sich mittel- oder langfristig dem Tenor der Massenmedien anschließt, entweder als schleichende Indoktrinierung oder durch Mundtotmachung abweichender Meinungen. Auf der andern Seite nehmen manche an, dass die Massenmedien lediglich die Themen der offiziellen Politik in Nachhinein kommentieren, oder den Puls der Publikumsmeinung erfassen und wiedergeben. Die Nachbereitungs- und die Wiederspiegelungsthese werden nicht nur empirisch untersucht, sie sind auch Gegenstand von normativen Forderungen. Die Medien werden zur objektiven Berichterstattung verpflichtet (Wiederspiegelung), oder zu Kritik und Kommentar staatlichen Handelns aufgerufen (Nachbereitung). Andererseits ist es nicht wegzureden, dass die Massenmedien der öffentlichen Meinung zuarbeiten, um die eigenen Auflagen zu stärken und dabei, so quasi als Nebenfolge, Wiederspiegelung betreiben.

In unserer Forschung analysieren wir die Berichterstattung zur Gentechnik in führenden Tageszeitungen in 12 Europäischen Ländern von 1973 bis 1996. Dabei interessieren uns die Intensität und die Inhalte der Berichterstattung. Über einen längeren Zeitraum sind Zeitungen ein Indikator für die Medienberichterstattung insgesamt: Was sich häufig in den Zeitungen findet, dürfte auch am Radio zu hören oder im Fernsehen zu sehen sein. Man nimmt mit guten Gründen an, was in führenden Zeitungen zu lesen ist, wird sich thematisch auch in anderen Medien niederschlagen, vielleicht etwas zeitverschoben, aber mit ähnlichen Schwerpunkten (siehe Bauer 2000).

Die Häufigkeit der Berichterstattung ist ein Indikator für die Bedeutsamkeit eines Themas im nationalen Meinungsklima. Medien haben eine eng begrenzte Kapazität, sie müssen daher für die Berichterstattung stark nach operativen Kriterien selektionieren. Was diesen Filter häufig und in steigendem Maße überlebt, hat Indikatorwert: Hier geschieht national Wichtiges. Man kann die Häufigkeit der Berichterstattung zur Gentechnik dann nach Zeitpunkt und Inhalten vergleichen. Abb. 2 zeigt die Anzahl der Zeitungsartikel in drei europäischen Ländern seit 1973.

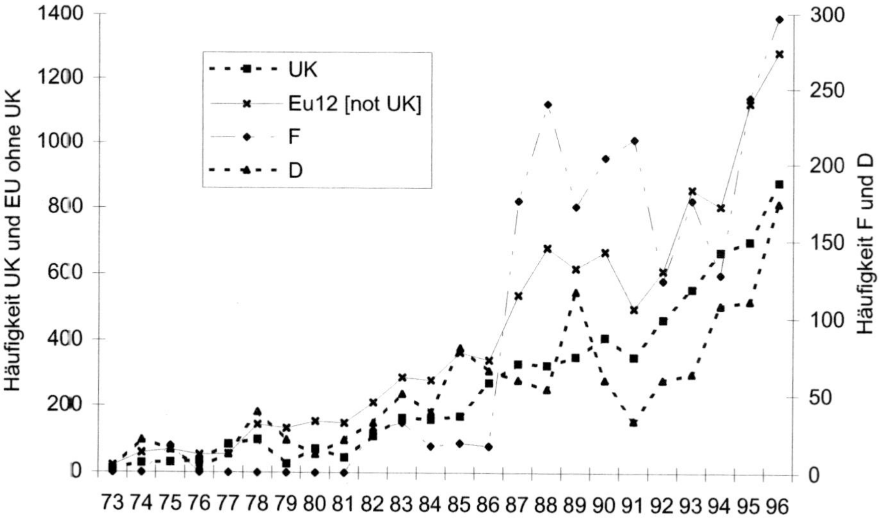

Abb. 2: Absolute Häufigkeit der Presseberichterstattung zur Gentechnik in Europa (EU ohne UK), in Großbritannien (UK), Frankreich (F) und in Deutschland (D) für die Zeit von 1973 bis 1996. Europa und UK sind auf der linken Skala eingetragen, Frankreich und Deutschland auf der rechten Skala.

Drei Phänomene werden deutlich. Erstens, die Gentechnik erlebt seit den frühen 80er Jahren eine steigende Thematisierung in den Massenmedien, dabei zeigt sich seit 1991 eine Trendverstärkung. Zweitens, bis 1996 hat Großbritannien bei weitem die intensivste Berichterstattung zur Gentechnik, welche die deutsche oder die französische und auch jene anderer europäischer Länder um ein Mehrfaches übertrifft. Drittens lassen sich im Auf und Ab der Presse zur Gentechnik spezifisch nationale Phasen der Debatte ausgrenzen (siehe im Detail: Durant, Bauer und Gaskell 1998).

Wir unterscheiden vier Typen der Berichterstattung zur Gentechnik in Europa. Der erste Typ, den wir *Gene sind News* bezeichnen wollen, charakterisiert vor allem die Presse in Großbritannien, allenfalls auch in Frankreich. In solchen Ländern ist die Gentechnik so stark im öffentlichen Bewusstsein verankert, dass andere Themen dadurch Neuigkeitswert erhalten, weil sie Querbezüge zur Gentechnik erlauben. Dies zeigt sich nicht zuletzt in Werbekampagnen, die mit gentechnischen Bildern und Assoziationen arbeiten und dabei den Glamour von Genen und was damit zusammenhängt zeitgeistbewusst darstellen. Zweitens wird Gentechnik in einigen Ländern hauptsächlich als Hebel der *Modernisierung* repräsentiert, dies vor allem in Deutschland, Finnland, Griechenland und Polen. Man erwartet diese Verarbeitung vor allem in randständigen Gebieten. Deutschland ist in diesem Kreis eher unerwartet. Auf der andern Seite hat sich gerade in Deutschland seit der Wiedervereinigung von 1989 ein Diskurs um Modernisierung verbreitet, der auch die Gentechnik erfasst. Drittens findet sich zum Beispiel in Dänemark und in der Schweiz eine häufige Berichterstattung, die wir als *doppelte Beunruhigung* bezeichnen wollen. Die Diskussion der Gentechnik kreist hier relativ häufig um Risiken wie auch um moralische Themen. Viertens finden wir in vor allem Österreich und auch in Holland einen höheren Anteil moralischer Argumente zur Gentechnik, was wir *»ethische Thematisierung«* nennen wollen.

Die obenstehende Typisierung bezieht sich auf die Mitte der 90er Jahre. Auf längere Sicht zeichnen sich, mit nationalen Abweichungen, auch inhaltliche Trends ab. Was auch immer die Themen der Berichterstattung sind, diese werden innerhalb eines Rahmenarguments behandelt. Solche Rahmenargumente sind zum Beispiel: der Fortschritt der Wissenschaft, das wirtschaftliche Potential, das Öffnen von Pandoras Büchse, ein notwendiger Faustischer Pakt, Eigenschaften als Folge von Anlage oder Vererbung, die staatliche Kontrolle der Gentechnik, Imperative der Globalisierung, oder Ethik und Moral. Wiederum typisierend erfassen wir die inhaltlichen Trends für die Mediendiskussion der Gentechnik, dies durchsetzt von einer Diversifizierung der Argumente. Die Diskussion der 70er Jahre kreist um die Arbeitssicherheit der Gentechnik, um die Klassifikation der Risiken und deren Kontrolle. Hinzu kommt anfangs der 80er Jahre eine verstärkte Verankerung der neuen Technik in Bildern des wissenschaftlichen Fortschritts und in Aussichten auf wirtschaftliche Zukunftspotentiale. Gegen Ende der 80er Jahre wird dieser Enthusiasmus etwas gedämpft, und die öffentliche Kontrolle wird vermehrt thematisiert (auf Englisch: public accountability). Dabei geht es auch um die Erweiterung des Risikokonzeptes vom Labor auf Umweltauswirkungen. Seit Beginn der 90er Jahre finden sich dann auch in der Medienberichterstattung die Gesichtspunkte Moral und Ethik der Gentechnik.

Abb. 3 zeigt den Trend in der europäischen Berichterstattung zur Gentechnik als Thema der Moral und mit Ethik als Rahmenargument. Dabei zeigt sich, dass die Moralisierung der Gentechnik an sich ein Thema der ganzen Zeitperiode ist, jedoch erst in den 90er Jahren zu einem wichtigen Rahmenargument in der Presseberichterstattung wird. Ethik und Moral - bezogen auf Gentechnik - gewinnen im Bereich staatlichen Handelns sowie in der öffentlichen Meinung klar an Raum, und das ungefähr zeitgleich seit Anfang der 90er Jahre.

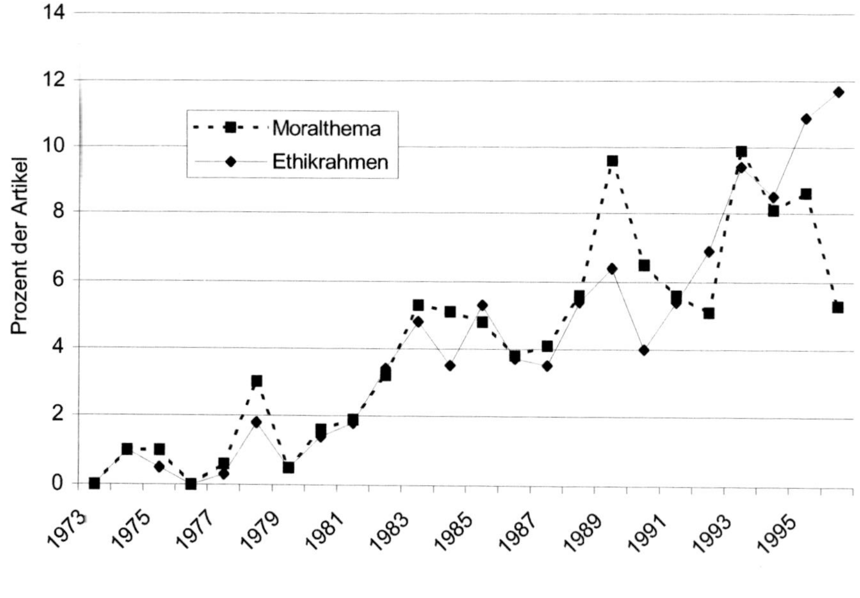

Abb. 3: Thematisierung der Gen-Ethik in der führenden europäischen Presse als Moralthema und mit Ethik als Rahmenargument für die Periode 1973-1996. Die Grafik zeigt die relative Häufigkeit in Prozent der jährlichen Presseartikel, die Moral als Thema der Gentechnik oder Gen-Ethik als Rahmenargument benutzen (1996: 100 % = 2156).

Gentechnik als Objekt alltäglicher Wahrnehmung

Ende 1996 wurde eine Umfrage zum Thema »Biotechnologie und Gentechnik« in 17 Europäischen Ländern unternommen.[5] Die Tatsache, dass die Daten mittlerweile 4 Jahre alt sind, ist Anlass, die Resultate skeptisch zu betrachten. Dies nicht zuletzt deshalb, weil die Gentechnikdiskussion in der letzten Zeit nicht zum Erliegen kam, sondern mit Dolly, dem geklonten Schaf, und in der Kontroverse um Monsantos Roundup-Ready Soya oder Novartis' genetisch verändertem Mais neuen Stoff erhalten hat. Ich beschränke mich daher auf Datenrelationen, die stabiler sind als bloße Prozentresultate. Diese umfassen im wesentlichen zwei Punkte: die Aufmerksamkeit und das Wissen in der Öffentlichkeit, und die Bedeutung des moralischen Urteils für die Unterstützung der Gentechnik in der Alltagswahrnehmung.

Aufmerksamkeit und Wissen in der Öffentlichkeit

Ein Paradox sei vorangestellt: die Europäische Öffentlichkeit beurteilt die Gentechnik relativ skeptisch, und dies trotz verbreitetem Technikoptimismus. Vergleiche mit früheren Umfragen in den Jahren 1991 und 1993 zeigen stabile oder gar zunehmende Skepsis (Gaskell, Bauer und Durant 1998b). Das generelle Resultat maskiert natürlich die feinen Unterschiede nach Land und nach Gentechnikanwendungen. Alles in allem zeigt sich aber eine differenzierte Betrachtung moderner Technik in allen europäischen Ländern. Weshalb tut sich die europäische Öffentlichkeit mit der Gentechnik am Ende des 20. Jahrhunderts so schwer? Dies ist eine Herausforderung für die vergleichende Sozialforschung.

Die genannte Erhebung umfasste auch die Fragen: »Haben Sie von Gentechnik schon gehört?« und »Diskutieren Sie darüber mit Freunden und Bekannten?«. Diese Fragen messen die Aufmerksamkeit, welche die Bevölkerung der Gentechnik entgegenbringt. Der internationale Vergleich ist aufschlussreich. Die Schweiz hat die aufmerksamste Bevölkerung vor Dänemark, Österreich und Finnland. 90 % der Befragten haben von »Gentechnik« schon ge-

---

[5] Dabei handelt es sich um Eurobarometer 46.1. Die Studie wurde in unserem Forschungsverbund geplant und ausgewertet. Für erste Resultate der Studie sei auf unsere Beiträge in *Nature* (387, 1997: 845-847) und in *Science* (16. Juli, 1999: 384-87) verwiesen. Die Umfrage umfasste folgende Fragenbereiche: Technikoptimismus /-pessimismus, Gentechnikwissen, Einstellungen zu sechs Anwendungstypen der Gentechnik, Vertrauen in Institutionen, Zukunftserwartungen an die Gentechnik, Einstellungen zum Stand der Technikregulierung; die subjektive Bedeutung des Themas, politische Orientierungen; Hintergrundinformationen zu Geschlecht, Alter, Einkommen der Befragten.

hört; 54 % der Schweizer haben davon gehört *und* die Sache auch schon diskutiert. Wer die Debatte verfolgt, hat mehr Sachwissen und auch mehr moralische Bedenken als andere; deshalb nimmt man wohl an der Debatte teil. Die Vergleichswerte für Deutschland sind 76 % und 35 %, für Großbritannien sind es 64 % beziehungsweise 30 %, also einiges geringer, was erstaunt, da Großbritannien eine der aktivsten Gentechnikbewegungen aufweist, und die britische Medienberichterstattung jene anderer Länder an Intensität um einiges übertrifft (siehe oben Abb. 2).

Das Wissen zur Gentechnik wird mit Quizfragen erhoben: zum Beispiel »Hefe, die zum Bierbrauen verwendet wird, besteht aus lebenden Organismen« oder »Über die Hälfte der menschlichen Gene sind identisch mit denen von Schimpansen«. Die Befragten geben an, ob solche Sätze »richtig« oder »falsch« sind. Man subtrahiert für jeden Befragten die Anzahl »inkorrekter« von der Anzahl »korrekter« Antworten und gewinnt so einen objektiven Wissensindex zur Gentechnik.

Das Wissen um die Gentechnik ist in Europa sehr unterschiedlich verbreitet. Holland, die Schweiz, Dänemark, Schweden und Großbritannien bilden die besser informierte Ländergruppe; während Spanien, Irland, Österreich, Portugal und Griechenland die weniger informierte Gruppe bilden. Italien, Norwegen, Finnland, Frankreich, Belgien, Luxemburg und Deutschland liegen dazwischen. Die Länder unterscheiden sich zudem in der internen Wissensverteilung mit mehr oder weniger Polarisierung in Wissende und Nichtwissende.

Wir Bürger haben nur eine begrenzte Kapazität, uns mit öffentlichen Problemen zu befassen, da private oder berufliche Dinge oft unsere Aufmerksamkeit erfordern. Dennoch stellt man fest, dass die Aufmerksamkeit und das Sachwissen zur Gentechnik zum Beispiel in der Schweiz sehr hoch ist. Die beiden demokratischen Debatten um die Genschutzinitiativen von 1992 und 1998 leisteten ihren Beitrag, nicht zuletzt zur allgemeinen Volksbildung. Die Schweiz dürfte in dieser Hinsicht einzigartig sein, abgesehen vielleicht von Island, wo dank Roche/DeCode die Genforschung seit kurzem ansetzt, alle andern nationalen Erwerbsquellen zu überholen, und dies wohl kaum einem Inselbewohner entgangen sein dürfte (Palsson und Rabinow 1999).

Moralisches Urteil ist ausschlaggebend

Die verbreitete Vorstellung, wonach mehr Wissen um Wissenschaft und Technik zu weniger Bedenken und mehr Unterstützung führt, kann nicht erhärtet werden. Das Wissensniveau hängt von der Schulung der Leute ab; es besteht aber kaum ein direkter Zusammenhang mit der Beurteilung der Gentechnik. Die moralische Beurteilung der Gentechnik hängt nicht am gentechnischen

Wissen. Wissende und Unwissende bilden sich ähnliche moralische Urteile über Gentechnik.

Das ist weiter nicht verwunderlich, sonst hätte man ja kaum Expertendispute. Technokraten träumen vielleicht von einer »versachlichten« Diskussion auf dem höchsten Niveau von Sachwissen. Dies wird jedoch eine Utopie bleiben müssen. Die moderne Gesellschaft baut auf der Spezialisierung von Wissen auf, produziert dabei mitlaufende Ignoranz. Die Gentechnikbewegung wird sich daher auf »unsachliche« Diskussionen in der Öffentlichkeit notwendigerweise einlassen müssen, will man nicht 99 % der Bevölkerung von politischen Entscheidungen ausschließen. Letzteres lässt sich kaum mit landläufigen Vorstellungen von »Demokratie« vereinbaren, danach ist mangelndes Sachwissen kein Ausschlussgrund, allenfalls ein funktionelles Problem.

Unsere Untersuchungen weisen auf einen fundamentalen Unterschied im Denken von Experten und jenem der Alltagsöffentlichkeit hin. Die Unterstützung von Gentechnikanwendungen hängt am Urteil der moralischen Integrität und nicht an einer Risikoeinschätzung. Die bewegenden Grundfragen betreffen die Moral und die Nützlichkeit der Gentechnik. In allen von uns untersuchten Ländern dominiert ein Meinungskomplex, in dem *Nützlichkeit, moralische Akzeptanz und Unterstützung* für Gentechnik kovariieren. Die statistischen Korrelationen sind hoch, was soviel heißt wie: Wer A und B sagt, sagt auch D. Wer die Dinge nützlich findet, und wer die moralische Integrität gewährleistet sieht, unterstützt die Gentechnik.

Abb. 4 zeigt den Zusammenhang von moralischer Akzeptanz und Unterstützung der Gentechnik gemittelt über sechs verschiedene Anwendungen aus Forschung, Medizin und Nahrungsmittelproduktion. Im nationalen Mittel zeichnet sich eine hohe Korrelation zwischen Moralurteil und Unterstützung der Gentechnik ab.

Davon zu unterscheiden ist das Risikourteil der Gentechnik. Die Unterstützung für alle Anwendungen der Gentechnik hängt in der breiten Öffentlichkeit überwiegend nicht am »Risiko«. Dieses Resultat ist besonders bedeutsam, weil es den Unterschied zwischen Öffentlichkeits- und Expertenauffassung verdeutlicht. Wissenschaftliche Experten sind darauf vorbereitet, ihre Gefahrenurteile auf Grund von kalkulierbaren Risiken zu bilden, während die breite Öffentlichkeit mit Moral- und Nützlichkeitsvorstellungen arbeitet. Gentechnik wird auf »Nützlichkeit« und »moralische Integrität« getestet, wobei der Moral ein Veto eingeräumt wird: nützlich muss die Sache sein, aber sie darf die Moral nicht verletzen.

Die Beurteilung der Gentechnik in der Form von Risikoeinschätzungen ist dabei relativ unbedeutend. Der Einfluss von Risiko-, Moral- oder Nützlichkeitsurteilen auf die Globalunterstützung von Gentechnik lässt sich als statistisches Gewicht dieser Teilurteile vergleichen. Risikourteile sind in der Öffentlichkeit ungewichtig, jedoch auf tiefem Niveau und im internationalen Vergleich etwas variabel, so zum Beispiel in der Schweiz noch relativ hoch. Höheres Wissen vermittelt dem Risikourteil etwas mehr Gewicht und reduziert dabei leicht das Gewicht von Urteilen zur »moralischen Integrität« und zur »Nützlichkeit«.[6]

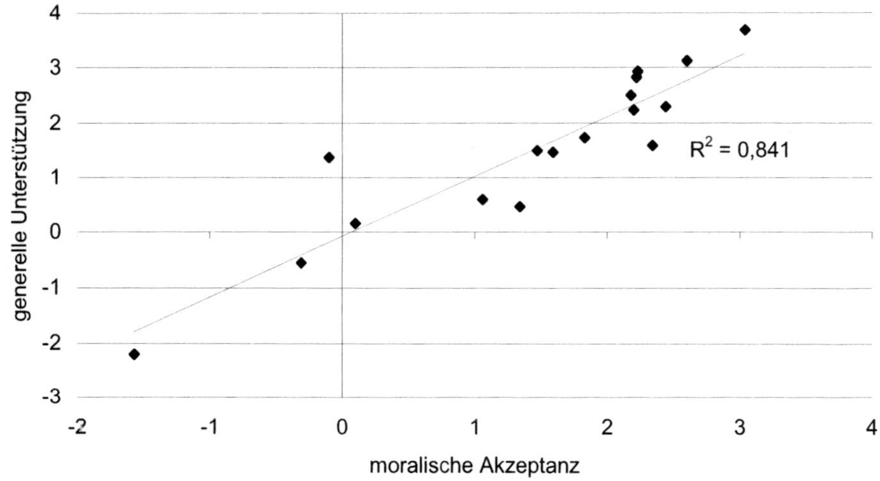

Abb. 4: Zusammenhang des Urteils der moralischen Akzeptanz und allgemeiner Unterstützung der Gentechnik für 13 europäische Länder im Jahre 1996 (r = 0.92). Die Werte sind Mittelwerte von Urteilen zu sechs verschiedenen Anwendungen medizinischer oder agrarischer Art. Die Abszisse zeigt die moralische Akzeptanz, die Ordinate die generelle Unterstützung. Urteile werden auf einer Skala von -2 bis ±2 gesprochen (Quelle: Eurobarometer 46.1).

Es stellt sich dann die Frage, was das Moralurteil bestimmt? Wer der existierenden rechtlichen Regelung von Gentechnik vertraut, wer positive Erwartungen an die Gentechnik fürs neue Millennium hegt, wer sich generell technikoptimistisch gibt, und wer der Regierung vertraut, adäquat zu informieren, legt weniger moralische Bedenken an den Tag als andere. Wer sich hingegen um die Umwelt sorgt, auf traditionelle Methoden der Pflanzen- oder Tierzucht setzt, wer die Debatte verfolgt und wer die Welt als Frau betrachtet, hat mehr moralische Bedenken als andere. Vertrauen in die Kontrollfähigkeit und in die Offenheit der Regierung und ein genereller Zukunftsoptimismus beein-

[6] Die Methode, mit der dies ermittelt werden kann, ist die Regressionsanalyse von Risiko-, Moral-, und Nützlichkeitsurteilen auf die Unterstützung von Gentechnikanwendungen. Die Beta-gewichte für das Moralurteil sind > 0.60, die Gewichte für Risikourteile liegen zwischen 0.10–0.20.

flussen das Moralurteil über Biotechnik weit mehr als Sachwissen. Vertrauen oder Misstrauen sind wichtige Bestimmungsvariablen moralischer Bedenken.

Für die öffentliche Wahrnehmung zeigt sich damit die überragende Bedeutung moralischer Gesichtspunkte in der Beurteilung der Gentechnik. Da wir jedoch für die Wahrnehmung der Öffentlichkeit keine umfassenden Zeitreihendaten haben, ist die Frage nach dem Ursprung oder den treibenden Faktoren kaum empirisch eindeutig zu klären. Es bleibt die Frage von Huhn oder Ei: Ist die Ethisierung der staatlichen Regulierung und der Medienberichterstattung von Gentechnik eine Antwort auf das verbreitete moralische Unbehagen in der Wahrnehmung, oder vollzieht die Wahrnehmung lediglich die Änderungen in Politik und Berichterstattung nach? Realistischerweise müssen wir dabei eine komplizierte Wechselwirkung unserer drei Arenen der Öffentlichkeit der Gentechnikbewegung annehmen, der ich mich zum Abschluss spekulativ nähern will.

Vier Thesen zur Genethik

»So what..?« fragt man im Englischen, will man der akademischen Autonomie einen Strick drehen. Diese öffentliche Repräsentation ist das Umfeld, in dem die Gentechnik sich auf absehbare Zeit bewegen wird. Sie sei nochmals kurz charakterisiert. Im Bereich staatlicher Regulierung verzeichnen wir eine erhöhte Aktivität seit Mitte 1980, eine Beruhigung bis Mitte 90er Jahre. Die Aktivität ist in einzelnen Ländern verschieden, je nach Alter der Debatte und nach Politiktradition. Die Kontroverse wandelt sich von den 80er zu den 90er Jahren: Sie erhitzt sich in deutlich in Österreich, Frankreich, Großbritannien, und der Schweiz, kühlt sich eher ab in Deutschland, Dänemark, den Niederlanden oder Italien.

Die Medienberichterstattung zum Thema Gentechnik erhält dabei zunehmend mehr Raum. Dabei fällt Großbritannien mit seiner besonders starken Thematisierung auf. Zyklen in der Berichterstattung erlauben es je nach Land unterschiedliche Phasen zu bestimmen. Mitte der 90er Jahre zeichnen sich europaweit vier Typen der Berichterstattung ab: Gene sind News, Modernisierung, doppelte Beunruhigung, ethische Thematisierung. Der argumentative Rahmen der Berichterstattung erweitert sich und bewegt sich seit den 70er Jahren von Risiken, wissenschaftlichen Fortschrittsbildern und wirtschaftlichen Zukunftserwartungen hin zu Argumenten zur öffentlichen Kontrolle und zu ethischen Problemlagen. Dabei wandelt sich Ethik von einem Thema unter anderen zu einem eigentlichen Berichterstattungsrahmen der Gentechnik.

In der öffentlichen Wahrnehmung findet sich Ende 1996 eine verbreitete und paradoxe Skepsis gegenüber der Gentechnik trotz generellem Technikoptimismus; dies jedoch auf dem Hintergrund von sehr unterschiedlichen Graden von Aufmerksamkeit und Sachwissen um Gentechnik. Korrelationsanalysen zeigen, dass Moral und Nützlichkeitsvorstellungen das Gesamturteil zur Gentechnik bestimmen, während Risikoeinschätzungen dabei kaum Gewicht zukommt. Hier zeigt sich ein Unterschied in der Denkweise von Experten und der breiten Öffentlichkeit.

Seit den frühen 90er Jahren wird in Regierung, Medien und öffentlicher Wahrnehmung die Gentechnik vermehrt als moralisches und ethisches Problem repräsentiert. In der staatlichen Technikregulierung scheint dies eine relativ junge Erscheinung, so auch in der Medienberichterstattung. Für die öffentliche Wahrnehmung fehlen die Langzeitdaten. Zieht man Vergleiche mit den Diskussionen um Nukleartechnik oder um Computer- und Informationstechnologie, zeigt sich damit eine Neuerung. Waren bisherige Technikdiskussionen von Argumenten um Risiken, deren Erfassung und Kontrolle dominiert, öffnet die Gentechnik einen erweiterten Bezugsrahmen. Neben dem Beurteilungskriterium Risiko kommen explizit moralische und ethische Gesichtspunkte zum tragen.

Diesen empirischen Befund zu Ethik und Moral in der sozialen Repräsentation der Gentechnik will ich zum Schluss spekulativ erweitern. Die Frage lautet: Warum wird der Ethik in der staatlichen Regulierung, in den Medien und in der öffentlichen Meinung so viel Raum gegeben? Dabei will ich vier Erklärungen vorlegen, ohne mir jedoch bereits darüber klar zu sein, welcher den Vorzug zu geben ist.

Die These des Fundamentalismus. Eine erste These geht davon aus, dass die Beurteilung nach Risiko oder Moral eine Beurteilung nach relativen beziehungsweise absoluten Maßstäben impliziert. Risiken werden als empirische Vergleiche von Kosten gesehen, während Moral die Festlegung von absoluten Schranken erwarten lässt. Dabei wird der Übergang von Risikourteilen zu Moralurteilen in der Öffentlichkeit im Lichte eines generellen Trends zu mehr moralischem Fundamentalismus interpretiert. Dieser Fundamentalismus ist wiederum eine Gegenbewegung zur post-modernen Unübersichtlichkeit und Unverbindlichkeit. Die Moralisierung der Gentechnik ist damit nicht spezifisch gemeint, sondern Ausdruck eines generellen Unbehagens in der gegenwärtigen Kultur.

Die Normalisierungsthese. Eine zweite These bemüht sich mit der Vorstellung einer naturwüchsigen Entwicklung von Technologiedebatten. Dabei könnte man aufzeigen, dass vorgängige Debatten zur Nukleartechnik oder zu Computer- und Informationstechnik sich durch ähnliche Phasen hindurch entwickelten. Auf eine vorpolitische Phase folgt die moralische Panik, und in dem Maße wie sich das Wissen um die neue Technik verbreitet, nicht zuletzt dank der Kontroverse, normalisiert sich die Wahrnehmung der neuen Technik in einer versachlichten Diskussion um kalkulierbare Risiken. Diese gesellschaftliche Phasenstruktur hat ihre spiegelbildliche Parallele auf der individuellen Ebene: Im Unwissen reagiert der einzelne mit ängstlicher Entrüstung; mit mehr Sachwissen beruhigt sich die Aufruhr allmählich, und pragmatische Risikokalkulationen werden vorherrschend. Die Diskussion und die Sorge um Moral und Ethik einer neuen Technik werden damit als Frühform der Entwicklung gesehen, die quasi naturwüchsig von einer sachlichen Risikobeurteilung früher oder später abgelöst werden wird. Normalisierung der Debatte meint dabei Entmoralisierung.

Die These von der Disqualifizierung des Risikokonzeptes. Eine dritte These geht von einer historischen Analyse des Konzeptes der Risikoanalyse aus. Dabei zeigt sich, dass die Risikoanalyse im Zusammenhang neuer Technologien im Bereich ziviler Nukleartechnologie entwickelt wurde. Dabei ging es um die Modellierung von möglichen Unfällen, die Kalkulation von deren Wahrscheinlichkeit und die Einschätzung der Folgen. Im Kontext öffentlicher Debatten war der numerische Vergleich von Nuklearrisiken mit Risiken anderer Technologien und Aktivitäten wichtig. Die Expertenkalkulation erlaubte auch den Vergleich von »objektiven« und »subjektiven« Risiken in der Form von abweichenden Alltagswahrnehmungen. Dieses Programm der Risikoanalyse, -kontrolle und -wahrnehmung ist verschiedentlich kritisiert worden. Nicht zuletzt das populäre Konzept der »Risikogesellschaft« (Beck, 1985) zeigt dessen Grenzen im Lichte unkontrollierbarer Nebenfolgen technischer Entwicklungen auf. Die Folge ist die Disqualifizierung des Risikokonzeptes in seiner traditionellen Form. Trotz Risikoanalysen wurde die nukleare Katastrophe von Tschernobyl in 1986 nicht verhindert. Zudem ist das Risikokonzept politisch suspekt, weil es dazu dient, die Beurteilung von neuen Technologien in der Hand von Experten zu belassen. Risikoanalysen als einziges Beurteilungskriterium neuer Technologien sind politisch nicht länger überzeugend und mehrheitsfähig und bieten daher keine Lösung für politische Probleme mehr.

Die These von der Spezifizität der Gentechnik. Die vierte und letzte These verweist auf das vermeintlich Spezifische der Gentechnik. Im Vergleich zu vorgängigen Techniken bedarf die Gentechnik besonderer Beurteilungskriterien. Die Nukleartechnologie versprach Neuerungen für die Energieversorgung: nationale Unabhängigkeit und niedrige Kosten. Die Computer- und Informationstechnologie versprach und verspricht weiterhin Fortschritte in der Informationsspeicherung und -verarbeitung, seit kurzem gar eine Neuordnung der Wirtschaft im Internet. Im Vergleich mit der Gentechnik sind Energie und Informationsverarbeitung aber eher periphere Angelegenheiten, da letztere an den Fundamenten des Lebens selbst rührt. Leben und menschliches Selbstverständnis wird dem technischen Entwurf unterworfen, dabei tritt das Dasein hinter dem Design des »Menschenparks« (Sloterdijk) zurück. Diese Tiefendimension der Gentechnik erfordert andere Beurteilungskriterien als alle bisherigen technologischen Neuerungen. Die Erweiterung der Kriterien vom Risiko zu Moral und Ethik im Übergang zur Gentechnik ist daher eine notwendige Antwort auf spezifische Eigenschaften dieser neuen Schlüsseltechnologie.

Man könnte wohl noch weitere solcher Thesen bemühen. Ich will es mit diesen vier mal belassen. Die Diskussion dürfte es dann erlauben, der einen oder anderen These den Vorzug zu geben. In diesem Umfeld der sozialen Repräsentation von Gentechnik verfolgen nun Akteure der Gentechnikbewegung, pro oder contra, ihre Ziele. Es ist nicht die Aufgabe des Beobachters, diese Begegnung vorzuschreiben. Die Aufgabe des Beobachters ist es, die Repräsentationen sachgerecht zu erheben und zu erläutern, und dies der öffentlichen Diskussion wiederum zur Verfügung zu stellen. Über die weitere Karriere dieser Beobachtungen hat der Forscher nur geringe Kontrolle, ähnlich dem Schriftsteller, der die Interpretation seines Buches nicht kontrolliert. Hier kommt der Gen-Ethiker, Biotechniker, Unternehmer, Politiker oder Stimmbürger wieder zum Zuge, die sich normativ zum Verhältnis von Großprojekten und Öffentlichkeit einstellen: soll ich sie ignorieren? Wie soll ich hinhören? Wie sollen wir die Projekte abändern? Dabei ist die Öffentlichkeit die widerständige »Realität« der Gentechnikbewegung, welche potentielle Fehlentwicklungen mit dem Hinweis auf Achtung, Vorsicht und Umsicht aufzeigt (Bauer 1995). Will man aus der Geschichte lernen, könnte man sich auf das Debakel der Nuklearenergiebewegung besinnen: verhaltene Visionen, offene Karten in der Strategie, Erhalten von unabhängigen Kontrollinstanzen und -kompetenzen, und die Öffentlichkeit nicht für dumm zu verkaufen, um sie dann, im Vorurteil gerechtfertigt, von den Entscheidungen auszuschließen.

Literaturverzeichnis

Bauer, M.: Towards a functional analysis of resistance. In: M. Bauer (Hg.), Resistance to new technology: nuclear power, information technology, biotechnology, Cambridge 1995 (2. Auflage 1997), 379-417.

—: »Science in the media« as a cultural indicator: contextualising surveys with media analysis. In: M. Dierkes und C. von Grote (Hg.), Between understanding and trust, Amsterdam 2000, 157-178.

Bauer, M. und G. Gaskell: Eine Forschungsstrategie für soziale Repräsentationen. In: E. Witte (Hg.), Sozialpsychologie der Kognitionen: soziale Repräsentationen, subjektive Theorien, soziale Einstellungen, Lengerich 1998, 26-47.

—: Towards a paradigm for research on social representations. In: Journal for the Theory of Social Behaviour 29 (1999), 163-186.

Bauer, M., G. Gaskell und J. Durant: Biotechnology and the European Public: suggestions for a study of regulation, media coverage and public perceptions 1980-1996, unveröffentlichtes Manuskript, April 1994.

Beck, U.: Risikogesellschaft, Frankfurt a. M. 1985.

Bonfadelli, H. (Hg.): Gentechnologie im Spannungsfeld von Politik, Medien und Öffentlichkeit, IPMZ-Diskussionspunkt 37, Zürich 1999.

Durant, J., M. Bauer und G. Gaskell: Biotechnology in the public sphere - A European source book, London 1998.

Müller, A.: European life sciences '98. Continental shift: the fifth annual Ernst & Young report on the European entrepreneurial life sciences industry, London 1998.

Galloux, J. C., A. T. Mortensen, S. de Cheveigne, A. Allansdottir, A. Chatjouli, G. Sakellaris: Bioethics: public concern and political issues in four European countries. In: M. Bauer, G. Gaskell, und J. Durant (Hg.), The public context of biotechnology in Europe, Cambridge [im Erscheinen].

Gaskell, G., M. Bauer und J. Durant (1998a): The representation of biotechnology: policy, media and public perception. In: J. Durant, M. Bauer und G. Gaskell (Hg.), Biotechnology in the public sphere, London 1998, 3-14.

– (1998b): Public perception of biotechnology in 1996: Eurobarometer 46.1. In: J. Durant, M. Bauer und G. Gaskell (Hg.), Biotechnology in the public sphere, London 1998, 189-214.

Linde, H.: Sachdominanz in Sozialstrukturen, Tübingen 1972.

Luhmann, N. und S. H. Pfürtner (Hg.): Theorietechnik und Moral, Frankfurt a. M. 1977.

Paula, L. (Hg.): Biotechnology for non-specialists. A handbook of information sources, European Federation of Biotechnology, Task Group on Public Perception of Biotechnology, Den Haag 1997.

Palsson, G. und P. Rabinow: Iceland. The case of a national human genome project. In: Anthropology Today, 15 October 1999, 14-19.

Radkau, J.: Learning from Chernobyl for the fight against genetics? Stages and stimuli of German protest movements - a comparative synopsis. In: M. Bauer (Hg.), Resistance to new technology - nuclear power, information technology, biotechnology, Cambridge 1995, 335-356.

Wagner, W., H. Torgersen, F. Seifert, P. Grabner und S. Lehner: Austria - national profile. In: J. Durant, M. Bauer und G. Gaskell (Hg.), Biotechnology in the public sphere - A European source book, London 1998, 15-28.

Helmut Heit

Kommentar zu Martin W. Bauer

Bauers Projekt, die vielumworbene Öffentlichkeit im Rahmen der Auseinandersetzungen um die Gentechnik zu analysieren und zu würdigen, erscheint mir besonders verdienstvoll. In Gesellschaften, die sich als demokratisch verstehen, wird der Öffentlichkeit aus naheliegenden Gründen ein großes Gewicht beigemessen. Daher ist der Vergleich mit dem Hl. Geist in christlich verfassten Gesellschaften auch gar nicht so abwegig. Auch wenn er freilich, wie die meisten Vergleiche, hinkt, denn die tatsächliche Existenz einer Öffentlichkeit wird ja allgemein angenommen, während im Hinblick auf den Hl. Geist die Meinungen doch stärker auseinander gehen. Zumindest ist die Öffentlichkeit, wie Martin Bauer soeben vorgeführt hat, einer empirischen Untersuchung zugänglich. Aber, wenn der Vergleich mit dem Hl. Geist auch hinkt, so kommt er doch auch nicht gerade im Rollstuhl daher, denn die Öffentlichkeit ist in offenen Gesellschaften der Orientierungspunkt für die unterschiedlichsten politischen Bewegungen. Bereits Rousseau ergänzte bekanntlich die klassischen drei Gewalten Exekutive, Legislative und Jurisdiktion um die sogenannte vierte Gewalt der öffentlichen Meinung. Schließlich will unsere Verfassung alle politische Gewalt vom Volke, von der Öffentlichkeit ausgehen sehen. Folglich dreht sich vieles um den Bürger, dessen wahre Interessen von vielen verwaltet werden, ohne dass man so recht wüsste, um wen es sich bei diesen Leuten handelt.

Wie diese Öffentlichkeit systematisch zu studieren und analysieren wäre, ist ein bekanntes Problem und jeder, der sich mit empirischer Sozialforschung beschäftigt hat, weiß um die vielfältigen methodischen Probleme. Welche gesellschaftlichen Gruppen beispielsweise gelten als repräsentativ, welche Zeitungen gelten als »opinion-leading«: die Bildzeitung oder die FAZ? Umfragen, seien sie qualitativ oder repräsentativ, sind immer interpretationsbedürftig, die Konzeption der Fragebögen und die Auswahl der Befragten bedingen das Ergebnis mit usw. usf. Das jede beliebige These durch eine empirische Erhebung erhärtet werden kann, ist ein gängiges Vorurteil, an dem durchaus etwas wahres ist. Die Mitarbeiter des Projekts »Biotechnolgy and the European public« sind sich dieser methodischen Probleme natürlich bewusst, die im übrigen jede empirische Sozialforschung betreffen und den Vergleich mit der Pneumologie des Heiligen Geistes gerechtfertigt erscheinen lassen, so dass ich die Diskussion lieber auf einen anderen Punkt lenken möchte.

Martin Bauer hat ausgehend von seinem empirischen Material die Frage aufgeworfen, weshalb der Ethik heute und gerade im Hinblick auf die Biotechnologie in Politik, Medien und Meinungen soviel Raum gegeben wird. Dabei ist besonders bemerkenswert, dass in der informellen Öffentlichkeit im Unterschied zu den Expertendiskursen über die Biotechnologie weniger von einer Risikoabwägung sondern mehr von moralischer Integrität und ethischen Vorbehalten die Rede ist. Bauer schlägt zur Erklärung dieses Phänomens drei Thesen vor, die mir alle unzureichend erscheinen:

(1) Die Vorstellung einer quasi-naturalistischen Phasenentwicklung der öffentlichen Auseinandersetzung mit neuen Technologien, wonach auf eine Frühphase der moralischen Invektiven, die Phase, in der sich die Biotechnologie gerade befände, eine Phase der sachlicheren Risikoabwägung folgt, an die dann eine Normalisierung anschließt, scheint mir etwas zu grob gestrickt und historisch fragwürdig zu sein. So richteten sich die Proteste gegen die zivile Nutzung der Kernenergie, soweit ich sehe, von vornherein vor allem gegen die damit verbundenen Risiken, ohne, dass dem ein Diskurs über moralische Probleme der Kernenergie vorangegangen wäre. Zudem sind die gesellschaftlichen Gruppen, die moralische Bedenken gegenüber der Biotechnologie haben, nicht identisch mit denjenigen, die von Risikoabwägungen sprechen. Es fragt sich, inwieweit Risikoabwägungen und moralische Bedenken überhaupt strikt voneinander unterschieden werden können. Bei der Abwägung von möglichen Risiken gegenüber möglichem Nutzen spielen ja vorgängige Wertvorstellungen die entscheidende Rolle: Welcher Nutzen rechtfertigt es, ein bestimmtes Risiko in Kauf zu nehmen? Risikoabwägungen sind also auch Wertabwägungen. Bei der Ablehnung der Biotechnologie als illegitimer Eingriff in den *göttlichen Schöpfungsplan* oder die *natürliche Natur* handelt es sich nicht nur um einen moralischen Vorbehalt, sondern mit ihm geht die das Risiko betreffende Vorstellung einher, der Mensch würde an dieser Hybris gerade so wie der bekannte Zauberlehrling notwendig scheitern.

(2) Der zweite Vorschlag, es könnte sich bei der Konjunktur der Ethik um einen Diskurswechsel handeln, der durch die Ablehnung von Expertenwissen und dem damit verbundenen »sachlichen Risikodiskurs« verursacht wird, ist schon deshalb fragwürdig, weil gerade die in der institutionell verankerten Ethik etablierten Experten fürs Moralische um Rat gebeten werden. In den allenthalben aufsprießenden Ethik-Kommissionen werden die moralischen Probleme, die Nützlichkeit ebenso wie die möglichen Risiken von ausgewiesenen Fachleuten diskutiert. Außerdem wäre dann zu untersuchen, woher denn das Misstrauen in die Experten bei bestimmten gesellschaftlichen Gruppen begründet liegt. Ich vermute, dass die Ablehnung der Technokraten und deren Diskurse eine ähnliche Quelle hat, wie die Ablehnung moderner Technologie,

nämlich in der berechtigten Skepsis gegenüber einem unbedingten Machbarkeitsglauben.

(3) Die dritte Vermutung, es könnte sich bei dem wachsenden Interesse für Ethik um eine Zeitgeistwende von relativen utilitaristischen Abwägungen hin zu absoluten Moralschranken handeln, birgt zunächst das Problem, dass der Zeitgeist eine noch obskurere Gestalt als die Öffentlichkeit ist. Zumindest was den intellektuellen Zeitgeist anbelangt, dem man ja das Etikett »Postmoderne« angeheftet hat, scheint die Möglichkeit absoluter Moralschranken ja gerade als Element der alten großen Erzählungen bestritten zu werden. Das schließt natürlich ein gewachsenes Bedürfnis nach fundamentalen Orientierungen nicht aus. Im Gegenteil, man könnte vermuten, dass gerade vor dem Hintergrund von Globalisierung, dem Ende der Nachkriegsordnung und der scheinbaren Beliebigkeit moralischer Vorstellungen und politischer Zielsetzungen die Suche nach festem Halt zunimmt. Es gibt ja gute Gründe, in der offenen Gesellschaft ein Unbehagen zu verspüren. Und man wüsste natürlich gerne und gerne auch endgültig, ob etwa die Gentechnik nun in normativer Hinsicht gut oder schlecht ist. Aber ich bin der festen Überzeugung, dass solche absoluten und universalen moralischen Bewertungen in der nihilistischen oder auch nachmetaphysischen Moderne nicht mehr zugänglich sind.

Nachdem mir die vorgeschlagenen Thesen unzureichend erscheinen, möchte ich einen weiteren, vierten Erklärungsvorschlag für die Expansion im Bioethik-Sektor zur Diskussion stellen. Dabei beziehe ich mich noch einmal auf das Bonmot von Edmund Burke, dass Bauer seinen Ausführungen vorangestellt und auf die Auseinandersetzung um die Biotechnologie übertragen hat: Die Gentechnik begegnet der öffentlichen Meinung unterwegs, was soviel bedeutet wie, hier begegnen sich zwei! Mit diesem Hinweis will ich darauf hinaus, dass die Besonderheiten der großen und vielfältigen Koalition der aktiven Gentechnik-Bewegung sowie die Implikationen der Biotechnologie selbst der passiven Öffentlichkeit in besonderer Weise begegnen und die Gentechnik-Bewegung wiederum auf diese Begegnung reagiert.

In diesem Zusammenhang scheinen mir die spezifischen Eigenschaften der Gentechnologie von entscheidender Bedeutung. Einerseits ist die Gentechnik-Bewegung, genau wie andere technologische Fortschrittsbewegungen auch, natürlich wesentlich von Kapitalinteressen gesteuert. Ein Großteil der Forschung in diesem Feld wird von privatwirtschaftlichen Unternehmen durchgeführt oder über Drittmittel finanziert, so dass die demokratische Öffentlichkeit außer mit Hilfe des Gesetzgebers ohnehin kaum Einflussmöglichkeiten auf die Entwicklung der Gentechnologie hat. Diesen Umstand teilt die Gentechnik mit anderen neuen Technologien. Darin sehen allerdings nur diejenigen sensiblen gesellschaftlichen Gruppen ein Problem, die – wie Martin Bauer darlegte – ohnehin kein großes Vertrauen in die moderne Industriegesellschaft haben und die Defizite demokratischer Partizipationsmöglichkeiten an folgenschweren Entscheidungen auch in anderen Bereichen problematisieren.

Das erklärt jedoch nicht, warum bei einem allgemein vorherrschenden Optimismus im Hinblick auf die Biotechnologie ein größere moralische Skepsis und ein besonderes Bedürfnis nach ethischen Orientierungshilfen zu beobachten ist. Diese Besonderheit liegt meines Erachtens in den spezifischen Eigenschaften dieser Technologie und der damit verbundenen Möglichkeiten selbst. Die Gentechnik ist eben etwas ganz anderes als die Kernenergie oder das Internet. Da die Gentechnik die Entzauberung und den Eingriff von Experten in die intimsten Besonderheiten menschlichen Lebens ermöglicht, wird ihr mit besonderer moralischer Skepsis begegnet. Sie beunruhigt deshalb breitere Bevölkerungsgruppen, weil sie den einzelnen Menschen, seinen Wunsch z. B. nach Kindern, Gesundheit und körperlicher Unversehrtheit viel elementarer betrifft und auch gefährden kann, als etwa die Computertechnologie. Auch gibt es größere gesellschaftliche Gruppen, die von den Entwicklungen der Biotechnologie betroffen sind und sich bedroht fühlen. Diese Probleme führen dazu, dass sich auch innerhalb der Gruppe, die mit der Entwicklung von Gentechnik befasst ist, ein Bedürfnis nach ethischen Hilfestellungen etabliert.

Will man die Besonderheit der Begegnung zwischen der Öffentlichkeit und der Gentechnik-Bewegung verstehen, so muss man auf die Besonderheiten der sich Begegnenden achten.

Benno Müller-Hill

Erinnerung ist Voraussetzung aller Ethik
Der Fall der deutschen Humangenetik

Ehe man in Deutschland von einer Ethik der Biowissenschaften zu sprechen beginnt, sollte man an die Vergangenheit der Biowissenschaften in Deutschland erinnern. Ich werde mich hier besonders auf die Humangenetik konzentrieren. Ein halbes Jahrhundert ist seit dem Zusammenbruch des Dritten Reiches vergangen. Die Nürnberger Prozesse (Mitscherlich und Mielke 1947) und spätere Analysen (Kater 1989, Klee 1997) haben gezeigt, dass ein bedeutender Teil der deutschen Mediziner, und insbesondere der Humangenetiker, tief in Verbrechen verwickelt waren. Ich will zunächst darauf eingehen. Dann will ich drei Fragen stellen: Wie wurde dieses Faktum von deutschen Genetikern nach dem Krieg aufgenommen? Wie wurde dieses Faktum von internationalen Genetikern aufgenommen? Und kann ein ähnlicher Abstieg in die Barbarei erneut erfolgen?

Als der zweite Weltkrieg zu Ende gegangen war, dachte die Mehrzahl der deutschen Gelehrten und Wissenschaftler, dass sie nichts ernsthaft Falsches getan hatten. Das 1946 erschienene, exzellente Buch von Max Weinreich, *Hitler's Professors*, wurde nicht ins Deutsche übersetzt. Es existiert nicht in der Kölner Universitätsbibliothek und nicht in vielen anderen Universitätsbibliotheken. Die deutschen Mediziner, konfrontiert mit dem Nürnberger Ärzte-Prozess, kamen zu dem Schluss, dass das die Taten einer winzigen Minderheit waren und dass die große Mehrzahl der deutschen Ärzte sich nichts vorzuwerfen hatte. Die Gedanken der Gelehrten in den anderen Fakultäten waren ähnlich: Eine winzige Minderheit von jetzt Toten war unheilvoll tätig gewesen. Die Anderen, Überlebenden, hatten das Beste getan, das Schlimmste zu verhüten. Sie schrieben alle einander Persil-Scheine. Sie waren, so meinten sie – leider – den Nazis unterlegen und die Alliierten, besonders die Russen, behandelten sie schlecht dafür. So dürftig war das Fundament, auf dem die Zukunft der westdeutschen Universitäten gebaut wurde.

In Ostdeutschland dagegen dachte eine winzige Minderheit, dass sie allein gegen die Nazis gekämpft hatten. Dies Faktum war für sie eine genügende Rechtfertigung für alles, was sie jetzt taten. Die Anderen hatten das anzuerkennen. Die Mehrheit erkannte das an und befreite sich so von der Vergangenheit. Die Schriften und Taten der deutschen Humangenetiker zu analysieren, war Tabu in Ostdeutschland. Wenn man sie berührte, dann spielte man in die Hände der Lyssenkoisten, die die Genetik abschaffen wollten. So war in Ostdeutschland das Schweigen der Gelehrten ähnlich intensiv wie in Westdeutschland.

Westdeutschland wurde auf der Annahme aufgebaut, dass fast jeder behaupten konnte, dass er keine Befehle gegeben hatte, sondern dass er Befehle befolgt hatte, und dass er nicht verstanden hatte, dass diese Befehle kriminell waren (Friedrich 1984, Klee 1986), und dass in der neuen Demokratie mit ihren neuen Gesetzen eine Wiederholung der schrecklichen Vergangenheit ausgeschlossen war. So wurde kein einziger Richter, der in Nazi-Deutschland ungerechte Todesurteile verhängt hatte, in Westdeutschland verurteilt (Friedrich 1984). Was geschehen war, zählte nicht, nur die Gegenwart war wichtig. Diese Art des Denkens schloss ein Nachdenken über die Vergangenheit aus. Die Vergangenheit konnte nicht in Frage gestellt oder diskutiert werden. Wer die Vergangenheit berührte, beging einen sündigen Akt. Für ihn gab es keinen Platz in der Universität oder in der geistigen Elite.

Was war das Besondere der Nazis?

Die Nazis änderten die Organisation von jeder Institution in Deutschland, sobald sie 1933 an die Macht gewählt worden waren. Demokratie wurde durch das *Führer-Prinzip*, ein hierarchisches Ordnungsprinzip ersetzt. Die wenigen, die an den Universitäten aktiv für die Weimarer Demokratie eingetreten waren, verloren ihre Stellungen und riskierten, in ein KZ geschickt zu werden.

Die Nazis unterschieden sich von anderen Faschisten (den Italienern, den Spaniern) durch ihren gewalttätigen Antisemitismus, der Teil ihrer biologisch-rassistischen Ideologie war. Diese Ideologie kann folgendermaßen zusammengefasst werden (Müller-Hill 1984, 1988, 1998): Menschliches Verhalten (Intelligenz, Gefühl, Wohlverhalten, Verbrechen) ist weitgehend durch Gene bestimmt. Die Unterschiede, die wir in der kulturellen Produktion verschiedener Nationen beobachten, beruhen in der Hauptsache auf Gen-, und nicht auf Umwelteinflüssen. Nationen bestehen aus ethnischen Gruppen und Rassen. So sagten die Nazis, wie damals fast alle Genetiker, die Schwarzen hätten eine niedrigere Intelligenz als die Weißen. Sie seien minderwertig gegenüber den Weißen. Unter den Weißen zählten für die Nazis die Germanen am meisten. Dann behaupteten sie: Die Juden sind die gefährlichste ethnische Gruppe für die Deutschen. Ihre hohe, aber destruktive Intelligenz ist in die deutschen Institutionen eingebrochen und ist dabei, die deutsche Identität und Kultur zu zerstören. Deshalb müssen die Juden gezwungen werden, Deutschland zu verlassen. Weiterhin gibt es eine beachtliche Gruppe von Deutschen von niederer

Intelligenz und mit einem Hang zum Verbrechen, deren Vermehrung durch Sterilisation und KZ-Einweisung beendet werden muss.

Die antisemitischen Maßnahmen der Nazis

Die deutschen Universitätsstudenten waren die begeistertsten Anhänger der Nazis (Grüttner 1995). Jahre bevor die Nazis die Macht ergriffen, stellten die Nazi-Studenten die stärksten von allen politischen Gruppen an den Universitäten. Die Studenten, die Arbeitslosigkeit vor sich sahen, sagten laut, was die Professoren nicht zu sagen wagten: Wenn die zwanzig Prozent jüdischer Studenten hinausgeschmissen werden, werden unsere eigenen Stellenerwartungen viel besser. Ich benutze hier das Wort »jüdisch« in der Bedeutung, in der die Nazis es benutzten: Juden mochten getauft sein. Das änderte nichts. Es kam darauf an, ob ihre Großeltern Juden, d. h. ungetauft, waren.

Den jüdischen Ärzten das Recht zu praktizieren zu verweigern, war ein Akt, der allen nicht-jüdischen Ärzten Vorteile brachte. In Berlin war fast die Hälfte der Ärzte jüdisch. Wenn sie gehen mussten, wurden ihre Patienten die Patienten der nicht-jüdischen Ärzte. Der Antisemitismus versprach und lieferte den nicht-jüdischen Ärzten tatsächlich eine erhebliche Einkommenssteigerung (Kater 1989). Gleich zu Anfang wurden an allen Universitäten die jüdischen Professoren und Assistenten entlassen. Dies brachte Stellen für die nicht-jüdischen Studenten und Assistenten. In Berlin waren etwa 20 Prozent der Medizin-Professoren und -Assistenten jüdisch. So wurden über zwanzig Prozent der Lehrstühle der Medizin (aber auch der Chemie und Physik) frei. Ehrgeizige junge Gelehrte konnten jetzt die Lehrstühle ihrer jüdischen Lehrer besetzen. Sobald ein derartiger nicht-jüdischer Assistent einen solchen Lehrstuhl besetzte, musste er der Regierung, d. h. den Nazis, zu Dank verpflichtet sein. Ohne die Nazis hätte er seine Stelle nicht erhalten. Die Fakultäten wurden verjüngt. Die Herausgeworfenen wurden durch im Schnitt zehn Jahre jüngere Professoren ersetzt (U. Deichmann, pers. Mitteilung).

Alle Mediziner, die derartige Stellen annahmen, brachen den hippokratischen Eid. »Ich will den, der mir die ärztliche Kunst beigebracht hat, wie meinen Vater ansehen. Ich will meine Habe mit ihm teilen, wenn er in Not ist. Ich werden seine Kinder als meine Brüder betrachten.« Ich weiß nur von einem deutschen Professor, der es ablehnte, einen derartigen, geraubten Lehrstuhl anzunehmen. Sein Name ist Otto Krayer (Goldstein 1987). Seiner soll hier gedacht werden. Er war 1933 apl. Professor für Pharmakologie an der Berliner Universität. Er lehnte es ab, den Lehrstuhl Philipp Ellingers anzunehmen. Ellinger war gerade von der Düsseldorfer Medizinischen Hochschule entlassen worden. Krayer schrieb an den Minister in Berlin, dass er keinerlei

Beziehung zu Ellinger habe, aber dass er der Ansicht sei, dass eine Entlassung aus rassischen Gründen nicht gerecht sei. Krayer wurde sofort von seiner Professur in Berlin entlassen. Er erhielt Hausverbot. Er emigrierte, zuerst nach England, dann nach Beirut und später in die USA, wo er schließlich Full Professor an der Harvard Medical School wurde. Krayer war ein Gerechter.

Es ist von Interesse, die Krayer-Ellinger Geschichte weiter zu verfolgen. Ellinger war 1932 von Heidelberg nach Düsseldorf berufen worden. In Heidelberg hatte er zusammen mit einem nicht-jüdischen Assistenten, August Hirt, ein Fluoreszenz-Mikroskop gebaut, das es erlaubte, fluoreszierende Strukturen in lebenden Zellen zu untersuchen (Kasten 1991). Hirt trat 1933 in die SS ein. Er wurde zunächst Professor für Anatomie in Frankfurt und dann, nach der deutschen Besetzung, in Straßburg. Dort ließ er sich aus Auschwitz 86 Juden für seine anatomische Sammlung ins nahegelegene Konzentrationslager Natzweiler schicken und dann dort ermorden. Er mordete weiterhin über hundert Zigeuner, um ein tatsächlich ineffizientes Schutzmittel gegen den chemischen Kampfstoff Lost zu prüfen. Während dieser Zeit hatte er in Straßburg einen Assistenten, Anton Kiesselbach. Hirt beging später Selbstmord. Kiesselbach wurde 1963-64 Rektor der Düsseldorfer Medizinischen Hochschule. Ein Verfahren wurde gegen ihn eröffnet. Kiesselbach sagte, er habe in Straßburg gelehrt, während der Professor in Natzweiler experimentierte. So wurde das Verfahren eingestellt. 1965 bot die Düsseldorfer Hochschule Krayer den Ehrendoktor an. Krayer wusste von nichts - und lehnte ab.

Es ist bezeichnend, dass nicht ein einziger Rektor einer westdeutschen Universität in seiner Ansprache 1946-1947, als die Universitäten wieder geöffnet wurden, die jüdischen Professoren erwähnte, die seine Vorgänger entlassen hatten. Der Humangenetiker Eugen Fischer war Rektor der Berliner Universität zwischen 1933 und 1934. Er entließ seine jüdischen Kollegen und nannte dieses Faktum eine harte Notwendigkeit in seiner Rektoratsrede. Als Fischer von einer Spruchkammer nach dem Krieg untersucht wurde, schrieb die Berliner Universität an die Spruchkammer, dass nichts Nachteiliges über Fischer bekannt sei. Fischer wurde so als Mitläufer eingestuft. Ich füge hinzu, dass Fischer in seinen nach dem Krieg geschriebenen Memoiren die Jahre im Dritten Reich nicht erwähnt (Fischer 1959).

Das Schweigen über das Verbrechen, ihre jüdischen Kollegen zu entlassen, von diesem Akt profitiert und so das NS-Regime intellektuell verteidigt zu haben, bereitete den Weg für die Studentenrevolte 1968. Eine Universität, die nicht willens ist zu diskutieren, was die Kollegen vor dreißig Jahren schrieben, kann sich nicht selbst verteidigen. Die revoltierenden Studenten diskutierten allerdings nur selten die Vergangenheit der Professoren und nie die Vergangenheit der Studenten. In den folgenden Jahren wurden die Universitäten »demokratisiert«, d. h. eine große Zahl älterer Assistenten wurden auf Professorenstellen berufen; die ordentlichen, heute sagt man die C4 Professoren, verloren, und andere Gruppen, darunter die Studenten, gewannen Macht. 1968 öffnete die Diskussion an den Universitäten, es war aber auch ein Schritt nach unten in die Ineffizienz. Es war die Strafe für die alten Sünden von 1933.

Menschliche Genetik, Eugenik, Rassenhygiene und rassische Maßnahmen im »Dritten Reich«

Ich will jetzt einige der eugenischen Maßnahmen (Müller-Hill 1984, 1988, 1998, Proctor 1988) auflisten, die unsere Vorgänger als eine Selbstverständlichkeit begangen haben. Man muss das Falsche kennen, um später für das Richtige zu optieren.

Das Gesetz vom 14. Juli 1933, das die unfreiwillige Sterilisation von einer definierten Gruppe von Personen forderte: von Schizophrenen, von Manisch-Depressiven, von Schwachsinnigen und Anderen. Ähnliche, wenn auch weniger restriktive Gesetze existierten in den dreißiger Jahren in den USA und allen skandinavischen Ländern (Broberg und Roll-Hansen 1996). Ein identisches Gesetz wurde in Japan 1940 erlassen, wurde aber durch den Krieg gegen die USA nie Realität (Yonemoto 1994). In Deutschland wurden zwischen 1934 und 1940 etwa 350 000 Personen sterilisiert.

Alle farbigen deutschen Bürger, etwa 600 Personen, die meisten von ihnen Kinder (»Rheinlandbastarde«), deren Väter den französischen Besatzungstruppen im Rheinland angehörten, wurden illegal 1937/38 mit Hilfe der deutschen Anthropologen und Humangenetiker identifiziert und dann sterilisiert.

Ein Gesetz war geplant, aber wurde nie erlassen, das die Sterilisierung und Einweisung in ein KZ von etwa einer Million »Asozialen« vorsah. Die Zigeuner gehörten zu dieser Gruppe. Die Genetiker waren begeistert. Illegale Sterilisationen wurden an einer unbekannten Anzahl dieser Gruppe durchgeführt.

1941 wurde die Sterilisation aller Deutschen, die mindestens einen jüdischen Großelternteil besaßen, diskutiert. Der Plan fand den Beifall der führenden deutschen Genetiker. Wegen des Kriegs wurde er nicht in die Wirklichkeit umgesetzt.

Die Sterilisierungen waren ein weiterer Bruch des Hippokratischen Eides »Was ich tue, tue ich für das Wohl der Patienten nach meiner Fähigkeit und meinem Verstand, nicht um sie zu verletzen oder um ihnen etwas Böses anzutun.« Der Patient hatte nichts zu sagen, seine Meinung und seine Wünsche waren irrelevant, der Doktor entschied für das Wohl der Nation, aber nicht für das Wohl des Patienten.

Die Sprache (»Rheinlandbastarde«), die die deutschen Anthropologen benutzten, wenn sie von denen redeten, die ihre Klienten hätten sein sollen, die aber ihre Objekte wurden, war erniedrigend. Dasselbe kann man von der Sprache der Psychiater sagen, wenn sie von denen redeten, die ihre Patienten sein sollten, die aber ihre Opfer wurden. Die deutschen Psychiater nannten z. B. die schizophrenen Patienten generell »minderwertig«. In vielen Ausdrücken zeigten sie ihren Ekel und ihren Abscheu vor den Patienten. Die Wörter »Leere Hülse«, »Ballastexistenz«, »minderwertiger Psychopath« gehörten zur Umgangssprache der Psychiater. So ist es nur zu konsequent, dass zehn Universitätsprofessoren der Psychiatrie (de Crinis, Heyde, Mauz, Nitsche, Panse, Pohlisch, Reisch, C. Schneider, Villinger und Zucker) sich als Gutachter an der Selektion der Opfer für die Euthanasie-Aktion beteiligten. Ein rotes Kreuz unter dem einseitigen Patienten-Fragebogen bedeutete den Tod des Patienten. Sie kassierten 10 Pfennig (heute etwa 1,50 DM) pro bearbeiteten Fragebogen. Es gab fast keinen Protest von psychiatrischer Seite. de Crinis und Schneider begingen Selbstmord nach Kriegsende. Nitsche wurde von einem ostdeutschen Gericht zum Tode verurteilt. Das Schicksal von Reisch ist mir unbekannt. Mauz, Panse, Pohlisch und Villinger lehrten weiter Psychiatrie an westdeutschen Universitätsinstituten. Zucker, der die Vernichtung der jüdischen Patienten organisiert hatte, arbeitete nach dem Krieg in einem staatlichen Gesundheitsamt. Heyde änderte seinen Namen in Sawade und arbeitete als Psychiater in Kiel: In der medizinischen Fakultät der Kieler Universität kannte man seine Identität. Schließlich, 1959, wurde er von einem Kollegen angezeigt. Heyde alias Sawade wurde verhaftet. Er beging Selbstmord, ehe der Prozess begann (Klee 1983).

Die Euthanasie-Mördermannschaft, angeführt von einem Psychiater, Dr. Irmfried Eberl, installierte das erste Vernichtungslager für Juden im Osten (Friedlander 1995). Wenn eine große Anzahl von psychiatrischen Patienten und später von Juden und Zigeunern umgebracht wurde, warum nicht das Beste für die medizinische Forschung herausholen? Die von dem Material profitierten, wollten natürlich nicht in die Details der Mördereien einbezogen werden. Je weniger sie wussten, um so besser. So erhielt der Neuroanatom Julius Hallervorden Hunderte von Gehirnen von ermordeten psychiatrischen Patienten (Müller-Hill 1984, 1988, 1998, Klee 1983), und so erhielt der Humangenetiker Otmar von Verschuer Organe und Blut, die sein Assistent in Auschwitz gesammelt hatte (Müller-Hill 1984, 1988, 1998). Weder Hallervorden noch von Verschuer gerieten später in Schwierigkeiten. Die deutschen Kollegen schwiegen aus Solidarität, die internationale Gemeinschaft war nicht interessiert.

Die deutschen Humangenetiker nach dem Krieg

Der Nobelpreisträger H. J. Muller, Präsident der American Society of Genetics, schickte 1947 Max Delbrück nach Deutschland, um die Lage der deutschen Genetiker zu erforschen und um darüber zu berichten. Delbrück hielt einen Vortrag im Harnack-Haus, dem Nachbargebäude des Kaiser Wilhelm-Institutes für Anthropologie, menschliche Erblehre und Eugenik, wo Fischer, Verschuer und Mengele tätig gewesen waren. Delbrück antwortete Muller, dass die besten deutschen Genetiker nichts mit den Nazis zu tun hatten, und dass die Vergangenheit kein Problem war. Von nun an waren die internationalen Genetiker nicht mehr an dem interessiert, was die Genetiker in Deutschland geschrieben und getrieben hatten. Es war unaussprechbar, und so redete oder schrieb man nicht darüber. Es ist bezeichnend, dass das erste amerikanische Buch über Psychiatrie in Nazi-Deutschland von einem ehemaligen psychiatrischen Patienten geschrieben wurde. Es ist ein lesenswertes Buch (Lapon 1986).

Nach dem Krieg gab es keine Diskussion über die schreckliche Vergangenheit in den verschiedenen Journalen der verschiedenen Gebiete. Ich mag nicht alle Journale gesehen haben, aber ich erinnere mich nicht, auch nur einen einzigen Aufsatz gelesen zu haben, der sich mit den Fakten der Vergangenheit befasste. Ich muss hier daran erinnern, dass die Bezeichnung Humangenetik damals ungewohnt neu war, dass das Feld aber alt war. Einige wenige deutsche medizinische Genetiker benutzten den Begriff Humangenetik schon im Krieg. Der offizielle Name war »Rassenforschung«. Dieser Begriff war durch den Judenmord kompromittiert. Nach dem Krieg war es klar, dass die »Deutsche Gesellschaft für Rassenforschung« unter diesem Namen nicht weiterbestehen konnte. Es war günstig, dass bereits während des Kriegs eine neue Gesellschaft gegründet wurde, die »Deutsche Gesellschaft für Konstitutionsforschung«. Das war nun die Gesellschaft, in der alle Humangenetiker, Anthropologen etc. sich nach dem Krieg trafen. Am sechsten Treffen der Gesellschaft im Jahre 1958 nahmen die folgenden Sprecher teil (Koch 1985):

Dr. Hans Fleischhacker, Universität Frankfurt, redete über »Blutgruppenstatistik und Rassenmischung in El Salvador/Lateinamerika«. Fleischhacker hatte als SS-Offizier in Auschwitz 1943 die 86 typischen Juden selektioniert, die dann ins KZ Natzweiler geschickt wurden, um dort für die anatomische Sammlung von Prof. Hirt getötet zu werden. Fleischhacker wurde später im Auschwitz-Prozess zu fünf Jahren Gefängnis verurteilt.

Dr. Heinrich Schade, Universität Münster, redete über »Anthropologische Studien in Mazedonien«. Schade war dort während des Krieges als SS-Offizier, um die »Reinigung der Bevölkerung« zu leiten.

Dr. Bruno K. Schultz, Universität Münster, redete über »Variabilität und Erblichkeit des Fußes und der Zehen«. Schultz war Leiter des Rasse- und Siedlungshauptamtes der SS seit 1943 und so für viele der rassischen Maßnahmen in den von Deutschland besetzten Gebieten verantwortlich.

Dr. Otmar von Verschuer, Universität Münster, »Bericht über die gegenwärtige Lage der Humangenetik«. Verschuer, ehemaliger Direktor des KWI für Anthropologie, hatte bei der DFG Geld für die Forschungen seines Assistenten Mengele 1943-1944 in Auschwitz beantragt und erhalten.

Schließlich gab es einen Sprecher, Prof. Karl Saller, der 1934 aus der Universität entlassen worden war. Sein Rassekonzept und insbesondere seine Freunde entsprachen nicht den Erwartungen der Nazis. Saller veröffentlichte 1961, nach langem Zögern, ein Buch über die Rasse-Vorstellungen der Nazis und ihrer Experten (Saller 1961). Dadurch wurde er bei seinen Kollegen ein Ausgestoßener. Was die Karrieren der Experten angeht, siehe Friedrich 1984 und Klee 1986.

In den siebziger und achtziger Jahren begannen einzelne deutsche Humangenetiker, ihre amerikanischen Kollegen nachzuahmen in der Art und Weise, wie sie die Patienten behandelten. *Informed consent* wurde wichtig. Es war insbesondere der Einfluss von Arno Motulsky, der zu dieser Änderung führte. Über die Vergangenheit wurde aber weiter geschwiegen. Das Erscheinen meines Buches »Tödliche Wissenschaft« machte 1984 das ganze Desaster öffentlich. Dabei ergab sich: Es ist leichter, einen Assistenten wie Mengele zu verstehen, als einen Professor wie von Verschuer.

Es ist in diesem Zusammenhang erwähnenswert, dass das beste Buch über amerikanische Eugenik (Kevles 1985) nicht einmal die Namen der deutschen Eugeniker nennt. Es ist, als hätten sie auf einem anderen Planeten gelebt. Ein deutscher Student, Stefan Kühl, musste 1994 seine Dissertation über die »Nazi Connection« (Kühl 1994) schreiben, um zum ersten Mal die engen Beziehungen zwischen US und deutschen Eugenikern (Rassehygienikern) zu dokumentieren. Fast alle internationalen Eugeniker priesen das deutsche Sterilisationsgesetz von 1933, als es verkündet wurde. Deutschland wurde als die Avantgarde der Eugenik gesehen. Es war der gewalttätige Antisemitismus, nicht die Rassenhygiene, die der internationalen Wissenschaftsgemeinde nicht verkauft werden konnte.

Als der Krieg vorbei war, suspendierten die Alliierten das Sterilisationsgesetz, - aber sie waren sich da nicht sicher. 1946 fragte die Britische Besatzungsmacht den Dekan der medizinischen Fakultät der Kölner Universität um seine Meinung in dieser Angelegenheit. Dessen erste Antwort war positiv, das Gesetz sollte weiterhin gültig bleiben. Nach der ersten Antwort beriet er mit seinen Kollegen - und änderte seine Meinung: Das Gesetz solle aufgehoben bleiben. Die deutsche Regierung und das Parlament erkannten so auch jahrzehntelang nicht, dass es sich hier um Nazi-Unrecht handelte. Jahrzehntelang galt, dass die, die sterilisiert worden waren, zu Recht sterilisiert worden seien. Nur im letzten Jahrzehnt hat sich diese Sichtweise geändert. Erst seitdem werden die wenigen Überlebenden als Opfer gesehen.

Das Rassekonzept nach 1945

Als die Nazis zur Macht kamen, war die Mehrzahl der internationalen Genetiker davon überzeugt, dass die verschiedenen Rassen sich auch in Genen unterschieden, die Verhalten (Intelligenz etc.) bestimmten. Viele meinten, dass bestimmte Rassen anderen überlegen seien, so insbesondere die Weißen den Schwarzen, und dass Rassenmischungen verboten werden sollten, weil sie zu »unharmonischen« Nachkommen führen. Die rassischen Maßnahmen der Nazis während des Kriegs, insbesondere ihr Vernichtungs-Antisemitismus, führten zu einer allgemeinen Ablehnung dieser Anschauungen. Es waren nicht wissenschaftliche Erkenntnisse, sondern dieser Abscheu, der zum UNESCO Statement über Rasse führte (UNESCO 1952). Hier wird kategorisch festgestellt, dass es keine Unterschiede in den Verhaltensgenen zwischen verschiedenen Rassen gibt und geben kann. Es soll angemerkt werden, dass einzelne Genetiker wie H.J. Muller sich gegen diese Aussage aussprachen. Die Möglichkeit solcher Unterschiede war wissenschaftlich nicht ausgeschlossen. Es wurde aber politisch unkorrekt, für die Möglichkeit solcher Unterschiede zu argumentieren.

Wird die Geschichte sich wiederholen?

Die Natur der Gene war in den dreißiger Jahren unbekannt. Das hat sich geändert. In diesen Tagen ist ein großes Projekt unterwegs, das Human Genome Project. Ein weiteres wird diskutiert, das Human Diversity Project. Es ist zu erwarten, dass als Folge des Human Genome Projects immer mehr Gene isoliert werden, die das menschliche Verhalten bestimmen bzw. darauf einwirken. Viele Genetiker, und dazu gehöre auch ich, erwarten, dass Gene gefunden werden, die mit bestimmten Formen der Schizophrenie, mit manischer Depression und mit bestimmten kognitiven Fähigkeiten verknüpft sind. Die Schwierigkeit liegt hier nicht in der DNA-Analyse, sondern in der Definition der Phänotypen. Wenn solche Gene identifiziert worden sind, kann die Häufigkeit ihrer Mutanten in verschiedenen ethnischen Populationen getestet werden.

Was wird mit den betroffenen Personen geschehen? Wird man argumentieren, dass deren Mütter es versäumt hätten, sie abzutreiben, und dass das so ihr Problem, aber nicht das Problem der medizinischen Versicherung ist? Wird eine ausgestoßene Unter-Rasse von Trägern solcher Gene in den USA und Europa entstehen?

Vor fünf Jahren ist publiziert worden, dass ein Gen identifiziert wurde, das zu menschlicher (Brunner et al. 1993) und tierischer (Cases et al. 1995) Aggressivität führt. Gewalttätige Aggression bedeutet Verbrechen beim Menschen. Was wird mit den betroffenen Personen geschehen? Genetischer Determinismus deutet an, dass sie eher unfähig sind, der Voraussage zu entkommen. Könnte es vorkommen, dass solche Mutationen sich häufiger in einer bestimmten ethnischen Gruppe finden als bei den Weißen? Wenn die ethnische Gruppe bekannt wird, bedeutet das die Rückkehr des Rassismus in seiner ärgsten, nämlich wissenschaftlichen, Form?

Das nächste Jahrzehnt wird massive Bemühungen bringen, Gene auszuknocken, deren Produkte in der Maus Teile der Hirnfunktion ausmachen und so das Verhalten beeinflussen. Die Verhaltensanalyse der Maus wird verfeinert werden. Wenn man in der Maus interessante Mutanten gefunden hat, wird man nach ähnlichen Mutanten in bestimmten ethnischen Gruppen suchen. Die betroffene Maus kann ihr Verhalten nicht ändern. Es ist durch die Gene bestimmt. Die jungen Wissenschaftler, die oft nichts von den jüdisch-griechisch-chinesisch-indischen Wertesystemen gelernt haben, werden annehmen, dass die Menschen mehr oder weniger wie Mäuse bestimmt sind.

Ist das ein irreversibler Prozess vorwärts zu einem wissenschaftlichen Rassismus? Es hängt von uns allen ab. Die Kenntnis von Verhaltensgenen einer bestimmten Person oder einer ethnischen Gruppe sollte als etwas extrem Privates respektiert werden, wonach niemand, nicht der Arbeitgeber, nicht die Krankenversicherung, nicht die Presse oder die Öffentlichkeit das Recht haben zu fragen und zu enthüllen. Wenn die Menschheit unfähig ist, mit der genetischen Wahrheit zu leben ohne sie auszubeuten und die Schwachen weiter zu schwächen, dann sollte ein Moratorium von der wissenschaftlichen Gemeinde verkündet werden, bis - endlich - die Gerechtigkeit siegreich wird.

Literaturverzeichnis

Broberg, G. und N. Roll-Hansen (Hg.): Eugenics and the Welfare State. Sterilization Policy in Denmark, Sweden, Norway and Finland, East Lansing 1996.

Brunner, H. G., Nelen, M., Breakefield, X. O., Ropers, H. H. und B. A. van Oost: Abnormal behaviour associated with a point mutation in the structural gene for monoamino oxidase A. In: Science 362 (1993), 578-580.

Cases, O., Seif, I., Grimsby, J., Gaspar, P., Chen, K., Poumin, S., Müller. U., Agiet, M., Babinet, S., Shi, J. C. und B. de Maeyer: Aggressive behaviour and altered amounts of brain serotonin and norepinephrine in mice lacking MAO A. Science 368 (1995), 1763-1766.

Fischer, E.: Begegnungen mit Toten. Aus den Erinnerungen eines Anatom, Freiburg im Breisgau 1959.

Friedlander, H.: Der Weg zum NS-Genozid: Von der Euthanasie zur Endlösung. Berlin Verlag, 1997. The origins of the Nazi genocide. From euthanasia to the final solution, Chapel Hill 1995.

Friedrich, J.: Die kalte Amnestie. NS-Täter in der Bundesrepublik. Frankfurt a. M. 1984.

Goldstein, A.: Otto Krayer. In: National Academy of Sciences (Washington D. C.), Biographical Memoirs 57 (1987), 151-225.

Grüttner, M.: Studenten im Dritten Reich, Paderborn 1995.

Kasten, F. H.: Unethical Nazi medicine in annexed Alsace-Lorraine: the strange case of Nazi anatomist Professor Dr. August Hirt. In: G. A. Kent (Hg.), Historians and activists: Essay in modern German history and archival policy, Fairfax 1991, 173-208.

Kater, M. H.: Doctors under Hitler. Chapel Hill/London 1989.

Kevles, D. J.: In the name of eugenics. Genetics and the uses of human heredity, New York 1985.

Klee, E.: »Euthanasie« im NS-Staat. Die »Vernichtung lebensunwerten Lebens«, Frankfurt a. M. 1983.

Klee, E.: Auschwitz, die NS-Medizin und ihre Opfer, Frankfurt a. M. 1997.

Klee, E.: Was sie taten - was sie wurden. Ärzte, Juristen und andere Beteiligte am Kranken- oder Judenmord. Frankfurt a. M. 1986.

Koch, G.: Die Gesellschaft für Konstitutionsforschung. Anfang und Ende 1942-1965, Erlangen 1985.

Kühl, S.: The Nazi connection. Eugenics, American racism and German national socialism, Oxford 1994.

Lapon, L.: Mass murderers in white coats. Psychiatric genocide in Nazi Germany and the United States, Springfield 1986.

Mitscherlich, A. und F. Mielke: Das Diktat der Menschenverachtung. Eine Dokumentation, Heidelberg 1947.

Müller-Hill, B.: Tödliche Wissenschaft. Die Aussonderung von Juden, Zigeunern und Geisteskranken 1933-1945, Reinbek 1984.

—: Murderous Science. Eliminiation by scientific selection of Jews, Gypsies, and Others, Germany 1933-1945. Translated by G. R. Fraser, Oxford 1988. Mit einem Nachwort von J. D. Watson, Cold Spring Harbor 1998.

Proctor, R. N.: Racial Hygiene. Medicine under the Nazis, Cambridge, Mass. 1988.

Saller, K.: Die Rassenlehre des Nationalsozialismus in Wissenschaft und Propaganda, Darmstadt 1961.

UNESCO: The race question in modern science. The race concept - results of an inquiry, Paris 1952.

Weinreich, M.: Hitler's Professors. The part of scholarship in Germany's crimes against the Jewish people, New York 1946.

Yonemoto, S.: Eugenics in modern history. In: N. Fujiki und D. R. J. Macer (Hg.), Intractable neurological disorders, human genome research and society: proceedings of the third international bioethics seminar in Fukui, Christchurch 1994, 15-18.

Brigitte Lohff

Kommentar zu Benno Müller-Hill

In dem Beitrag von Prof. Müller-Hill sind wir mit ethischen Problemen anhand eines historischen Beispiels konfrontiert worden. Müller-Hill schilderte die Konsequenzen, die daraus folgen, wenn man, auf scheinbar wissenschaftliche Begründungen gestützt, Sterilisation, Euthanasie bis hin zum Genozid legitimiert und als politisch »notwendige« Handlungen meint rechtfertigen zu können, die gegen alle moralischen Vorstellungen und ethischen Normen verstoßen. Mein Kommentar konzentriert sich auf zwei Punkte. Der erste Punkt betrifft das Erinnern an Vergangenes. Der zweite Punkt greift den im Titel des Beitrags angesprochenen Imperativ auf, dass das Erinnern die Voraussetzung aller Ethik sei, was in meinem Verständnis hieße, dass sich eine normative Begründung ethischen Handelns aus der Geschichte herleiten ließe.

Wenn Müller-Hill hier auf das Erinnern anspricht, so habe ich mir die Frage gestellt, wieweit das Erinnern zurück in die Vergangenheit reichen soll. Mit »wie weit zurück« meine ich: Wie weit zurück muss das Erinnern in der historischen Zeit oder im historischen Raum zurückgehen, um daraus Entscheidungshilfen für ethisches Handeln in der Gegenwart zu erlangen? Diese Bemerkung möchte ich anhand des hier Vorgetragenen etwas näher erläutern:

Durch den Vortrag über die Humangenetiker des NS-Regimes mit deren Einflussnahme in den Wiederaufbau nach 1945 wurden historische Beweise vorgelegt, die die heute weit akzeptierte Kontinuitätsthese unterstützen.[1] Mit der Kontinuitätsthese ist gemeint, dass die sogenannte Stunde Null am 8. Mai 1945 nicht für den Bereich der mentalen Kontinuität in Wissenschaft, Juristerei, Politik und Journalismus etc. eine Stunde Null war. Von der Ideologie der NS-Herrschaft getragen, über die Zeit der vier Besatzungszonen bis hin zu Gründung der Bundesrepublik und der DDR gab es mehr Kontinuitäten als Brüche oder gar einen Neuanfang. Diese Kontinuitäten haben die Entwicklung der Bundesrepublik in der Wiederaufbauphase der 50er Jahre - und besonders in dem hier diskutierten Bereich der Humangenetik - entscheidend beeinflusst und damit nationalsozialistisch geprägte Vorstellungen von Rassenhygiene und Bevölkerungsmedizin in diese Wissenschaft mit hineingetragen.

---

1 Vgl. dazu Mehrtens (1994).

Erstes augenfälliges Indiz einer Kontinuität ergibt sich über die Personen. Wenn Wissenschaftler, Juristen etc. bereits im NS-Regime eine einflussreiche Position gehabt haben und dann auch wieder nach 1949 in Entscheidungspositionen tätig waren, so äußert sich die Kontinuität auf der personenbezogenen mentalen Ebene. Als Argument dient dabei die Überlegung, dass die intellektuelle Prägung und Sozialisation eines Individuums wesentlich stabiler sind, als dass einschneidende politische Veränderungen einen vollständigen Bruch mit den bereits entwickelten Wertvorstellungen und Anschauungen herbeiführen. Diese Kontinuität, getragen durch die Person, lässt sich für fast alle Bereiche des öffentlichen Lebens in Wissenschaft, Politik und in der Rechtssprechung nachweisen, auch wenn eine Mauer des gemeinschaftlichen Schweigens mehrere Jahrzehnte[2] nach dem Ende der Naziherrschaft fast jede Diskussion darüber verhindern konnte.

Das wesentlich stärkere Indiz sind Forschungskontinuitäten, die im Bereich der Humangenetik durch die Ausbildung der nachfolgenden Wissenschaftlergenerationen durch die Generation der Humangenetiker des Dritten Reiches bestimmte Einstellungen und Forschungsrichtungen in »alter Tradition« fortgesetzt haben, wie dieses ja in Benno Müller-Hills Beitrag prägnant und eindrucksvoll dargelegt wurde. Im Raum des Erinnern wäre deshalb dieser zeitliche Rahmen von der NS-Humangenetik in Beziehung zu setzen mit der gegenwärtigen Forschungsmotivation in der Humangenetik und den damit im Zusammenhang stehenden moralisch-ethischen Kontexten. Mit der Fokussierung auf die Humangenetik und ihre Vertreter im NS-Regime wird - wie in Müller-Hills Beitrag deutlich wird - eine biographische-mentale Kontinuität in den Aufbau der Bundesrepublik plausibel.

Der andere historische Raum, der hier in die Überlegungen mit einzubeziehen wäre, liegt vor der Zäsur des Jahres 1933. Die weitere Frage lautet also: Welche mentale Prägung erfuhren die NS-Humangenetiker durch deren eigene erlebte Vorgeschichte? Die Frage nach der mentalen Bahnung für die menschenverachtenden Ziele des NS-Regimes lässt sich nur nachvollziehen, wenn die »öffentliche Stimmung« und Diskussion zu den anstehenden Fragen wie Euthanasie und Sterilisation von »gesellschaftlichen Ballaststoffen«, »lebensunwertem Leben« etc. in den Schriften vor 1933 untersucht werden. Belegbar zur Vorgeschichte der NS-Rassenpolitik und des Rassenwahns gehören Personen

---

2 Die Auseinandersetzung der Ärzte mit der Medizin im Nationalsozialismus begann erst mit dem Gesundheitstag 1980 in Berlin, der als »Gegenkongress« zum Deutschen Ärztetag organisiert worden war, weil die Ärzte und ihre Verbandsvertreter jegliche Diskussion um die Naziverbrechen durch Ärzte und die Solidarisierung der Ärzteschaft mit den nazistischen Gedankengut (1933-1945) über *35* Jahre verhindert haben. Vgl. dazu Baader und Schulz (1980), Wuttke-Grohneberg (1980).

wie Alfred Ploetz, Wilhelm Schallmeyer und Ernst Rüdin[3] - dem Mitverfasser der NS-Erbgesetze von 1935. In den Ideen der Rassenhygiene und Sozialhygiene um 1900 kündigte sich bereits sehr handgreiflich die biologisch-wissenschaftliche Begründung der Ausschaltung von Fortpflanzungsprozess und sozialer Hilfen von sogenannten »minderwertigen Mitgliedern der Gesellschaft« an - wenn man die Geschichte rückwärts liest.

Gerade der Übergang von einem innerwissenschaftlichen Diskurs in den öffentlichen und damit zu politischen Entscheidungen, markiert die problematische Verschränkung von theoretischen Überlegungen in praktische Konsequenzen. Es müssen zwangsläufig ethische Konfliktfelder entstehen, besonders dann, wenn Wissenschaftler ihre Forschungen in den Kontext eines Beitrages zum gesellschaftlichen Fortschritt einordnen. Wenn man zur Erhaltung bzw. Steigerung des Gesellschaftswohls, über die Vererbbarkeit von Alkoholismus, Debilität und Prostitution nachzudenken beginnt, dann führt dieses Nachdenken gestützt auf »wissenschaftliche Beweise« dazu, dass man auch über die zu ziehenden Konsequenzen aus diesen Einsichten kommen will und wird.[4]

Die immer stärkere Rolle der Rassenhygiene in der Forschungslandschaft des beginnenden Jahrhunderts, die vor allem durch die »Deutsche Gesellschaft für Rassehygiene« (gegründet 1905) vorangetrieben und durch die Gründung des Kaiser-Wilhelm-Instituts für Anthropologie, menschliche Erblehre und Eugenik (1927) unterstrichen wurde, brachte immer mehr Argumente zu einer negativen Eugenik in die Diskussion ein, um einer »Entartung« der germanischen Rasse entgegenzuwirken.[5] Das Ausschalten vom Fortpflanzungsprozess dieser »minderwertigen Individuen« beinhaltete einen Handlungsspielraum von gutem Zureden (Eheverzicht) über Sterilisation, Zwangssterilisation bis hin zu »Ausmerzung«.[6] Dies wir am folgenden Zitat deutlich:

> Verhältnismäßig einfach scheint die Ausmerzung von Minderwertigen, der Idioten, Schwachsinnigen und gewisser geborener Verbrecher. Sie sind zweifellos die Träger be-

---

[3] Vgl. dazu Weber (1993). Eine gewichtige Rolle haben in diesem Prozess auch die Psychiater wie Emil Kraeplin bereits von Anfang an gespielt. Die Konstitutionspsychologie diente dazu, angeborene »Unfähigkeiten« rechtzeitig zu erkennen und demenstprechend zu handeln. Der Begriff »geborene Verbrecher« ist dafür ein charakteristisches Beispiel. Mit der Einführung des speziellen Forschungsgebietes der Psychiatrie (1896) wurden neben den »Irren« auch Asoziale und »Gesellschaftsfeinde« Gegenstand ärztlichen Tuns.

[4] Vgl. dazu Weingart, Kroll und Bayertz (1988), Schmuhl (1987).

[5] Vgl. dazu Kaiser, Nowak und Schwartz (1992).

[6] Eine der entscheidenden Schriften zur Legaliserung der Vernichtung von gesellschaftlichen »Belastexistenzen« spielt dabei die Schrift »Die Freigabe der Vernichtung lebensunwerten Lebens. Ihr Maß und ihre Form«, Leipzig 1920 (2. Aufl. 1922) des Freiburger Professors für Neuropathologie Alfred E. Hoche und des damals bedeutenden Staatsrechtlers Kurt Binding.

sonderer Eigenschaften. Sie können natürlich nicht getötet werden, aber man kann ihre Fortpflanzungsfähigkeit zerstören durch Röntgenstrahlen oder ähnliche Einwirkungen.[7]

Der Prozess der Gewöhnung an die Denkfigur »Vererbbarkeit von Minderwertigem = Ballast für die Gesellschaft = Ausschaltung aus dem Fortpflanzungsprozess = Sterilisation minderwertiges Leben = Selektion = Euthanasie« hatte sich vor dem 1. Weltkrieg einzuschleichen begonnen und stand in der Zeit der Weimarer Republik und auf dem Hintergrund der Weltwirtschaftskrise im öffentlichen Diskurs. Die Bemühungen durch wortreiche Ausführungen wenigstens die Verknüpfung von Minderwertigkeit und Euthanasie zu durchbrechen, mussten bei der gesellschaftspolitischen Situation der zwanziger Jahre und der fatalen, scheinbar wissenschaftlichen Beweisführung von Vererbbarkeit geistiger und sozialer Abweichungen scheitern,[8] so dass der Schritt in der NS-Herrschaft zur Tötung solcher Menschen nicht mehr so groß war, wie er aus der Sicht der Gegenwart erscheint.

Diese Anmerkungen zum Erinnern im historischen Raum leitet über zu der von Benno Müller-Hill formulierten These »Erinnern ist die Voraussetzung aller Ethik«. Müller-Hill fordert die Beschäftigung mit der Geschichte - dem Erinnern - um eine Einschätzung und Orientierung in ethischer Hinsicht für die Zukunft - hier der Humangenetik - daraus zu gewinnen.

Diese These »Erinnern ist die Voraussetzung aller Ethik« beinhaltet aus meiner Sicht zwei implizite Behauptungen:

(1) Das aus der Geschichte gewonnene Wissen um die Folgen bestimmten Handelns schützt davor, sich in gleiche Verstrickungen und ethisch verwerfliche Konsequenzen zu begeben.

(2) Man kann aus der Geschichte lernen.

Zu der ersten Behauptung wäre aus meiner Sicht zu sagen, dass dieses voraussetzt, dass die jeweiligen Konstellationen, die bei dem historischen Fall vorlagen, sich in der gegenwärtigen, zu ethischen Entscheidungskonflikten anstehender Situation wiederholen oder zumindest stark vergleichbare Voraussetzungen aufweisen.

Die zweite Behauptung betrifft die immer wieder diskutierte Frage: Lässt sich aus der Geschichte lernen? Eine verneinende Antwort bedient sich des Hinweises, dass in der Geschichte immer wieder Wiederholungen von moralisch verwerflichen Handlungen und gegen jegliche Ethik verstoßenden Handlun-

---

7 Frank (1926: 43). Max Gruber war Lehrstuhlinhaber für Hygiene in München und folgte in seinen Ansichten zunehmend den Vorstellungen der Rassenhygieniker. Otto Frank (1865-1944) war Physiologe und zeichnete sich in seinen Arbeiten und auch seinen sonstigen Einstellungen durch eine scharfe und unbeirrbare Argumentation aus. Vgl. dazu Lohff (im Druck).

8 Vgl. dazu Lampe (1998).

gen zu verzeichnen sind. Historische Beispiele dafür sind die Verfolgung der angeblich vom Teufel Besessenen durch die Inquisition, die Progrome gegen bestimmte Bevölkerungsgruppen - wie die seit dem Mittelalter stattfindenden Judenprogrome - und die religös oder politisch begründeten Verfolgungen im Balkankonflikt. Ergänzend wird dazu darauf hingewiesen (vgl. erste Behauptung), dass die jeweiligen Voraussetzungen nicht vergleichbar sein können und deshalb etwas, was man aus einer historischen Situation hätte lernen können, wegen der Einmaligkeit der jeweiligen Konstellation historischer Ereignisse nicht in gleicher Weise auf eine andere übertragbar sein kann.

Sicher sind historische Ereignisse nicht direkt vergleichbar. Aber es bleibt dennoch die Frage nach den Motiven für die jeweils inhumanen - also rückblickend als ethisch verwerflich beurteilten - Handlungen. Und es bleibt ebenfalls das schwer zu begreifende Phänomen bestehen, dass in den jeweiligen »aktuellen« Situationen diese inhumanen Handlungen als moralisch gerechtfertigt deklariert werden und deshalb kein Unrechtsbewusstsein diesbezüglich späterhin in Anspruch genommen wird.[9]

Wenn wir z. B. die Behauptung aufstellen und in gewisser Hinsicht auch plausibel machen könnten, dass das, was in der Hitler-Diktatur geschah, unter dem Gesichtspunkt des Rassenwahns zu subsumieren sei, dann wären wir in bezug auf das Erinnern als Voraussetzung aller gegenwärtig anstehender ethischer Entscheidungen in einer anderen und deshalb nicht übertragbaren Situation. Heute kann man nicht ernsthaft von einem in weiten Kreisen unserer Gesellschaft verankerten - quasi alltäglichen - »Rassenwahn« sprechen.

Wenn wir hingegen argumentierten, dass Selektion in Hinsicht auf Ausschluss vom Fortpflanzungsprozess und Töten von menschlichen Leben unter dem Gesichtspunkt der Rationalisierung und Rationierung von einem volkswirtschaftlichem Gesichtspunkt aus legitimiert werden kann,[10] dann sind wir mit einer derartigen Betrachtungsweise mitten in Diskussionen, die gegenwärtig auch geführt werden.

Wenn das der Fall ist, dann wäre es in diesem Kontext sinnvoll, einen ethischen Diskurs unter Zuhilfenahme des Erinnerns zu führen. Dann müssen aber die historischen Linien wesentlich weiter zurück verfolgt werden, als sie in Müller-Hills Beitrag gezogen worden sind. Sie müssen deshalb weiter als bis zur NS-Humangenetik zurückverfolgt werden, um aus dem Erinnern heraus die Weggabelungen in der Vergangenheit zu entdecken, an denen Entschei-

---

9 Dieses Phänomen ist immer bei den Tribunalen mit tiefem Erstauen festzustellen, wie dieses bei den Nürnberger Prozessen und speziell den Nürnberger Ärzteprozessen nachzulesen ist. Vgl. dazu Mitscherlich und Mielke (1960).

10 Zum Beispiel aktive Euthanasie; pränatale humangenetische Diagnostik sind unter diesem Gesichtspunkt Entscheidungen, die sowohl als Argumente die Rationierung und Rationalisierung benützen und in Zusammenhang mit volkswirtschaftlichem Lasten gebracht werden.

dungen anstanden und getroffen wurden, die den Weg in den menschenverachtenden Umgang mit bestimmten Bevölkerungsgruppen ebneten. Für die von der Humangenetik aufgeworfenen ethischen Konflikte[11] heißt das, wir müssten dieses mindestens bis zur Diskussion um den Sozialdarwinismus und die Konzepte der Rassenhygiene verfolgen, als aus der wissenschaftlichen Diskussion um unterschiedliche Wertigkeiten von Menschen zunächst theoretische Überlegungen und dann praktische Entscheidungen um ihr Verbleib- und Lebensrecht in der Gesellschaft getroffen wurden.

Was ich hier also zur Diskussion stellen möchte, ist die Frage, ob das Erinnern uns intellektuell sensibilisiert oder wachsam werden lässt, die potentiellen Gefahren zu erkennen, an welchen Punkten des wissenschaftlichen Diskurses ethische Normen aufgeweicht werden. Die Gefahren bestehen aus meiner Sicht darin, dass sich bestimmte Denkfiguren einschleichen, die zu einer Gewöhnung an eine bestimmte denkbare Möglichkeiten führen, in dessen Folge es fast wie selbstverständlich erscheint, dass man darüber laut und öffentlich debattiert - wie z. B., dass es minderwertige Menschen gibt, deren Lebensrecht zur Disposition gestellt werden kann. Heute wird diese Diskussion in Hinblick auf Föten mit genetischen Defekten oder multimorbide alte Menschen und wirtschaftliche Verträglichkeit für eine zukünftige Gesellschaft geführt.

Literaturverzeichnis

Baader, G. und U. Schulz: Medizin und Nationalsozialismus: Tabuisierte Vergangenheit - Ungebrochene Tradition? Dokumentation des Gesundheitstages, Berlin 1980

Kaiser, J. C., Kurt Nowak und Michael Schwartz: Eugenik, Sterilisation, Euthanasie. Politische Biologie in Deutschland 1895–1945, Berlin 1992.

Lampe, D.: Die Beiträge des Arztes Ewald Meltzer (Großhennersdorf) zur Debatte um die Sterilisation und Euthnasie (ca. 1914 bis 1939), Diss. med., Hannover 1998.

Lohff, B.: Die erste mathematische Beschreibung des Druck-Volumen-Diagramms 1899 [im Druck].

Mehrtens, H.: Kollaborationsverhältnisse. Natur- und Technikwissenschaften im NS-Staat und ihre Historie. In: Christoph Memel und Peter Voswinckel (Hg.), Medizin, Naturwissenschaft Technik und Nationalsozialismus. Kontinuitäten und Diskontinuitäten, Stuttgart 1994, 13–32.

[11] Hier stünde z. B. die Frage an nach dem Schwangerschaftsabbruch bei genetisch »abnormalen« Embryonen/Föten unter dem Gesichtspunkt einer medizinisch begründeten Selektion von behinderten Individuen.

Mitscherlich, A. und F. Mielke: Medizin ohne Menschlichkeit. Dokumente des Nürnberger Ärzteprozesses, Frankfurt a. M. 1960.

Frank, O.: Nekrolog auf Max von Gruber, München 1926.

Schmuhl, H.-W.: Rassehygiene, Nationalsozialismus, Euthanasie. Von der Verhütung zur Vernichtung »Lebensunwerten Lebens« 1890–1945, Göttingen 1987.

Weber, M.: Ernst Rüdin: eine kritische Biographie, München 1993.

Weingart, P., J. Kroll und K. Bayertz: Rasse, Blut und Gene, Frankfurt a. M. 1988

Wuttke-Grohneberg, W.: Medizin im Nationalsozialismus. Ein Arbeitsbericht. Tübingen 1980.

Wolfgang Jüttner

Chancen und Risiken der Gentechnik
Am Beispiel Niedersachsen

Wenn man die politische Diskussion um die Gentechnik in den zurückliegenden Jahren betrachtet, dann gewinnt man den Eindruck, als hätten in Deutschland die angeblich abschreckenden Genehmigungsverfahren, was ihre Dauer und ihre Prüftiefe betrifft, einen Exodus der Gentechniker in die USA bewirkt und damit das Entstehen von Hunderttausenden oder gar Millionen von Arbeitsplätzen in Deutschland verhindert. Abgesehen davon, dass es schon sehr zweifelhaft ist, ob die Dauer von Genehmigungsverfahren überhaupt in kausalem Zusammenhang mit Unternehmensansiedelung steht, werden die durch die Politik genannten Arbeitsplatzzahlen der Gentechnik hochgradig überzogen: Seit zwei Jahren gibt es eine Studie der Prognos AG, die zu erheblich ernüchternderen Zahlen kommt. Selbst bei Verdoppelung der Beschäftigungszahlen bis zum Jahr 2000 reden wir dann von 40 000 Stellen. Diese Steigerung bezieht sich auf den gesamten Bereich der Biotechnologie, und sie ist nur unter äußerst günstigen Bedingungen erreichbar, könnte also auch wesentlich geringer ausfallen. Ich will diese Zahlen nicht gering schätzen, auch die kleinsten Gewinne sollten wir nicht ignorieren, aber unter dem Gesichtspunkt der Bekämpfung von Massenarbeitslosigkeit sind die erwarteten Arbeitsplatzzuwächse durch die Biotechnologie ausgesprochen gering.

Diese Gesamtbetrachtung führt zu einer weiteren Vorbemerkung: Wenn ich hier über »Gentechnik« rede, schließe ich den gesamten übrigen Bereich der Biotechnologie nicht ein. Biotechniken zur Bearbeitung und Konservierung von Lebensmitteln waren schon in der Antike bekannt. Biotechnische Methoden nutzen die natürlichen Stoffwechselleistungen von Bakterien und Pilzen für technische und industrielle Produktionsverfahren. Gentechnik hingegen ist erst ca. 25 Jahre alt. Gentechniken sind Verfahren der Extraktion und der chemischen Analyse von DNA, des Auffindens der Beschreibung von Genen, der chemischen Synthese künstlicher DNA und der Herstellung transgener Organismen, die neuartige, im Labor veränderte Gene enthalten. Insbesondere verstehe ich unter Gentechnologie die Isolierung von Genen aus einem Organismus und seine Vermehrung in anderen Organismen. Die neue Qualität der Gentechnik in diesem Sinn besteht darin, dass bei der Kombination von Erbanlagen natürliche Artgrenzen überschritten werden können.

Lassen Sie mich - gewissermaßen als These - einen Eindruck wiedergeben, den ich aus meiner bisherigen Beschäftigung mit der Gentechnik gewonnen habe: Es ist eigentlich nicht sinnvoll, über ethische Probleme der Gentechnik zu sprechen, weil das, was wir mittlerweile unter diesem Begriff zusammenfassen, viel zu heterogen ist, um von einer einheitlichen Problemstellung auszugehen. Weil die Probleme sehr divergieren, können wir Gentechnik nicht einheitlich behandeln, sondern kommen selbst bei Anlegung derselben ethischen Maßstäbe immer wieder zu unterschiedlichen Ergebnissen.

Ein zweiter Eindruck ist: Die Entwicklung der Technik und der Projekte geht so rasch vor sich, dass wir Mühe haben, die Debatte über den Umgang mit den Erkenntnissen zeitgleich zu führen. Diese Bemerkung richtet sich nicht auf die Genehmigungsverfahren und die Verfahrensbeschleunigung. Mein Eindruck ist, dass die Entwicklung auch mit intensivsten Genehmigungsverfahren nicht abschließend bewältigt werden kann, weil die prognostizierbaren Folgen nicht hinreichen, um die Entwicklung abschließend zu beurteilen.

Diese m. E. spezifische Schwierigkeit der Ungleichzeitigkeit in der Gentechnik begleitet die Diskussion im Grunde schon seit Beginn der Entwicklung in Deutschland (die Anwendung des neu gewonnenen Wissens wird nicht durch ethische oder/und moralische Grenzen aufgehalten, zugleich aber hat die Anwendung Auswirkungen, die nicht mehr rückholbar sein könnten und schon deswegen eine Auseinandersetzung gesellschaftlicher Art zwingend voraussetzen würden). Ein Beispiel hierfür ist bereits der Erlass des Gentechnikgesetzes an sich. Dass wir dieses Gesetz haben, ist nämlich nicht etwa darauf zurückzuführen, dass der Gesetzgeber eine abschließende Beurteilung vornehmen wollte, als er das Gesetz verabschiedete.

Der Verabschiedungszeitpunkt ist vielmehr auf eine Entscheidung des Hessischen Verwaltungsgerichtshofs vor 9 Jahren (am 06.11.1989) in einem Rechtsstreit über eine nach dem Bundesimmissionsschutzgesetz erteilte Genehmigung für eine Anlage zur Herstellung von Human-Insulin aus einem gentechnisch veränderten Bakterienstamm der Familie E. coli zurückzuführen. Der Hessische Verwaltungsgerichtshof war damals nicht etwa der Auffassung, dass eine solche Anlage unzulässig sei, er stellte aber fest, dass eine solche Anlage aufgrund des geltenden Bundesimmissionsschutzgesetzes nicht genehmigungsfähig sei. Der Senat war damals der Auffassung, dass »Anlagen, in denen mit gentechnischen Methoden gearbeitet wird, nur aufgrund einer ausdrücklichen Zulassung durch den Gesetzgeber errichtet und betrieben werden dürfen«.

Nun hatten sich zwar vorher viele Köpfe in Kommissionen und der Bundesregierung Gedanken über die Regelungen für die Gentechnik gemacht, nicht jedoch der Bundestag, auch nicht bei Verabschiedung des Bundesimmissionsschutzgesetzes. Daraus hat das Gericht damals den Schluss gezogen, dass gentechnische Anlagen nicht errichtet und betrieben werden können, »solange eine nur vom Gesetzgeber zu treffende Grundentscheidung für die Nutzung der Gentechnologie fehlt.« Erst nach einer parlamentarischen Leitentscheidung über das »Ob« der Zulässigkeit dieser Technologie schlechthin stelle sich die Frage nach dem »Wie« eines Betriebes im Einzelfall. Diese Entscheidung war eigentlich der Auslöser für den Erlass des Gentechnikgesetzes, das bereits rund ein halbes Jahr später in Kraft trat (am 20.06.1990).

Als überzeugter Parlamentarier bin ich über solche Urteile wie das des Hessischen Verwaltungsgerichtshofs natürlich froh, umso mehr, als Parlamente nicht selten den Eindruck gewinnen können, bereits von anderen eingeleitete Entwicklungen eigentlich nur noch nachzuvollziehen. Aber gerade das Beispiel »Gentechnik« zeigt, dass Parlament und Exekutive sich nicht damit zufrieden geben können, eine Grundsatzentscheidung zu fällen. Gerade am Anfang einer wissenschaftlichen oder technischen Entwicklung besteht ja nur eine vage Vorstellung von ihrem weiteren Verlauf und insbesondere von den Nutzanwendungen, die eine neue Technologie bieten wird. Aus diesem Grunde ist eine parlamentarische Diskussion, die ihrerseits wieder ein Bestandteil der öffentlichen Diskussion ist, unverzichtbar.

Auch nach einer Grundsatzentscheidung muss es nicht nur möglich, sondern selbstverständlich sein, bei weiteren grundsätzlichen Entwicklungsschritten und neuen Erkenntnissen erneut über das Ob und das Wie zu diskutieren.

Mir scheint bei der Gentechnik die Notwendigkeit zu beständiger Neubefassung nicht nur notwendig zu sein, weil sich die Technologie so rasch entwickelt und uns immer neue Nutzungsvarianten und neue Kenntnisse offenbart. Sie ist auch vonnöten, weil sich die Bewertung dieser Nutzungsmöglichkeiten ändern kann. Und sie ist schließlich unumgänglich, weil der gesellschaftliche Umgang mit dieser Technik sehr spannungsgeladen debattiert wird.

Gentechnik wird vielfach mit Atomtechnik verglichen - auch der Hessische Verwaltungsgerichtshof hat das in der erwähnten Entscheidung im übrigen getan. Dieser Vergleich ist richtig, insoweit wir auch bei der Atomtechnik anfangs eine relativ rasche Entwicklung hatten und sich die Bewertung dieser Technik im Verlauf der Zeit in der Bevölkerung stark verändert hat. Aber die mit der Anwendung gentechnischen Wissens einhergehende gesellschaftliche Veränderung scheint mir ungleich größer. Gentechnische Entwicklungen, einmal in die Welt entlassen, sind vermutlich nicht mehr rückholbar.

Die gesellschaftliche Diskussion um diese Technik ist vielmehr immer wieder neu zu organisieren und zu führen, und zwar auch außerhalb der formalen staatlichen Entscheidungsverfahren. Ich meine, dass ein ethischer Umgang mit der Thematik zwar individuell sein muss, dass er aber auch gesellschaftlich gefunden, also gemeinsam erarbeitet werden muss. Ethisch verantwortbares Entscheiden bezieht sich keineswegs nur auf den Umgang mit der Wissenschaft und der Technik, sondern mindestens immer auch auf den Umgang in solchen Entscheidungsprozessen miteinander. Letztlich kann nur durch eine öffentliche Diskussion vernünftig im eigentlichen Sinn des Wortes über die gesellschaftliche Bewertung, über Chancen und Risiken einer Technik gesprochen werden. Das heißt, Gegner und Macher, Betroffene, Nutznießer, Skeptiker und Beobachter müssen für die Gesellschaft verbindliche Regelungen erarbeiten. Es geht dabei darum, sowohl die mitunter überzogenen Erwartungen und Überzeugungen der Wissenschaftler als auch die - gewiss nicht selten diffusen und emotionalen - Ängste der Gegner zum Tragen kommen zu lassen. Ängste mögen zwar irrational sein, sie müssen gleichwohl ernst genommen werden.

Diesen gesellschaftlichen Diskurs zu organisieren ist auch eine Aufgabe der Politik - und zwar unabhängig von formalen Zuständigkeiten. Wir wissen, dass das Gentechnikgesetz ein Bundesgesetz ist. Und ich bin froh, dass sich die neue Regierung einem kritischen Diskurs verpflichtet fühlt und, so steht es in der Koalitionsvereinbarung vom 20.10.98, die »Erforschung der sozialen, ethischen und rechtlichen Folgen moderner biologischer und gentechnischer Verfahren [...] zu einem Schwerpunkt machen« wird. Das Land Niedersachsen hat bereits 1995 ein gesellschaftliches Diskursprojekt »Gentechnologie in Niedersachsen« durchgeführt, in dem über rund ein Jahr Vertreter aus verschiedenen niedersächsischen Organisationen - Wirtschaftsverbänden, Unternehmen, Umwelt- und Verbraucherverbänden, Bürgerinitiativen und der Landesregierung – in verschiedenen Foren unterschiedlichste Aspekte erörtert haben. Die Ziele dieses Vorhabens bestanden darin, die Gründe für unterschiedliche Interessen und Positionen offenzulegen, Konsens- und Dissenspunkte zu definieren, neue Instrumente der öffentlichen Kommunikation zum Thema zu entwickeln und Empfehlungen für Entscheidungsträger(innen) zu erarbeiten. Es ist nicht überraschend und darf nicht entmutigen, dass dabei eine ganze Reihe von Fragen offengeblieben sind. Entscheidend ist, dass Befürworter und Gegner der Gentechnik eine Reihe von Positionen einvernehmlich haben entwickeln können. Und noch wichtiger: im Verlauf des Projekts ist eine anfängliche Blockadehaltung zu einer grundsätzlichen Gesprächsbereitschaft hin entwickelt worden.

Ich will das Ergebnis dieses Diskursprojektes nicht überbewerten, es wird ebenso wenig wie die Gesetzgebung künftige Kontroversen um einzelne Projekte vermeiden. Aber das Projekt hat dazu beigetragen, dass der unverzichtbare Dialog zwischen den Promotoren der Gentechnik und ihren Gegnern eine sachlichere Ausgangsbasis bekommen hat.

Nicht nur die Politik hat die Aufgabe, den Diskussionsprozess zu organisieren, auch die Unternehmen, die gentechnische Vorhaben und Versuche durchführen, sind hier gefragt. Das erkennen auch die Unternehmen selbst immer mehr. Nehmen wir beispielsweise ein niedersächsisches Unternehmen wie die Kleinwanzlebener Saatzucht AG (KWS). Sie hat als erste Freilandversuche mit gentechnisch veränderten Nutzpflanzen durchgeführt und z. B. schon sehr früh eine Ethik-Kommission gebildet, um entsprechende Fragen behandeln zu können. Ich bin sicher, dass die Unternehmen im eigenen Interesse handeln, wenn sie außerhalb der förmlichen Verwaltungsverfahren in einen Dialog mit ihrer Nachbarschaft und interessierten Gruppen eintreten, um Vorbehalte zu diskutieren und gegebenenfalls Vertrauen in die Verantwortbarkeit des eigenen Tuns zu schaffen.

Schließlich richtet sich das Postulat, gesellschaftlich diskursfähig zu sein und den Diskurs öffentlich zu führen, auch an die Wissenschaft. Die teilweise heftigen Reaktionen, Proteststürme vor Ort und die Besetzung von Versuchsfeldern lagen und liegen ja nicht darin begründet, dass die Beteiligten der Freilandversuche die ethische Dimension ihrer Forschungen ignoriert hätten. Im Zweifel haben sie hierüber unter Kollegen intensivste Diskussionen geführt. Nein, diese heftigen Reaktionen resultieren daraus, dass sich Ergebnisse einer Wissenschaft, die sich ihres Tuns und ihrer Verantwortung bewusst glaubte, plötzlich - bildhaft gesprochen - auf dem Frühstückstisch von Menschen wiederfanden, die erschrocken fragten, was ihnen plötzlich angeboten wird.

Ich bin mir bewusst, dass solche Angebote zu einer gesellschaftlich-ethischen Diskussion keine Erfolgsgarantie sind. Eine öffentlich geführte ethische Diskussion kann aber gerade in frühen Stadien der Forschung und Entwicklung - wie es Eve-Marie Engels von der Universität Tübingen einmal ganz zutreffend ausgedruckt hat - ein »Sensor möglicher Gefahren und Risiken« sein. Und sie kann, so möchte ich ergänzen, ein Sensor für die gesellschaftliche Sensibilität und Akzeptanzbereitschaft sein. Dies ist kein Angriff auf die in der Verfassung garantierte Wissenschaftsfreiheit. Im Gegenteil: Wissenschaft schließt die Pflicht zur gesellschaftlichen Verantwortung ein. Ich wünsche mir allerdings, dass es zu einer Selbstverpflichtung der Wissenschaft wird, solche Dialoge frühzeitig zu führen. Denn die bekannten Beispiele von gesellschaftlichen Widerständen zeigen, dass es äußerst mühsam und zeitaufwendig ist, einen solchen Diskurs dann zu führen, wenn das Kind in den Brunnen gefallen ist.

Ich komme nun zu den Anwendungen der Gentechnologie, die den Menschen direkt betreffen, nämlich diejenigen in der Medizin, also den sogenannten »roten« Bereich der Gentechnik.

Gentechnische Anwendungen in der Medizin

Obwohl hier der Mensch am intensivsten, weil direktesten betroffen ist, scheint der Widerstand gegen gentechnische Methoden hier vergleichsweise am geringsten zu sein: Was dem Menschen unmittelbar helfen kann, wird offenbar schneller akzeptiert. Genährt wird diese Beurteilung ganz sicher von der Hoffnung auf medizinischen Fortschritt bei Krankheiten wie Aids, Krebs, Multiple Sklerose, Alzheimer und vielen weiteren. Und gegen den Traum von der lebenslangen Gesundheit haben kritische Stimmen eine vergleichsweise schlechte Ausgangslage.

Einerseits hat die Gentechnik in der Medizin unbestreitbare Erfolge gebracht, vor denen niemand die Augen verschließen kann. Andererseits sind diese Hoffnungen jedoch zum Teil durch Heilprognosen der Industrie genährt worden, die sich bei näherer Betrachtung als wenig realistisch oder als irreführend erweisen. Von einer paradiesischen, krankheitsfreien Zukunft sind wir noch weit entfernt.

Neben dieser etwas skeptischen Vorbemerkung möchte ich einige positive Beispiele nennen für Anwendungsbereiche der Gentechnik in der Medizin: Gentechnisch hergestellter Faktor VIII bei der Blutgerinnung bietet Blutern den einzigen sicheren Schutz vor HIV-Infektionen. Das einzige bisher bekannte, einigermaßen wirksame Medikament bei Multipler Sklerose wird gentechnisch hergestellt. Gentechnisch hergestellte Diagnostika erlauben in großer Geschwindigkeit sichere Diagnosen schwer nachzuweisender Krankheiten.

Im Bereich der Pharmazie ist mit dem 1984 hergestellten Humaninsulin das erste gentechnisch entwickelte, mit Hilfe von genetisch neu programmierten Bakterien produzierte Pharmakon auf den Markt gekommen.

Bis vor kurzem wurde das Insulin aus der Bauchspeicheldrüse von Schweinen gewonnen. Allerdings ist das Schweine-Insulin nicht völlig baugleich mit dem menschlichen Hormon. Inzwischen ist es möglich, durch Bakterien, in die das Insulin-Gen vom Menschen eingeführt wurde, das Hormon produzieren zu lassen. Gentechnisch hergestelltes Humaninsulin verringert die Zahl der Unverträglichkeitsreaktionen gegenüber dem Schweine-Insulin beträchtlich.

Allerdings führen die bislang derart hergestellten Insuline nicht zu einem über lange Zeit konstanten Hormonspiegel. So kann es einerseits zu gefährlichen Unterzuckerungen kommen, andererseits tragen vorübergehende Überzuckerungen zum Entstehen von Diabetes-Spätschäden an Augen, Nieren und Nerven bei. Verbesserte und veränderte Ansätze gentechnisch hergestellten Insulins sollen diese Nachteile verringern.

Kein Zweifel am Nutzen der Gentechnologie besteht bei der Produktion von Hormonen, die mit herkömmlichen Methoden aufgrund ihrer sehr niedrigen Konzentration im Säugetierorganismus bisher nicht zu gewinnen waren. Beispiele sind blutbildende Hormone wie das gentechnisch gewonnene Hormon »Erythropoietin« (EPO), das normalerweise in der Niere produziert wird und die Bildung roter Blutkörperchen fördert. Patienten mit Nierenversagen werden durch Dialyse zwar Abfallstoffe aus dem Blut gewaschen, doch aufgrund mangelnder roter Blutzellen sind Müdigkeit, Schwäche und unterkühlte Gliedmaßen häufig Begleiterscheinungen der Anwendung.

Andere gentechnisch hergestellte Hormone, die z. B. die Bildung weißer Blutzellen anregen, werden beispielsweise bei Krebspatienten in der Chemotherapie oder bei AIDS-Patienten zur Steigerung der Konzentration weißer Blutkörperchen angewendet.

Die klinischen Ergebnisse mit den gentechnologisch gewonnenen Hormonen zeigen, was Versuche an Zellkulturen und dann Tierversuche bereits hatten vermuten lassen: Die in Bakterien produzierten Hormone entfalten ihre Wirkung im Menschen effektiver als körpereigene Substanzen. Ein anderes Beispiel sind Impfstoffe. Unser Immunsystem reagiert auf körperfremde Substanzen, auch auf eingeschleuste Viren, mit der Bildung von Antikörpern. Die Impfung von Personen mit veränderten Viren, die zwar noch eine Immunantwort auslösen können, aber nicht mehr pathogen sind, ist eine der Perspektiven der angewandten Gentechnologie.

Die Gesellschaft für Biotechnologische Forschung in Braunschweig beschäftigt sich beispielsweise mit der Erforschung eines Systems für die Entwicklung rekombinanter Lebendimpfstoffe gegen die unterschiedlichsten Bakterien- und Viruserkrankungen, ja sogar gegen Tumore. Die Entwicklung rekombinanter Lebendimpfstoffe steckt aber noch in den Anfängen, einige wurden zwar an Tieren bereits erfolgreich getestet, für die Impfung des Menschen ist jedoch noch keiner zugelassen. Eine konsequente Weiterentwicklung dieses Ansatzes würde nicht nur den Einsatz von Antibiotika und damit die Resistenzproblematik drastisch reduzieren, sondern auch die Möglichkeit schaffen, effektive Impfstoffe gegen solche Infektionskrankheiten zu entwickeln, denen wir bisher noch schutzlos ausgeliefert sind.

Es ist bekannt, dass zur Zeit weltweit daran gearbeitet wird, einen Impfstoff gegen Aids zu gewinnen. Die Hoffnung, AIDS durch die Gewinnung eines Impfstoffes zu eliminieren, gründet sich vor allem auf die Methoden der Gentechnologie, die es erlauben, den Virus in seine Einzelteile zu zerlegen und zu analysieren.

Sind also gentechnologisch hergestellte Pharmaka und Impfstoffe eine einzige Erfolgsgeschichte? Die Antwort ist ambivalent: Einerseits besteht Einigkeit darüber, dass sie unter Berücksichtigung aller Sicherheitskriterien akzeptiert werden können. Andererseits ist nicht zu verkennen, dass diese Entwicklungen heute unter nicht unerheblichem wirtschaftlichem Drängen vorangetrieben werden. Dabei besteht die Gefahr, dass die Vermarktung ohne hinreichende Darstellung der Wirkprinzipien erfolgt. Wenn diese Probleme ausgeschaltet werden, sehe ich in diesem Bereich aber die geringsten gesellschaftlichen Akzeptanzprobleme.

Abschließend noch eine relativierende Bemerkung: 1996 wurden in den USA 31 neue Pharmaka zugelassen, davon waren allerdings nur sieben gentechnisch hergestellt (= 19 %). Auch in Zukunft wird der Anteil an gentechnisch hergestellten Pharmaka wahrscheinlich nur 20 % bis 30 % betragen, da Proteine im allgemeinen schlechte pharmakologische Eigenschaften haben. Insofern könnte bei einer rationalen Pharmaproduktion die kombinatorische Chemie bei der Herstellung von pharmakologisch wirksamen Medikamenten eine größere Rolle spielen (drug design). Aus dieser Entwicklung kann das vorsichtige Fazit gezogen werden, dass die in diesem Bereich der Pharmaindustrie sehr hoch gesteckten Erwartungen sich bisher nur begrenzt erfüllt haben.

Sehr viel kontroverser ist die Anwendung der Gentechnologie am Menschen selbst zu sehen. Die Humangenetik berührt - zu Ende gedacht - Grundwerte unserer Zivilisation. Sie befindet sich in einem Spannungsfeld zwischen Revolution im Gesundheitswesen und Vorstufe zum Menschen nach Maß. Ich bin nicht sicher, ob sich die Menschen vor der Allmacht und dem Missbrauch der biologischen Erkenntnis fürchten. Sicher scheint mir aber, dass die technische Entwicklung Handlungsräume eröffnet, denen die Gesellschaft Grenzen setzen muss und die ohne ethische und rechtliche Abdeckung hochproblematisch sind. Deshalb muss die Gesellschaft sich vorbereiten, um der Entwicklung nicht hinterherzuhinken. Eine Fülle ethischer Fragen tut sich auf, Leitbilder von Menschenwürde, vom Verhältnis Mensch/Natur, von Gesundheit und Lebensstilen, von erlaubten Eingriffstiefen und Grenzziehungen stehen auf dem Prüfstand und müssen unter Umständen erneut verhandelt werden. Diese Fragen sind in unserer Welt umso schwieriger zu handhaben und zu beantworten, als die Forschung zwar eine weltweite ist, die Ethik hingegen, mit der sie betrieben wird, kulturell differiert. Daher besteht die erhebliche Gefahr, dass wir ohne ausreichende Vorbereitung in eine Entwicklung hineinschliddern, in der - bildlich gesprochen - der geringste ethische Standard die Entwicklung bestimmt. Diese Möglichkeit ist deswegen von erheblicher Brisanz, weil wir sie mit übernationalen Normen nur sehr begrenzt auffangen können. Denn in der kurzen Zeit, in der die Wissenschaft voranschreitet, werden sich jahrhundertealte gesellschaftliche Normen kaum verändern lassen.

Schon die Sequenzierung des menschlichen Genoms mit drei Milliarden genetischer Buchstaben, die im Jahr 2005 abgeschlossen sein soll, erhöht beträchtlich die Möglichkeiten, »Normales« von »Fehlerhaftem« zu unterscheiden. Denn trotz der prinzipiellen Einheitlichkeit der Aminosäuren-Sequenzen unterscheiden sich die Menschen in jedem 500. Baustein. Insofern können in

Zukunft genetisch bedingte Krankheiten jeweils dem Patienten als einem Individuum zugeordnet werden. Andererseits birgt die Diagnose auf der Stufe der Erbinformation - und nicht mehr wie bislang auf der Stufe der Merkmalsausprägung - für Menschen mit Erbleiden eine konkrete Hoffnung auf Therapie.

Die Erforschung und Kartierung des menschlichen Genoms muss einerseits als wissenschaftliche Aufgabe zunächst neutral betrachtet werden; sie führt aber andererseits möglicherweise nicht nur zu erheblichen sozialen Problemen, sondern zu tiefgreifenden sozialen Veränderungen. Es besteht die Gefahr, die jeweiligen Modeerscheinungen von Schönheit und Attraktivität zur Norm werden zu lassen. Daher setzt die diagnostische Anwendung der Erkenntnisse absolute Freiwilligkeit voraus, es darf keine Weitergabe von Daten erfolgen und es muss Antidiskriminierungsverbote geben. Die Internationale Initiative gegen die Bioethik-Konvention des Europarates hat beispielsweise allein in Deutschland 2,5 Mio. Unterschriften gesammelt, die sich genau für diese Ziele einsetzen. Die Koalitionsvereinbarung vom 20.10.98 trägt dem insofern Rechnung, als sie ein Diskriminierungsverbot vor allem im Bereich der Lebens- und Krankenversicherungen vorsieht.

Mit der Diagnose von »genetischen Programmfehlern« stellt sich automatisch die Frage nach der »Reparatur«. Mit der somatischen Gentherapie wird daher aus vielerlei Gründen ein sehr kritisches Forschungsgebiet betreten. Zwar befindet sich die Gentherapie an Körperzellen, die sogenannte somatische Gentherapie, heute noch im Experimentalstadium. Weltweit gibt es ca. 200 Gentherapiestudien, davon etwa 10 in Deutschland. Bis heute sind auch die somatischen Gentherapieversuche nur von begrenztem Erfolg gewesen. Ein Beispiel für die Heilung einer erblich bedingten Erkrankung, die einzig auf einem gentechnischen Eingriff beruht, gibt es noch nicht. Eine experimentell gesicherte und kausal wirkende Therapie wird nach Schätzungen von Experten noch etwa 10 Jahre auf sich warten lassen. Aber das ist noch immer eine vergleichsweise kurze Zeit, verglichen mit der Veränderung unserer Einstellungen und unseres Verhaltens.

Auf welch labilem Boden wir solche Frage diskutieren müssen, belegt auch das letzte Beispiel, die sogenannte Keimbahntherapie. Ist schon die Grenze zwischen der somatischen Gentherapie und der Keimbahntherapie nicht so scharf zu ziehen, wie es vielleicht wünschenswert wäre, so zeigt noch mehr ein Blick über die Grenzen, wie unterschiedlich sie betrachtet wird: Zwar wird in Deutschland durch das Embryonenschutzgesetz der Grenzüberschreitung in Bezug auf genetische Manipulation an Embryonen ein Riegel vorgeschoben; dies ist jedoch keineswegs weltweit der Fall. Das heißt, und das verdeutlicht zugleich die Fragwürdigkeit des Ansatzes, dass die Nutzung dieser Therapieformen zunächst auf die Wohlhabenden unserer Gesellschaft, die sich Reisen ins Ausland leisten können, beschränkt wäre. Eine neue Verzahnung von sozialem Status und Therapiechancen wäre die Folge. Ich streite deshalb dafür, dass die ethischen Maßstäbe weltweit unter den Wissenschaftlern und darüber hinaus erörtert werden und die deutsche Rechtslage internationalisiert wird.

Von vielen Seiten höre ich die Forderung, dass bei allem Nutzen, den die Gentechnik im roten Bereich haben mag, immer der erste Grundsatz unseres Grundgesetzes im Vordergrund stehen müsse: Die Würde des Menschen ist unantastbar. Würde ist aber *nicht* naturwissenschaftlich definierbar, sie ist im wahrsten Sinne des Wortes ein Wert, und sie ist kulturell und damit historisch bedingt. Ich bin deswegen skeptisch, ob dieser Wert eine handhabbare Grenze für die wissenschaftliche Arbeit sein kann. Nur eines ist deutlich: Die Würde des Menschen ist dann verletzt, wenn er zum Objekt gemacht wird - sei es durch den Staat, sei es durch die Wirtschaft, sei es durch die Wissenschaft. Daher steht die Menschenwürde der uneingeschränkten Machbarkeit in einem spezifischen Sinn im Weg: Sie verhindert erstens, dass die Therapien gegen den Willen eines Patienten eingesetzt werden, und sie muss daher auch verhindern, dass sie gegen sein Bewusstsein gegen (oder für) ihn eingesetzt werden. Die Zustimmung zu solchen Therapien kann daher - wie im deutschen Recht eiserner Grundsatz - nur als aufgeklärte Zustimmung eine vernünftige Grundlage sein. Wir müssen uns daher ganz bewusst für die Unantastbarkeit der Würde als Grundlage unseres Denkens über das Menschsein entscheiden.

Es folgen nun noch einige Bemerkungen zur sog. »grünen« Gentechnik und ihrem Einsatz in der Landwirtschaft.

Einsatz gentechnischer Verfahren in der Landwirtschaft

Seit einigen Jahren wird die Einführung gentechnischer Methoden im Pflanzenbau u. a. damit begründet, dass wegen der weltweit wachsenden Bevölkerungszahl die Nahrungsproduktion in den nächsten 15 Jahren zumindest verdoppelt werden muss. Es wird behauptet, dass die Gentechnik dazu einen Beitrag leisten könne. Diese Überlegungen werden jedoch in der Wissenschaft kontrovers diskutiert.

Die Pflanzenbiotechnologie hat in den letzten fünf Jahren eine beeindruckende Entwicklung genommen. Dabei wird eine Vielzahl verschiedener Ziele verfolgt. Zwei Beispiele für viele: Da wird zunächst die Erzeugung von Pflanzen beabsichtigt, die resistent sind gegenüber abiotischem Stress wie z. B. Hitze, Kälte, Trockenheit, Salz usw. Es ist freilich unsicher, ob diese Eigenschaften nicht eher züchterisch als gentechnologisch anzugehen sind. Anders bei der Erzeugung von Pflanzen mit Resistenzen gegenüber verschiedensten Pflanzenschädlingen. Dabei wurden in den letzten Jahren Erfolge bei der Erzeugung von Virusresistenzen sowie von Resistenzen gegenüber bestimmten

Insekten erzielt. Erfolgreich war zum Beispiel die Herstellung von transgenen Maispflanzen, die gegenüber dem Maiszünsler resistent sind.

Zu dieser Fallgruppe muss man sagen, dass eine grundsätzliche Abschottung deutscher Unternehmen bzw. der deutschen Landwirtschaft von internationalen Entwicklungen auf Dauer nicht organisierbar sein wird. Landwirte, Anwohner und Verbraucher haben bei der Anwendung große und berechtigte Ängste.

Umso wichtiger ist, dass wir hier zu Bedingungen und Sicherheitsstandards kommen, die von allen Beteiligten akzeptiert werden. In den Stellungnahmen zu den Freisetzungsversuchen hat Niedersachsen dies gegenüber dem zuständigen Robert-Koch-Institut immer sehr deutlich gemacht. Wir konnten damit zum Beispiel eine größere Sicherheitszone um die Versuchsfelder erreichen. Heute stehen wir vor der Frage, ob die mittlerweile erreichte Verfahrensverkürzung - ob man noch von Verfahrensvereinfachung sprechen kann, halte ich für sehr fragwürdig - nicht eine sinnvolle Prüfung überhaupt unmöglich macht und sind daher ebenso wie die EU dabei, Vorschläge für einen sinnvolleren Verfahrensablauf zu machen.

Die meisten Freisetzungsversuche und die ersten Anwendungen beziehen sich auf die Herbizidresistenz der Pflanzen. Befürworter sehen eine Chance, die Spritzmittelmenge zu reduzieren. Gegner befürchten dagegen, dass die Landwirtschaft sich so immer weiter von natürlichen Anbaumethoden entfernt - mit den bekannten schädlichen Folgen für Gesundheit und Umwelt. Außerdem steht zu erwarten, dass die künstlich erzeugte Herbizidresistenz durch Auskreuzung auf Wildpflanzen übergeht, was den ursprünglich gewünschten Effekt zunichte macht. Folge: Neue Spritzmittel würden nötig.

Viele Agrokonzerne sehen in der Gentechnik ihre Zukunftstechnologie. Sie hoffen, künftig gentechnisch verändertes Saatgut und das passende Spritzmittel gleich im Kombipack zu verkaufen. Beispiel: Die Sojabohnen von Monsanto im Paket mit Round-Up, einem Herbizid, das unerwünschten Wildkräutern den Garaus macht, den Sojapflanzen aber nichts anhaben kann.

Allerdings räumen auch immer mehr Befürworter der Gentechnik ein, dass die Gentechnik weder in Deutschland noch anderswo die Probleme in der Landwirtschaft lösen wird. Wir wissen mittlerweile, dass die Gentechnik den Hunger in der Welt nicht bekämpfen kann. Die Defizite liegen nur selten darin, dass es für die klimatischen Zonen und die vorhandenen Böden nicht geeignete Pflanzen aus der Natur gibt. Die Mängel liegen meist an anderen Stellen, z. B. darin, dass in den Entwicklungsländern zuviel wertvolle Anbaufläche etwa für Baumwolle oder Futtergetreide verbraucht wird, um uns auf der Nordhalbkugel mit Fleisch und ständig neuen Kleidern beliefern zu können. Diese Flächen fehlen den Menschen der südlichen Hemisphäre zur Deckung des eigenen Bedarfs. Deshalb ist es notwendig, sehr genau darauf zu achten, ob die vorgebrachten Argumente nicht eigentlich über das Eigeninteresse von Unternehmen hinwegtäuschen sollen.

Andere drängende Probleme, wie der Verlust an Boden durch Wasser- und Winderosion in den großen Anbauflächen in Kanada, USA oder den Staaten der ehemaligen Sowjetunion, die Bodenversalzung in den trockenen Klimazonen und die Ausbreitung der Wüsten sind weitere Risiken für die Versorgung der Menschen mit Nahrung. Die aber lassen sich nicht mit Hilfe der Gentechnik lösen.

Ein anderer Aspekt ist der Verbraucherschutz: Die Bürgerinnen und Bürger wollen wissen, was sie kaufen und was sie essen. Wir brauchen eine umfassende und deutliche Kennzeichnung gentechnisch erzeugter und mit Hilfe der Gentechnik veränderter Lebensmittel. In dieser Forderung weiß ich mich in guter Gesellschaft, fordern doch weit über 90 % aller Bundesbürger die Kennzeichnung der Genlebensmittel.

Auch unter Fachleuten besteht Einigkeit über die Notwendigkeit der Kennzeichnung genveränderter oder -behandelter Lebensmittel. Bereits seit 1997 schreibt die europäische »Novel-Food Verordnung« die Kennzeichnung gentechnisch veränderter Lebensmittel vor. Allerdings fehlen noch immer die Umsetzungsrichtlinien aus Brüssel.

Ein kleiner Schritt in diese Richtung ist die seit 01.09.98 in Kraft getretene neue EU-Verordnung zur Kennzeichnung von zwei Sorten gentechnisch verändertem Mais und Soja, die vor Inkrafttreten der Novel-Food-Verordnung zum Inverkehrbringen zugelassen waren. Die Defizite und Verwirrung bei der Kennzeichnung machen den Ruf nach einer Positivkennzeichnung verständlich. Im Juli hat der Bundesrat eine Verordnung verabschiedet, die die Kennzeichnung »Ohne Gentechnik« ermöglichen soll. Sie konnte aber bisher nicht in Kraft treten, weil die EU die erforderliche Genehmigung noch nicht erteilt hat.

Man muss außerdem einfach zur Kenntnis nehmen, dass viele Menschen unter Allergien leiden. So mag ein derzeit eingeschleustes Gen noch keine Krankheiten beim Menschen auslösen, aber in den Labors und auf den Versuchsfeldern wächst bereits die nächste Sortengeneration heran. Und die enthält vielleicht andere Inhaltsstoffe, die ein Allergierisiko wahrscheinlicher machen. Das In-den-Verkehr-Bringen der Soja-Bohne mit dem 01 der Paranuss wurde noch rechtzeitig gestoppt, als allergische Reaktionen festgestellt wurden. Es gilt also, jeden Einzelfall sorgfältig zu prüfen. Problematisch ist, dass die sorgfältige Prüfung von der Entwicklung der Technik mindestens eingeholt, manchmal sogar überholt wird.

Weitere Risiken hängen direkt mit den erwünschten neuen Eigenschaften zusammen. So stellt es natürlich ein erhebliches ökologisches Risiko dar, wenn die rekombinanten Eigenschaften die Widerstandsfähigkeit des Organismus erhöhen. Resistenz gegen Schädlinge, Krankheiten oder widrige Klima- und Bodenverhältnisse kann die Ausbreitungsfähigkeit von Pflanzen steigern. Die betroffenen Pflanzen könnten als Unkraut auf dem Feld vermehrt Probleme bereiten oder sich sogar in Gebieten verbreiten, in denen sie bisher keine Bedeutung hatten. Eine Verschiebung des Artengefüges und damit des ökologischen Gleichgewichtes ist so denkbar. Das ist eine Entwicklung, die ich als Umweltminister unter dem Gesichtspunkt des Artenschutzes als besonders heikel ansehe.

Die methodische Schwierigkeit des gesamten Feldes liegt darin, dass selbst in den Fällen, in denen ein Risiko erkannt wird, keine genaue Prognose über das Verhalten der Pflanzen und eventueller Schäden möglich ist. Die Vorhersagbarkeit ist prinzipiell begrenzt, weil die Freisetzung und der Anbau transgener Pflanzen in komplexen, offenen Systemen und mit einem offenen Zeithorizont stattfindet. Anders als in klassischen Laborversuchen haben wir es mit räumlich (und zeitlich) nicht begrenzten und nicht begrenzbaren Prozessen zu tun. Und ist ein Gen bereits in die Natur entlassen, kann man es auch nicht wieder zurückholen.

Um so wichtiger ist in diesem Zusammenhang die begleitende Sicherheitsforschung, um bei den stattfindenden Freisetzungsversuchen mögliche Auswirkungen besser einschätzen zu können. Das Land Niedersachsen begleitet schon seit 1995, als einer der ersten Bundesländer, ein Freisetzungsexperiment der Firma Hoechst Schering AgrEvo GmbH im Landkreis Hannover mit einer über zunächst 5 Jahre konzipierten ökologischen Begleituntersuchung. Ergebnisse dieser Untersuchungen zeigten, dass z. B. der transgene Pollen auch in einer Entfernung von 200 m noch nachweisbar war, und zu erheblich höheren Auskreuzungsraten führten, als bisher angenommen. Die Daten, die zur Auskreuzung von Pollen gentechnisch veränderter Pflanzen gewonnen wurden, zeigen bisher jedoch nicht, welche Konsequenzen ein derartiger Genfluss im Ökosystem haben könnte. Weitere Untersuchungen, besonders auch über längere Zeiträume (Langzeitmonitoring) sind erforderlich, um wissenschaftlich fundierte, statistisch abgesicherte Erkenntnisse über mögliche ökologische Auswirkungen zu erarbeiten.

Diese Ergebnisse zeigen, wie wichtig die kritische Diskussion um die Chancen und Risiken in der Gentechnologie ist. Der Streit um die Gentechnologie muss aus den engen Expertenzirkeln herausgeholt werden; es müssen Foren geschaffen werden, an denen sowohl »Mahner« als auch »Macher« beteiligt sind.

Ich leite nun aus den vorangegangenen Ausführungen meine Anforderungen für einen verantwortungsbewussten Umgang mit der Gentechnik ab.

(1) Forschung und Industrie müssen sich einer breiten öffentlichen Diskussion über die Anwendung der Gentechnik stellen und diese aktiv betreiben.

Dabei muss offen und transparent über Nutzen, Risiken und auch die ökonomischen Folgen der Anwendung der Gentechnik im Einzelfall diskutiert werden.

(2) Als Resultat dieser öffentlichen Diskussion muss es zur Formulierung von Tabuzonen kommen. Die bereits bestehende, breite Anwendung der Gentechnik darf nicht zur Resignation führen. Die Frage, ob wir alles dürfen, was wir können, bleibt aus meiner Sicht eindeutig mit »Nein« zu beantworten. Keimbahntherapien, und das Gendesign des Nachwuchses nach den jeweiligen Wünschen der Eltern sind Dinge, die leider nicht mehr unvorstellbar sind und daher verboten werden bzw. bleiben müssen.

(3) Die Wahlfreiheit der Verbraucher zwischen Gentechnik-Produkten und solchen, die gentechnikfrei hergestellt werden, muss gewährleistet sein. Das setzt eine umfassende Kennzeichnung gentechnisch veränderter Agrarerzeugnisse und daraus hergestellter Produkte voraus.

(4) Mittel der Wirtschafts- und Forschungsförderung sind nach der Sinnhaftigkeit und dem Nutzen zu vergeben und nicht primär danach, welche Technik der jeweiligen Forschung und Produktion zugrunde liegt. Nur weil Gentechnik gerade modern ist, gibt es keinen Grund, konventionelle oder alternative Methoden zu vernachlässigen.

(5) Gentechnische Forschung und Anwendung muss immer auch gleichzeitig Sicherheitsforschung heißen. Die Kosten dafür können keineswegs nur zu Lasten der öffentlichen Hand gehen. Wer mit Gentechnik Geld verdient, muss auch Geld für Sicherheitsforschung ausgeben.

(6) Legislative und Exekutive müssen ihren Teil dazu beitragen, dass in der Anwendung der Gentechnik, und dies gilt insbesondere für die Medizin, die Maxime »kein Rabatt auf Sicherheit« großgeschrieben wird. Als in Niedersachsen für den Vollzug des Gentechnikgesetzes zuständiger und verantwortlicher Minister werde ich davon nicht abrücken und dafür Sorge tragen, dass der Sicherheitsaspekt in den Labors und bei Freisetzungsversuchen nicht vernachlässigt wird.

Personen- und Sachregister

Autorinnen und Autoren

MARTIN W. BAUER
London School of Economics & Political Science
Department of Social Psychology
London WC 2A 2AE, UK

EVE-MARIE ENGELS
Universität Tübingen
Lehrstuhl für Ethik in den Biowissenschaften
72076 Tübingen

JÜRGEN HAMPEL
Akademie für Technikfolgenabschätzung in Baden-Württemberg
70565 Stuttgart

AXEL HAVERICH
Klinik für Thorax-, Herz- und Gefäßchirurgie
Medizinische Hochschule Hannover
30625 Hannover

HELMUT HEIT
Universität Hannover
Zentrale Einrichtung für Wissenschaftstheorie und Wissenschaftsethik
30169 Hannover

ALAN HOLLAND
Dept. of Philosophy
Lancaster University
Lancaster LA1 4YG, UK

NILS HOLTUG
Institut for Filosofi, Pædagogik og Retorik
Københavns Universitet
DK-2300 København S

PAUL HOYNINGEN-HUENE
Universität Hannover
Zentrale Einrichtung für Wissenschaftstheorie und Wissenschaftsethik
30169 Hannover

WOLFGANG JÜTTNER
Niedersächsisches Umweltministerium
30169 Hannover

SABINE KAFERT
Zentrum für Zelltherapie
30625 Hannover

BRIGITTE LOHFF
Medizinische Hochschule Hannover
Abt. für Medizingeschichte
30625 Hannover

BENNO MÜLLER-HILL
Institut für Genetik der Universität Köln
50931 Köln

ERIC OBERHEIM
Universität Hannover
Zentrale Einrichtung für Wissenschaftstheorie und Wissenschaftsethik
30169 Hannover

MICHAEL J. REISS
Institute of Education
University of London
London WC1H 0AL, UK

ORTWIN RENN
Akademie für Technikfolgenabschätzung in Baden-Württemberg
70565 Stuttgart

PETER SANDØE
The Royal Veterinary and Agricultural University
Dept. of Animal Science and Animal Health
DK-1870 Frederiksberg C

JÖRG SCHMIDTKE
Medizinische Hochschule Hannover
Institut für Humangenetik
30625 Hannover

MARCEL WEBER
Universität Hannover
Zentrale Einrichtung für Wissenschaftstheorie und Wissenschaftsethik
30169 Hannover

PETER WEINGART
Universität Bielefeld
Institut für Wissenschafts- und Technikforschung (IWT)
33501 Bielefeld